새로 쓰는 제주사

일러두기

- 이 책은 2005년 출간한 《새로 쓰는 제주사》의 개정판이다.
- 추가로 교정·교열을 했으나, 책의 내용은 1판과 같다. 다만 1판의 9장 1절 '양제해의 모변'은 새로운 기록의 발견에 따라 2판에서는 '변란으로 둔갑한 등소 모의'로 대체했다.

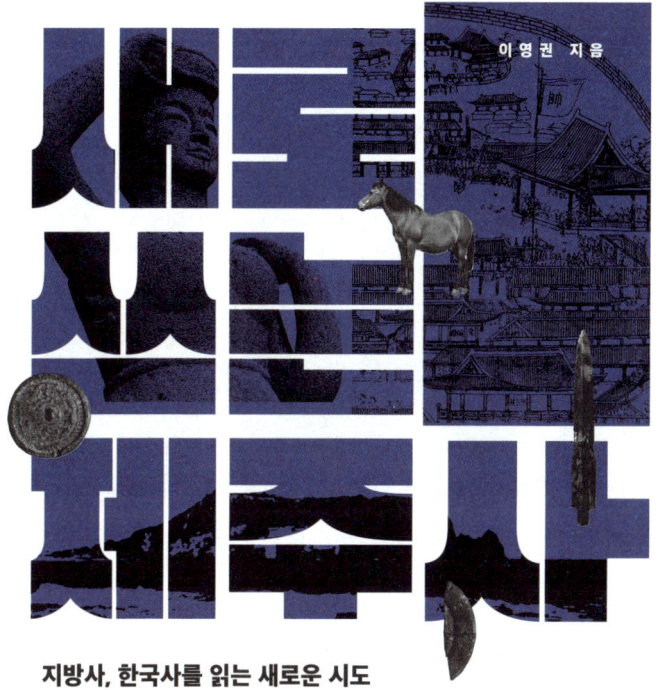

새로 쓰는 제주사

이영권 지음

지방사, 한국사를 읽는 새로운 시도

책을 펴내며

제주의 눈으로 본 제주의 역사

1

저는 '역사' 선생입니다. 그런데도 사람들은 저를 보고 '국사' 선생이라고 합니다. 학교에서 국사(지금의 한국사) 과목을 가르쳤기 때문일 겁니다. 저도 예전엔 그걸 굳이 문제 삼지 않았습니다. 그런데 이젠 그게 많이 부담스럽습니다.

무슨 말이냐고요? '국사'라는 과목을 가르치면 가르칠수록 뭔가 진솔한 삶과는 거리가 먼, 그 어떤 고정된 틀 안으로 아이들의 사고를 밀어 넣는 것만 같다는 얘깁니다. 그 고정된 틀이라는 건 아마도 애국주의, 국가주의, 중앙주의 뭐 이런 게 아닌가 싶습니다. 그건 어쩌면 강박일 수도 있습니다. 저는 국가에 의해 재단된 역사가 아니라 옛사람들의 삶 그 자체를 가르치고 싶습니다. 국가와 민족의 위대함을 강조하는, 이미 짜인 틀 속의 역사가 아니라 구체적 일상을 살았던 서민들의 이야기를 공부하고 가르치고 싶다는 겁니다.

물론 애국주의야 좋지요. 근데 그것이 강요된 것이거나 억지스러운 것이라면 문제가 있습니다. 애국 이전에 살아 있는 삶, 그 자체가 더 소중한 것일 수 있기 때문입니다. 국가라는 틀은 잘못하면 역사의 실체를 가려버리기도 합니다.

다들 잘 알고 있는 고려 시대 삼별초 항쟁을 예로 들어 봅시다. 상당히 애국적인 역사의 한 장면이지요. 그런데 저와 같은 제주 사람도 그렇게 생각할까요? 아닙니다. 당시 제주 사람들에겐 삼별초가 제주에 들어온 것부터가 재앙이었습니다. 제주 사람들에겐 고려도 몽골도 삼별초도 모두 똑같은 외세에 불과했던 것이지요. 삼별초라고 해서 특별히 반길 이유도, 몽골 세력이라고 해서 별나게 반발할 이유도 없었습니다. 그가 누구든 제주 사람들과 대등하게 교류를 나누면 그는 친구인 것이고, 고통을 주면 적일 수밖에 없는 겁니다. 제주 역사를 찬찬히 들여다보면 고려 정부나 삼별초보다 오히려 몽골 세력이 제주 사람들에게 더 많은 혜택을 준 게 아닌가 하는 생각을 하게 됩니다.

제주의 무속신앙도 마찬가지입니다. 무속신앙은 고난에 지친 제주 사람들을 위로해 온 소중한 자산이었는데도 중앙의 국가권력은 이걸 백안시했던 겁니다. 우리는 학교 교육에서, 국가와 민족을 통한 추상적 조상은 배웠으되 나의 구체적 조상에 대해서는 배워 보질 못했습니다. 아니 오히려 구체적 조상의 역사를 부정케 하고 바로 우리 부모님의 신앙을 조롱하게끔 배웠습니다. 하지만 이건 자기부정이자 분열행위입니다. 최소한 지방에 사는 사람들의 입장에서라면 말입니다.

2

이처럼 지방의 역사는 교과서의 역사와는 많이 다릅니다. 교과서에서 가르치는 건 단지 국가권력을 장악한 중앙 세력들만의 역사이기 때문입니다. 그러기에 그 속엔 일상을 살아가는 사람들의 구체적 삶이 없습니다. 국가 이데올로기에 충실한 역사, 중앙 지배계급의 입장이 철저히 녹아 있는 그런 역사만이 남아 있을 뿐입니다. 간혹 교과서에 지방 이야기가 등장해도 그것이 지방 사람들의 삶을 보여주지는 못합니다. 그래서 역사는 껍데기만 남고 알맹이는 죽는 겁니다. 국가라는 허우대는 있는데 속살은 사라져 버리는 겁니다.

제가 서울 사람이었다면, 어쩌면 이런 생각까지 하지는 않았을지도 모릅니다. 변방 중의 변방인 제주에 사는 역사 선생이라서 그럴 겁니다. 하지만 우리나라 사람들이 모두 서울에만 사는 것은 아닙니다. 그런데도 왜 학교에선 중앙 중심의 획일적인 역사만을 가르치는 것일까요? 지방 사람들의 역사는, 그 구체적 삶은 도대체 어디로 가버린 것일까요?

과도하게 국가주의가 커져 있어서, 즉 강력한 중앙집권 국가라서 그렇다는 말이지요. 물론 그것을 요구한 시대가 있었습니다. 하지만 이제는 아니지요. 명분만으로도 지방자치의 시대입니다.

풀뿌리 민주주의를 강조하는 시대라는 얘깁니다.

물론 지금의 지방자치는 한계가 많습니다. 중앙과 결탁된 토호들만의 잔치판 성격이 짙습니다. 그 때문에 지방의 역사도, 지방 사람들의 구체적 삶도 제대로 조명되고 있지 못하다는 생각이 듭니다. 뒤집어 얘기하자면 지방의 역사를 제대로 써나갈 때, 중앙중심적 역사관에서 벗어나 보다 구체적인 사실(史實)들이 정리되어 나갈 때만이 진정한 풀뿌리 민주주의도 정착될 수 있을 것이라는 말입니다. 이 시대에, 주체적 시각을 갖춘 지방사가 필요한 건 바로 이 때문입니다.

3

조금 확대해서 말한다면 지방사 연구와 교육을 통해서만이 비로소 역사를 주인에게 돌려준다고 할 수 있습니다. 국가의 역사는 아무래도 추상적입니다. 한 단계 낮추어 지방의 역사가 되어야만 구체적으로 다가옵니다. 우리가 발 딛고 서 있는 현장의 이야기이기 때문입니다. 역사는 이제 그렇게 내려와야만 합니다. 국가라고 하는 저 높은 지점에서 사람들을 내려다보며 위압할 게 아닙니다. 동네 사람들의 이야기로 친근하게 다가와야 합니다.

이것은 비단 역사 서술 단위만의 문제는 아닙니다. 서술 방법에도 이 원칙은 적용되어야 합니다. 읽기도 쉬워야 한다는 말입니다. 학자들만의 지적 유희가 되어서는 안 됩니다. 동네 사람 누구라도 쉽게 접하고 읽을 수 있어야 합니다. 전문 역사 지식을 다루면서도 가급적 이야기 투로 글을 쓴 건 바로 그 때문입니다.

물론 이 책이 그런 문제의식을 모두 소화해 낸 것은 아닙니다. 하나의 시도일 뿐입니다. 그리고 제주 역사의 모든 장면을 담지도 못했습니다. 선사 시대부터 현대사까지를 다뤘으되 감히 통사라고 할 수 없는 건 그 때문입니다. 시대순으로 써 나가면서 꼭 함께 나누어야겠다는 주제만을 골라 이야기로 풀었습니다. 그러니 역사만을 고집한 건 아닙니다. 역사와 함께 현실의 문제도 이야기하고 싶었던 겁니다.

그리고 역사 해석에서 저의 과도한 주관이 개입된 점도 한계일 순 있습니다. 하지만 맹목적 애향심을 경계하며 최대한 객관적 자세를 유지하느라 노력하긴 했습니다. 어쨌거나 이 책이 지방 사람들의 진솔한 삶을 이해하는 데 조금이라도 보탬이 되고 그리하여 진정한 의미의 풀뿌리 민주주의를 다지는 데 작은 기여라도 할 수만 있다면 더없이 좋겠습니다.

4

그래야만 이 책을 내는 데 도움을 주신 분들께 최소한의 보답이라도 할 것만 같습니다. 항상 넉넉한 마음으로 그림을 주신 강요배 선생님께 우선 감사의 인사를 드립니다. 그리고 《탐라순력도》 사용을 허락해준 제주시와 도록 사진의 게재를 허용해준 국립제주박물관에도 고마움의 마음을 전합니다. 그리고 귀한 사진을 빌려준 벗 강정효 작가에게도 역시 같은 마음을 보냅니다. 전국역사

교사모임의 김육훈 선생님 역시 제가 반드시 기억해야 할 고마운 분입니다. 그리고 그 누구보다 큰 힘이 되어 준, 나의 영원한 벗이요 동지인 오금숙 님과 사랑하는 나의 두 딸 덕연과 정연에게 못 다 한 고마움의 인사를 전합니다.

2005년 초여름 변방 제주에서
이영권

차례

책을 펴내며   4

    제주의 눈으로 본 제주의 역사

1. 변방의 시선으로 본 제주의 선사 문화

한국사 교과서에서 사라진 빌레못 동굴   19

1만 5,000년~6,800년 전의 사람 발자국   24

청동기와 철기 그리고 탐라   31

❖ **구석기 문화의 국적**   38

2. 탐라의 형성과 건국신화

풍부한 신화를 간직한 제주 섬   43

장대한 여성, 설문대할망   45

삼성신화, 탐라 건국 이야기   52

바다로부터 온 3공주   61

삼성신화에서 삼을나신화로   65

❖ **고량부인가, 양고부인가**   67

3. 고려와 몽골 그리고 탐라

고려에 복속되다	73
'탐라'가 '제주'가 된 이유	77
삼별초의 마지막 격전지	81
제주 사람들에게 삼별초란?	88
환해장성	92
사람은 서울로, 말은 제주로	95
목호의 난	99
✜ **목호의 난과 고려 멸망**	109

4. 몽골의 흥망과 함께 한 불교 문화

본존불 앞에서 굿판을 벌이다	113
본격적인 불교 전래	116
"제주의 승도들은 공공연히 처를 취하여"	124
"지금은 사찰도 불상도 승려도 없다"	127
제주 불교를 다시 일으킨 비구니	131
✜ **불교 전래 시기를 둘러싼 다양한 견해**	135

5. 왜구의 잦은 침략과 군역

왜구의 길목	143
천미포왜란과 을묘왜변	146
군역 지는 여성들	152

제주의 방어시설, 3성 9진 25봉수 38연대	154
옹성, 해자, 치성, 여장	165

6. 변방 제주 섬과 조선의 양반들

조선 양반들에게 제주도는 무엇이었나	171
제주의 지방관	178
관아, 지방 정치의 중심지	181
유배의 섬	189
제주의 유배객들	194
제주의 다섯 현인?	199
✛ **조선 후기 강화되는 유교 교육**	207

7. 제주의 칼바람이 완성한 추사체

제주인과 '육짓것'	213
제주 역사에서 외지인의 역할	216
추사체, made in 제주	219
기구한 운명의 천재	222
추사에서 완당으로	225
유배의 고통과 고독	228
추운 겨울이 지나야 푸르름을 알지니	238
완당과 초의선사	242
✛ **〈세한도〉의 유전(流傳)**	246

8. 1만 8천 신들의 고향

쓰이지 않은 역사   251

미신인가, 전통문화인가?   253

제주 무속신앙의 변천   256

신당과 당굿   260

당신 본풀이, 신의 내역을 노래하다   266

뱀을 섬기는 사람들   269

신화 속의 주인공은 여성   272

절집을 뛰쳐나온 미륵불   274

유교 근본주의 VS 민중 신앙   277

무속의 당굿과 유교식 포제   282

9. 민란의 시대, 제주의 이재수

변란으로 둔갑한 등소 모의   289

임술년의 제주민란   292

남학당과 방성칠의 난   296

새로 쓰는 이재수의 난   302

✦ 19세기 제주 민란의 특징   313

10. 일제강점기 제주인의 삶과 항쟁

코끼리 표 보온밥통   319

법정사 항일운동   322

제주도의 기미년 만세운동 326
신인회 결성 330
제주도의 공동체 전통과 아나키즘 운동 335
자주운항운동, 우리는 우리 배로! 337
항일투쟁에서도 빛난 제주 여성의 힘 341
제주 야체이카의 붕괴 345
적색농민조합운동 348
✤ 교과서는 왜 항일운동을 제대로 가르치지 않는가? 351

11. 전쟁의 회오리 앞에 선 제주의 운명

전쟁과 평화 357
천황주의가 강요한 죽음의 미학 360
결7호 작전, 본토방어를 위한 최전선 364
대동아전쟁인가, 태평양전쟁인가 373
'평화의 섬' 제주를 위하여 376

12. 한국 현대사의 비극, 4·3의 진상

현대사는 없다 383
미군정과 인민위원회 385
제주도 인민위원회 389
6만 인구의 귀환 393
4·3의 도화선, 1947년 3월 1일의 발포 397

민관 총파업과 미군정의 탄압 402

1948년 4월 3일의 소동 405

파탄 난 평화협상과 조작된 오라리 방화사건 408

정반대의 두 군인, 김익렬과 박진경 410

1948년 가을, 초토화 작전 414

끝나지 않은 비극 416

《순이 삼촌》에서 4·3 특별법까지 419

✢ **불완전한 해방** 423

참고문헌 425

1

변방의 시선으로 본 제주의 선사 문화

한국사 교과서에서 사라진 빌레못 동굴

교과서를 무슨 경전처럼 달달 외고 다니던 시절이 있었다. 물론 지금도 교과서의 힘은 대단하다. 모든 지식의 준거점이기 때문이다. 하지만 삶의 심층을 조금이라도 들여다 볼 줄 아는 사람들은 교과서의 폐해가 무엇인지 안다. 그것은 인식의 획일화다.

획일화는 사고의 경직을 초래한다. 특히 국가주의적 획일화는 모든 것을 중앙의 시선, 권력자의 시선으로만 고정시켜 버린다. 그 속에서 삶의 다양성은 죽는다. 생동감은 사라지고 오직 박제된 권위로서의 지식만이 남는다. 우리의 한국사 교과서도 마찬가지다. 서울의, 권력자의 시선만이 남아 있다. 그러다 보니 지방에 사는 사람들의 삶과 역사는 뒷전으로 밀리고 만다. 홀대 정도가 아니라, 아예 다뤄지지 않는다.

변방 중의 변방인 제주 섬의 역사는 더욱 그랬다. 중앙 중심의 교과서 상식과는 너무나 다른 삶들이 있었는데도 말이다. 그러므로 결국 변방 사람들의 삶을 이해하기에 교과서는 부적합하다. '변방적 시선'이 필요한 것이다. 이게 있어야 구체적 삶이 생생히 살아난다. 사람마다 모두 생김새가 다르듯 역사도 지역마다 다르다. 우선 이러한 점을 생각하면서 제주의 선사 문화를 찾아가 보자.

교과서 상식과 다른 점은 우선 신석기 시대부터 드러난다. 신석기 시대의 가장 큰 특징이 농경으로 인한 정착 생활의 시작이라는 것은 일반 상식이다. 오랜 세월 먹을 것을 찾아 끊임없이 돌아다니던 인류가 드디어 이동 생활을 청산하고 한 곳에 머무르기 시작했던 것이다. 이것은 '신석기 혁명'이라고까지 부를 만큼 대단한 변화였다. 정착을 하고 곡물을 저장하게 되면서 거대한 토기의 제작도 필요해졌는데, 그때 나타난 것이 빗살무늬토기였다.

그러나 제주도의 경우는 상황이 달랐다. 신석기 시대에 들어와서도 농사를 지을 수 없었다. 아마 유기질 영양분이 절대 부족한 화산재 토양 때문에 농경이 어려웠을 것이다. 농사를 짓지 못했다면 이 들은 여전히 채집 생활을 했다는 말이 된다. 신석기 말기의 유적지인 제주시 조천읍 북촌리 '고두기 엉덕'(고두기는 고유 지명이며, 엉덕은 용암 암석 아랫부분이 떨어져 나가 생긴 얕은 동굴을 의미한다) 바위그늘 집자리에서 발견된 탄화된 열매가 이를 잘 보여준다. 이것은 곡물이 아니라 불에 타다 남은 야생 열매였다.

청동기 시대의 상징인 고인돌 역시 마찬가지다. 잉여 생산물이 나오고 그것을 차지한 권력자가 등장한 것은 청동기 시대이며 당시의 권력자를 상징하는 무덤이 고인돌이다. 이것이 교과서적 상

탄화 야생초 열매
제주시 조천읍 북촌리 '고두기 엉덕' 바위그늘 집자리에서 발견되었다.

식이다. 하지만 제주의 상황은 달랐다. 제주의 고인돌은 대부분 청동기 시대의 것이 아니라 철기 문화가 이미 확산된 이후의 산물이다. 본토와 많이 떨어진 지리적 특성 때문이다.

이렇게 제주의 선사 문화는 교과서와 다르다. 그 때문에 혼란스러워서 짜증을 낼 사람도 있겠지만 그럴 필요는 없다. 문화가 어디 그리 단순하겠는가. 획일적 문화보다는 다양성의 문화가 생명력을 갖는다. 그러므로 제주의 선사 문화 읽기는 우리 삶에 어지러움보다 오히려 풍부함을 가져다 줄 수 있다. 이때 필요한 게 바로 변방적 시선이며 이 책을 놓을 때까지 놓치지 말아야 할 관점인 것이다.

그럼에도 우리는 여전히 구석기 문화에 미련을 가지고 있다.

한·중·일 중 누가 더 고참인가를 따지고야 말겠다는 우스운 경쟁심 때문이다. 이런 마당이니 제주도라고 빼놓을 리가 없다. 그래서 주목을 받은 게 제주시 애월읍에 위치한 빌레못 동굴이다.

빌레못 동굴 유적은 그동안 제주도의, 더 나아가 한국의 대표적 구석기 유적지로 널리 알려져 왔다. 그런데 최근에 와서 학자들은 빌레못 동굴 유적에 대해 대충 얼버무리며 넘어가곤 한다.

무슨 말인가? 한때는 교과서에까지 등장했던 유적이었지만 다시 보니 영 근거가 엉성하다는 이야기다. 그렇다고 해서 공개적으로 반박하자니 좁은 인맥과 학맥으로 얽힌 한국 고고학계가 시끄러워질 것이고 또 괜히 선배 학자에게 밉보일 이유도 없어 그저 쉬쉬하고 있는 실정이란다. 물론 술자리에서는 엄청 비난해 댄다. 1973년 발굴 당시 33세였던 아무개 교수의 명예욕이 과학적 검토를 무시하게 했다는 둥, 또 그것이 당시 한국 고고학계의 수준이었다는 둥의 이야기가 오간다.

당시 출토된 석기 유물은 모두 합쳐 84점이었다. 하지만 모두가 구멍이 숭숭 뚫린 다공질 현무암 재질이라 도구로서의 유용성이 의심된다. 그런 현무암 석재로는 단단하고 예리한 도구를 만들 수 없다. 주변 하천 바닥에 단단한 강돌이 있음에도 굳이 그걸 놔두고 다공질 현무암을 가지고 도구를 만들었다는 것은 상식으로 납득하기 어렵다.

게다가 출토된 석기 모두가 하나 같이 도구답게 생겨 먹지 않았다는 것도 의문점이다. 어려운 말로 하면 도구의 정형성 문제다.

인간이 만든 석기라면 여러 차례 가공한 흔적이 있어야 하며 모양 자체도 도구다워야 한다. 그러나 실물을 보면 저절로 고개를 갸우뚱하게 된다.

유물이 발견된 층위도 설득력을 떨어뜨리는 요소다. 유물 위쪽의 퇴적층이 불과 30센티미터 정도에 불과했다. 아무리 동굴이라지만 6만 년이 지나도록 그 정도의 퇴적층밖에 형성되지 않았다는 것을 믿기는 어렵다.

유물이 발견된 장소도 석연치 않은 대목이다. 유물은 동굴 입구에서부터 약 900미터 안으로 들어간 곳에서 발견되었다. 동굴 속은 칠흑같이 어둡다. 밝은 동굴 입구를 놔두고 그렇게 깜깜한 곳에서 생활했을 이유가 있었겠는가. 납득하기 어렵다. 그러기에 그곳에서 발견된 곰의 뼈 역시 인간의 수렵에 의한 것인지, 자연사한 곰의 뼈인지 알 길이 없다.

그리고 무엇보다도 당시 제주도의 생활 환경이 인간의 삶에 부적절했다는 것도 지적할 필요가 있다. 빌레못 동굴 유적은 6만 년 전의 중기 구석기 유적으로 보고되어 있다. 그런데 그때의 제주도라면 화산 활동이 매우 활발했던 시기다. 제주의 수많은 오름은 대부분 10만 년~2만 5,000년 전에 형성되었다. 화산 활동이 격심하여 제주의 지표면 전체가 들썩거리던 시기라는 말이다. 그런 상황임에도 대륙과 연결된 지형 조건에서 선사인들이 굳이 이곳에서 생활했을 이유는 없을 것이다. 물론 그렇다고 하여 제주 지역에서 구석기 유물이 출토되지 않는 것은 아니다. 화산 활동이 잦

아든 구석기 말기의 유물은 여럿 있다.
 어쨌든 지금의 한국사 교과서에는 몇 년 전부터 이 빌레못 동굴 유적이 소리 소문 없이 삭제되어 있다.

1만 5,000년~6,800년 전의 사람 발자국

 사람이 사는 곳이라면 어디에나 역사가 있고 그 역사는 각각 나름의 가치를 가지고 있다. 그것이 볼품없는 것이든 화려한 것이든 모두가 나름의 의미를 간직하고 있다. 그렇기 때문에 '최고(最古)'나 '최초' 혹은 '최대'라는 수식어에 현혹되는 것은 촌스러운 일이 아닐 수 없다.
 그럼에도 제주도에 우리나라의 가장 오래된 신석기 유적지가 있다는 사실에 나는 번번이 감동하며 촌티를 내고야 만다. 뿌듯해지는 것이다. 내가 살고 있는 이 땅 제주도에 그런 게 있었다니. 괜한 애향심으로 떠벌리는 게 아니다. 2002년 개정 고등학교 국사 교과서에 사진까지 곁들여 소개되어 있으니 말이다.
 가장 오래된 신석기 유적지라면 도대체 어느 정도 오래된 옛날의 흔적일까? 교과서적 상식으로는 대략 기원전 6000년경이 정답이다. 이것이 종래의 정설이었다. 그런데 그 정설을 뒤흔든 유적과 유물이 제주도에서 발견되었다. 기원전 1만 년까지를 내다보는 유적지가 제주도에 있다는 얘기다. 바로 제주시 한경면 고산리다.

제주도 지도를 펴 놓으면 가장 서쪽 끝에 차귀도라는 섬이 보이는데 바로 이 섬을 마주한 곳이 고산리이다.

여기에선 무려 1,700점이 넘는 화살촉 종류의 유물이 발견되었다. 화살촉이 중요한 이유는 도구의 변화를 보여주기에 그렇다. 그것은 인간 지혜의 발달을 말해 준다. 그런데 이 문제는 그리 단순하게 말할 게 아니다. 기술의 발달은 그것을 유발한 환경의 변화가 먼저 있었기에 가능하기 때문이다.

구석기 시대에는 화살촉이 없었다. 머리가 나빠서 그랬던 게 아니다. 그때는 화살촉이 별로 필요치 않았다. 구석기 시대엔 여러 차례 빙하기가 있었다. 빙하기 하면 쉽게 떠오르는 사냥감으로 무엇이 있을까? 매머드다. 덩치 커다란 매머드 말이다. 그런데 그처럼 덩치 큰 사냥감을 잡을 때에는 화살촉이 필요 없었다. 화살은 속도의 사냥도구다. 매머드를 잡을 때 필요한 건 속도가 아니라 무게 실린 강한 충격이다. 그러니 화살보다는 오히려 둔탁한 돌도끼가 제격이었다.

그러나 2만 년 전부터 상황은 달라졌다. 빙하기가 서서히 물러가고 그에 따라 해수면이 조금씩 상승했다. 그리고 기후가 온난해짐에 따라 매머드 같은 거대 동물은 쇠퇴하고 여우와 토끼, 노루 같은 발 빠른 짐승들이 등장했다. 이제 둔탁한 돌도끼는 무용지물이 되었고 그 대신 등장한 게 바로 활과 화살이었다. 속도와 예리함을 갖춘 도구로 변화했던 것이다.

활과 화살촉의 발명, 그것은 빙하기에서 벗어난 환경의 도전

제주 고산리 유적에서 출토된 신석기 시대 화살촉

에 대한 인간의 응전이었다. 물론 당시에 제작된 활과 화살의 대는 썩어 없어졌다. 다만 화살 앞의 화살촉만이 남았을 뿐이다. 제주시 한경면 고산리(제주 고산리 유적)에서 다량 출토된 화살촉들은 바로 그때 제작된 도구의 일부인 셈이다. 빙하가 쇠퇴하는 시기, 즉 구석기 시대가 끝나고 신석기 시대가 막 시작되려는 시점의 도구 말이다.

학자들은 이 시기를 굳이 따로 구분하여 '중석기 시대'라고도 부른다. 혹은 작은 화살촉을 만들어 썼기 때문에 '세석기(細石器) 시대'라고도 한다. 대략 2만 년 전에서 1만 년 전까지의 시기다. 특

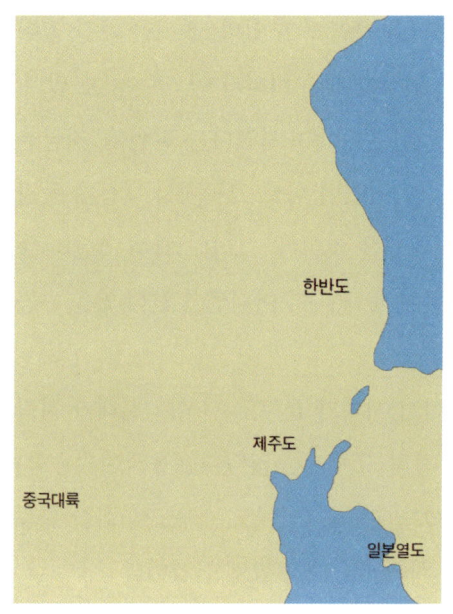

2만 년 전의 제주도 주변
2만 년 이전에는 중국대륙, 한반도, 제주도, 일본열도가 육지로 연결되어 있었다..

히 이 시대의 끝자락인 1만 년 전은 오늘날과 유사한 온대성 자연 환경이 만들어졌던 시기라 더욱 주목할 만하다. 그때는 해수면이 더욱 상승하여 현재의 해수면과 거의 일치했다. 제주가 대륙에서 분리되어 본격적으로 섬이 되어가던 시기도 그때였다. 제주는 이렇게 섬이 되면서부터 과거와는 달리 독자적인 역사 단위로서 자리를 잡아가게 되었다.

물론 그렇다고 해서 제주도만이 중석기 유적을 가진 특별한 지역이라고 우기려는 것은 아니다. 한반도에도 중석기 유적지가 존재하긴 했을 것이다. 다만 아직까지 보고된 것이 없을 뿐이다. 학자들은 물에 잠긴 황해 바닥을 주목하고 있다. 황해는 가장 깊어 봐야 120미터에 불과하다. 수심이 채 50미터가 안 되는 곳도 많다. 즉, 중석기 때엔 황해의 상당 부분이 육지였다는 말이다. 지금은 바닷속에 있지만 당시에는 육지였던 바로 그곳에서 새롭게 등장한 발 빠른 짐승들이 뛰어다녔을 것이다. 그러니 제주 고산리 출토 화살촉과 유사한 유물들이 황해 바닥 어디엔가 묻혀 있을 가능성이 충분하다.

1만 년 전 제주에는 구석기 시대가 끝나고 신석기 시대가 시작되었지만 화산 활동이 완전히 그치지는 않았다.《동국여지승람》에 따르면 고려 시대인 1002년과 1007년에도 제주도에 화산 활동이 있었다. 하물며 신석기 시대에는 더욱 그랬을 것이다.

몇 년 전부터 지질학계 및 고고학계를 떠들썩하게 만들었던 서귀포시 대정읍 상모리와 하모리, 안덕면 사계리 일대의 사람 발자국 화석도 이와 같은 신석기 시대 후화산 활동의 여운 속에서 만들어진 것이다. 하모리 부근에는 사람 발자국 화석 외에도 새 발자국 화석, 노루 발자국 화석과 조간대 생물 화석, 참나무 화석 등이 다량 발견되었다. 이 모든 화석은 정말 신기할 만치 정교하게 남아 있어서, 전문가가 아닌 일반인의 눈으로도 단번에 발자국들을 확인할 수 있을 정도다. 특히 사람 발자국을 확인할 때면 경탄을 하게 된다.

이들은 모두 근처에 있는 송악산이 화산 활동을 하는 과정에서 만들어낸 화석들이다. 송악산은 제주도 남서쪽 가파도와 마라도가 마주하는 돌출부에 있는 오름이다. 지금은 해발 104미터 높이의 오름이지만 처음엔 수심 약 5미터의 얕은 바닷속에서 마그마를 내뿜으며 화산 활동을 시작했다. 화산 폭발은 한 번으로 끝나는 게 아니다. 계속해서 터지고 또 그때마다 화산재가 날아가 주변에 쌓인다. 이 일대 화산재 퇴적층이 수십 겹을 이룬 것을 보면 그것을 알 수 있다.

이때 사방으로 날아간 화산재 중의 일부가 주변 바닷가 조간대(潮間帶)에도 쌓였다. 썰물 때 드러났다가 밀물이 되면 잠기는 저지대 해변에 화산재가 쌓였고 그 위를 철새들이 발자국을 찍으며 지나갔을 것이라고 상상해 보자. 그리고 그 새를 쫓던 들짐승, 그 짐승들을 쫓던 인간들도 생각해 보자. 그들은 그 해변 조간대에 발자국을 남겼다. 바닷물에 젖어 있는 화산재 바닥이라 발자국은 쉽게 찍혔다. 그런데 그 위에 또다시 화산재가 날아와 그 흔적들을 덮어버렸다. 그러곤 그대로 굳어진 것이다. 이후 그 퇴적층은 파도에 의해 표면이 깨어져 나가기 전까지 수천 년 동안 여러 생물체의 화석들을 고스란히 안에 간직한 채 세월을 이어왔다. 긴 시간이 지나 위층이 깨어져 나가자, 드디어 아래층 표면에서는 희한한 발자국들이 드러났다. 지금 우리가 보고 있는 화석들이 바로 그것이다.

그런데 2004년 2월 하모리와 사계리에서 처음 이 화석들이 발견되었을 땐 언론이 호들갑을 떨었다. 하긴 그것도 무리는 아니었다. 너무도 정교한 화석들인 데다가 문화재청(지금의 국가유산청)에서

하모리-사계리에서 발견된 발자국 화석

그것을 4~5만 년 전 중기 구석기 시대 고인류의 발자국 화석이라고 발표했기 때문이다. 만약 이게 사실이라면 우리는 아시아에서 가장 오래된 고인류의 발자국 화석을 확보하게 되는 상황이었다.

그러나 이것은 해프닝이었다. 지질학적 기초 없이 최고(最古)만을 지향하던 속물들이 만든 소설이었기 때문이다. 바닷가에 서식했던 철새의 발자국 화석과 조간대에 서식했던 생물 화석으로 미루어 본다면, 그곳은 당시에도 현재와 유사한 바닷가 지형이었음을 쉽게 짐작할 수 있다. 즉 연대를 올려 잡아도 2만 년을 넘어설 수 없다는 이야기다. 만약 그들의 주장대로 5만 년 전의 화석이라면 바닷가 생물 화석은 나올 수 없다. 왜냐하면 5만 년 전은 마지막 빙하기로서 해수면이 지금보다 50미터 이상 더 낮은 상황이었기 때문이다. 바꿔 말하면 화석이 발견된 곳은 그 당시로선 해발 50미터 이상의 지대였다는 얘기다. 그런 곳에서 어떻게 조간대의 바다 생물 화석이 나올 수 있겠는가.

이 하모리-사계리 지층 바로 아래에서 채취한 조개껍질을 가지고 탄소 연대를 측정해 본 결과도 역시 마찬가지였다. 지금부터 약 4,000년 전의 생물이라는 것이다. 이때는 후기 신석기에 해당된다. 송악산의 용암 분출과 하모리 지층의 형성은 바로 그 시점에서 이뤄졌던 것이다. 2005년 6월 1일 문화재청은 탄소동위원소 측정법과 광여기 루미네선스(OSL) 측정법으로 분석한 결과, 1만 5,000년~6,800년 전의 것이라고 발표하기도 했다. 정확히 말하기 어려워도 어쨌든 5만 년 전의 화석은 아니라는 얘기다. 그러나 일부 연구자들은 여전히 5만 년 전의 화석이라는 미련을 가지고 있다. 왜? 오래된 것은 좋은 것이니까.

청동기와 철기 그리고 탐라

제주도에서 발견된 청동기는 극히 소량이다. 제주시 구좌읍 종달리에서 출토된 부러진 한국식 세형동검 한 점과 제주시 산지항 축조공사 과정에서 건진 청동거울 한 점이 거의 전부일 정도다. 그것마저도 제주도 안에서 자체 제작된 물건들은 아니다. 교역의 결과 유입된 상품일 뿐이다.

따라서 제주도의 신석기 시대 다음 시기를 한반도와 같이 청동기 시대라고 이름 붙이기가 불편하다. 그래서인지 청동기 시대의 대표적 유물인 무문토기에서 이름을 빌려와 '무문토기 시대'라고 부르는 학자들도 있다. 그러나 제주에서 출토된 이 시대의 토기 역시 무문토기만 있는 것은 아니다. 때문에 이 역시 적절한 이름은 아닌 것 같다. 그럼에도 불구하고 한반도의 청동기 시대 유물이 전래되어 왔으므로 편의상 그리 부를 뿐이다.

이 시기의 가장 오랜 유적은 서귀포시 대정읍 상모리 해안 일대에서 찾아볼 수 있다(남제주 상모리 유적). 앞에서 본 신석기인의 발자국 화석이 발견된 하모리 바로 옆쪽이다. 상모리 청동기 시대 유적은 대략 기원전 600년경부터 형성된 것으로 추정된다. 기원전 1000년경에 이미 청동기 문화를 형성했던 한반도에 비하면 많이 늦은 편이다.

게다가 상모리 청동기 시대 유적은 아직까지는 허술해 보인다. 집자리 흔적이 발견되지 않았기 때문이다. 그래도 불을 피웠던 화덕 자리가 조사되었고 다량의 공렬토기(孔列土器), 즉 구멍 모양의 무늬가 줄 따라 새겨진 구멍무늬토기가 출토되기는 했다.

이 구멍무늬토기는 어디서 온 것일까? 토기의 윗부분에 새겨진 구멍무늬는 함경도 지방의 청동기 문화에서 흔히 볼 수 있는 문양이다. 그런데 그 밑의 짧은 사선 무늬는 구멍무늬와는 달리 평안도에서 주로 볼 수 있는 문양이다. 그렇다면 이 두 청동기 문화가

한국식 세형동검과 청동거울
세형동검(왼쪽)은 제주시 구좌읍 종달리에서,
청동거울은(가운데, 오른쪽)은 제주시 산지항에서 출토되었다.

어디선가 합쳐졌다는 얘기가 된다. 그 자리는 한강이었다. 두 문화가 한강에서 결합되고 그 뒤 낙동강과 진주 남강을 거쳐 제주도 서남부 지역인 대정읍 상모리로 유입된 것으로 추정된다.

이 토기 문화를 가지고 제주도로 들어온 한반도 사람들은 당연히 농경 문화를 가지고 왔을 것이다. 그러나 이들은 농경 못지않게 여전히 수렵과 어로에 치중했던 것으로 보인다. 갈돌과 갈판이 출토되긴 했으나, 그보다는 그물추 같은 어로 도구가 많이 출토되는 것을 보면 그렇다. 이것은 제주 땅의 자연환경 때문이다. 화산재 토양에는 영양분이 적다. 게다가 바람은 오죽이나 센가. 도대체가 농경에 유리한 조건이라고는 하나도 없었다.

1. 변방의 시선으로 본 제주의 선사 문화

청동기 시대 구멍무늬토기
서귀포시 대정읍 상모리 유적에서 출토되었다.

 이 구멍무늬토기는 이후 제주도 여러 곳으로 퍼져 나갔다. 상모리에서 가까운 제주시 한림에서부터 차츰 제주시 곽지리로, 그리고는 제주시 용담동 무덤 유적의 남쪽 구역에까지 그 흔적을 남겼다. 특히 용담동에서 이 구멍무늬토기 파편들이 발견되었다는 것은 매우 중요하다. 용담동이야말로 탐라국 형성의 주 무대였기 때문이다. 결국 상모리 문화는 탐라국 형성의 한 뿌리이며, 그 문화는 현재 제주 사람들의 직접적 조상과도 어느 정도 맥이 닿아 있는 것으로 여겨진다.

 하지만 그때까지만 해도 거대한 권력자가 출현한 것 같지는 않다. 비록 한반도에서 청동기 문화인들이 유입되었음에도 큰 권력을 형성하지는 못했다는 얘기다. 이들이 남긴 유물과 유적 중에 큰 권력을 상징하는 것이 없다. 철기 문화를 바탕으로 한 탐라국 시대에 와서야 제법 그럴싸한 고인돌들이 제작되었던 상황이 이를 잘 설명해 준다.

상모리 문화에 이어 기원전 300년~기원전 200년경에 제주시 용담과 삼양 그리고 제주시 곽지리 등에서 서서히 마을을 형성하며 탐라국 건국을 준비해 갔던 것으로 보인다.

탐라국의 초기 인구는 약 8,000명쯤이었을 것으로 추정하고 있다. "호구가 8,000이 된다"라는 《당회요(唐會要)》의 기록을 '인구 8,000'으로 재해석한 결과다(인구가 아니라 그것을 말 그대로 가구 수로 보기에는 사회발전 단계상 무리라는 지적이 많다).

그러나 탐라국에 대한 기록은 많지 않다. 탐라국이 우리 역사책에 등장한 것은 고작해야 《삼국사기》 백제본기 문주왕 2년(476) 기사인 "탐라국이 토산물을 바치니 왕이 기뻐하여 사자에게 은솔(恩率)이라는 벼슬을 주었다"는 게 처음일 정도다. 476년 이전의 탐라 모습에 대한 기록은 없다. 그러다 보니 고려 정부에 의해 완전히 복속될 때까지 탐라국은 분명 실존했으면서도 그 처음이 언제인지, 그리고 그 실체가 어떠했는지가 거의 드러나 있지 못하다. 때문에 중국과 일본 사료 그리고 최근엔 고고학의 발굴 성과를 활용하면서 조금씩 퍼즐 맞추기를 진행하고 있다.

먼저 중국 측의 기록이다. 3세기의 기록인 《삼국지》 위서 동이전엔 탐라국으로 보이는 '주호(州胡)'가 기록되어 있다. '마한 서쪽 바다의 섬'에 있는 주호국의 생활 풍습을 소개한 것이다. "그 사람들은 키와 몸집이 작고 머리는 깎은 채 부드러운 가죽으로 만든 옷을 입는데, 위의 것은 있으나 아래의 것은 없다. 소와 돼지 기르기를 좋아한다. 배를 타고 왕래하며 한(韓)과 교역을 한다"라는 기사가 그것이다. 그러나 주호와 탐라가 동일한 국가인지는 확신할 수 없다. 그럼에도 사료가 워낙 궁한 처지인지라 제주의 대부분 역사가는 이 주호를 끌어당겨 탐라국과 동일한 국가로 활용하고 있다.

부족한 사료를 보완하는 것은 무엇보다 고고학적 성과다. 1928년 제주 산지항 축조공사 당시 발견된 기원후 1세기 중국 화폐인 오수전(五銖錢), 대천오십(大泉五十) 등이 먼저 탐라국의 모습을 그려 주었다. 이들 화폐는 탐라국의 활발한 교역을 말해준다.

원거리 해상 교역은 단순히 개인 차원에서 이뤄질 수는 없다. 권력체가 있었다는 말이다. 다행히도 그 권력체를 증명해 줄 유물과 유적이 발견되었다. 용담동 무덤 유적에서 출토된 철제 장검 두 자루와 그 일대에 상당수 분포하는 고인돌이 바로 그것이다. 그런데 재미있는 건 그 고인돌이 청동기 시대의 유적이 아니라는 점이다. 교과서적 상식과는 달리 그것은 철기 시대의 산물이다. 그만큼 변방의 역사는 중앙의 그것과는 다르다. 고인돌로 상징되는 용담동 문화가 대략 기원 전후에 전래된 철기 문화로 추정되는 것만 봐도 그렇다.

비교적 최근인 1996년에 발굴된 제주시 삼양동 선사 유적지도 탐라국 퍼즐 맞추기에 중요한 단서를 제공했다. 확인된 집자리만도 무려 236기였다. 게다가 그곳에선 권력자의 위신을 강화하기 위해 사용되었던 고급 옥환도 출토되었다. 권력과 그 권력의 통치를 받던 사람들의 생활상이 조금이나마 실체를 드러낸 것이다. 이 삼양동 유적은 탐라국 형성 초기인 기원전 300년~기원후 150년 무렵의 것으로 추정되고 있다.

이처럼 유물을 통해서 볼 때 탐라국은 대략 기원 전후에 철기 문화를 바탕으로 형성된 소국으로 여겨진다. 그리고 한반도 주변 정세의 변화에 따라 처음엔 백제에, 그리고 백제가 망한 후에는 신라에 조공을 바쳤던 것으로 생각된다. 그러나 이 경우에도 완전한 복속은 아니었다. 신라에 조공을 바치긴 했으나 탐라는 여전히 독자적인 권력체였다. 아홉 차례나 견일본사를 파견했고 또 일본으로부터 두 차례의 견탐라사 방문을 받았을 정도였다. 《일본서기》의 몇몇 기사는 독자 권력체 탐라가 일본과 교류했던 내용을 잘 보여주고 있다.

이와 같은 독립국 탐라가 자취를 감춘 것은 고려 시대다. 그것은 나중에 고려 시대를 다룰 때 다시 언급하기로 하자.

구석기 문화의 국적

❖

　일본의 역사 왜곡은 유명하다. 주변 민족에 대한 침략을 정당화하려는 '새로운 역사교과서를 만드는 모임'뿐만 아니라, 후지무라 신이치 전 도호쿠(東北)구석기문화연구소 부이사장의 구석기 유물 날조 사건 등은 우리에게 익숙하다. 모두 다 지독한 애국심에서 나왔겠지만 사실 조금만 주의 깊게 생각해 본다면 이것이 얼마나 한심한 인식 틀에 근거한 것인지를 알 수 있다.
　특히 구석기 유적·유물을 놓고 자기 역사의 유구성을 자랑하는 것은 우스운 일이다. 왜냐하면 빙하기가 끝나는 1만 년 전까지만 해도 중국대륙과 한반도 및 제주도 그리고 일본열도는 모두 이어져 있었다. 그런 상황에서 당시 사람들은 정착 생활을 한 것이 아니라 끊임없이 이동 생활을 했다. 그때까지는 농사를 지을 줄 몰랐기 때문에 사냥감과 야생 열매를 찾아 부지런히 돌아다닌 것이다. 이들의 하루 이동 거리를 학자들은 대략 50킬로미터로 추정하고 있다.
　현재의 시점에서 비유하여 말한다면 오늘 제주도에서 사냥하는 사람들이 내년이면 일본에서 그리고 또 다음 해에는 중국 양쯔강 유역에서 사냥감을 쫓아다닐 수도 있다는 얘기다. 때문에 당시의 유물이 중국 땅에서 나오든 일본 땅에서 나오든 혹은 제주도에서 나오든 그것이 오늘의 국적에 따라 분류될 이유는 전혀 없다. 그 구석기인들이 오늘날 우리의 직접 조상이 되는 것도 아니다. 그런데도 민족국가라는 테두리 안에 갇힌 현대인들은 그 맹목적인 애국심 때문에 과학적 인식을 가로막는 코미디를 연출하고 있다.

따라서 제주의 구석기 문화 역시 제주만의 역사로 따로 떼어서 이야기하는 것은 무의미하다. 다시 말해 중국과 한반도 그리고 일본에서 구석기 유적·유물이 발견되고 있기에 제주도에서도 역시 발견되는 것은 당연한 일이며 또한 이것이 발견되었다고 해서 그리 들뜰 이유도 없다는 얘기다.

2

탐라의 형성과 건국신화

풍부한 신화를 간직한 제주 섬

 학교에서 역사를 가르치다 보면 가끔은 우리 아이들이 참으로 순진(?)하다는 생각이 들곤 한다. 단군신화 수업 때마다 신화의 내용을 진짜로 믿는 녀석들을 간간이 보기 때문이다. 박정희식 엉터리 국가관과 왜곡된 애국심이 순진한 아이들을 바보로 만든 것이다. 하긴 단군상을 부지런히 만들어 세우는 사람들이나 또 반대로 그 목을 베기 위해 밤낮없이 분주한 사람들을 보면, 이는 비단 어린 학생들에게만 국한된 문제가 아님을 알 수 있다.

 신화는 대다수 학생의 표현대로 '뻥'이다. 그러나 단순한 뻥은 또 아니다. 옛사람들이 당시의 현실을 바탕으로 삶의 경험 속에서 만들어낸 관념이기 때문이다. 그러므로 신화는 그 안에 과거를 읽어 낼 수 있는 여러 코드를 간직하고 있다. 단군신화의 곰과 호랑이가 동물숭배신앙이나 부족 간의 연합과 갈등을 보여준다는 것은 널리 알려진 분석이다. 비·구름·바람을 통해 농경사회를 짐작한다는 것도 같은 맥락이다.

  이처럼 우리는 신화를 통해 역사를 볼 수 있다. 당연한 말이지만 그것은 신화가 한 개인의 경험을 토대로 만들어진 것이 아니라 집단적·사회적 경험을 바탕으로 만들어진 것이기에 가능한 일이다. 일본과는 다른 단군신화가 우리 민족에게 있듯이 제주도에는 '설문대 할망' 이야기가 있다. 이것은 신화가 민족이나 지역을 단위로 형성되고 있음을 보여주는 예다.

  신화는 어느 한 시점에 완전한 형태로 정착되지는 않는다. 오랜 세월 동안 첨가와 탈락의 과정을 거치며 끊임없이 진화한다. 시대와 상황에 따라 사회적 관심이 달라지고 인식의 수준도 높아지기 때문이다. 고·양·부씨라는 세 개의 성씨가 탐라국 건국신화에 등장하고 있으나 사실 건국 당시에는 성씨에 대한 개념조차 형성되지 않은 때였다. 그러므로 탐라국 건국신화인 소위 '삼성신화'는 성씨 개념이 확립된 고려 시대 이후에 와서 첨가되거나 변형된 신화로 보아야 한다. 단군신화에 등장하는 '환인'이 불교 용어인지라 이를 통해 단군신화가 불교 전래 이후에 문자로 정착되었음을 이해하는 것과 같은 원리다.

  시대에 따라 진화하는 신화, 그러기에 신화는 더더욱 역사를 담고 있는 셈이다. 물론 허구이기는 하지만 그 허구 속에는 당대의 집단의식이 들어 있다. 그래서 역사를 보완할 수 있다는 말이다. 특히 사료가 부족한 먼 과거일수록 신화는 역사 읽기에 더욱 중요한 보완 역할을 한다. 물론 풍부한 상상력의 보고로서 신화는 역사 보완 기능 이전에 그 자체만으로도 커다란 가치를 가진다. 특히 이성(理性)의 한계가 자주 거론되는 현대 사회에서 신화는 이를 극복할 메시지 담지자로서 그 가치가 새롭게 평가되고 있기도 하다. 그러기에 신화는 그 특유의 상상력으로 역사를 기름지게 하고, 역사는 신화를 우리 삶의 현실로 끌어안아 온다.

한반도와 다른 특이한 풍광만큼이나 제주 섬은 국내 어느 지역보다 풍부하게 신화를 간직하고 있다. 특히 1만 8천 신들의 내력을 담은 제주의 여러 신화 가운데는 '천지왕본풀이'라고 하는 천지개벽 신화까지도 존재한다. 어둠과 혼돈만이 존재하던 태초에 하늘과 땅이 나누어져 세상이 열리게 된다는, 이 천지왕본풀이는 큰 굿을 행하는 과정에서 굿의 서두인 초감제 때 심방(무당)들에 의해 불린다. 개벽신화를 간직한 지역은 제주도와 한반도 북부지방 일부를 제외하곤 국내에선 사실상 거의 없다. 세계적으로도 흔한 편은 아니다. 물론 이 책에선 우주의 탄생이 아닌, 제주도의 탄생 그리고 제주에 처음으로 건설된 탐라국의 탄생과 관련된 신화만을 살필 것이다. 주제를 제주 역사로 한정했기 때문이다.

장대한 여성, 설문대할망

설문대할망에서 '할망'은 '할머니'의 제주어다. 하지만 신화 속 할머니는 단순히 꼬부랑 할머니, 즉 힘없는 노파로 해석될 문제가 아니다. 오히려 여기서의 할망은 창조의 에너지를 갖춘 여신의 의미로 해석되어야 한다. 추운 겨울에도 바닷속 깊숙한 곳까지 자맥질해 들어가 제주의 경제를 책임졌던 제주의 잠녀, 투박한 듯 거칠어 보여도 속내에서 젊음의 에너지, 생명의 에너지를 분출해 내는 야무진 제주 여성들의 모습이 아마도 설문대할망의 적절한 이미지가 될 것이다.

전해오는 설문대할망 이야기는 조금씩 다르다. 공통된 요소들을 추려 정리하면 다음과 같다.

제주도 창조여신 설문대할망은 옥황상제의 셋째 딸로서 덩치가 굉장했다. 그녀가 흙을 몇 번 날라다 만든 것이 한라산이며, 이 흙을 나르던 중 터진 치마 사이로 떨어져 굳은 흙덩이가 제주도 전역에 퍼져 있는 오름이다. 그녀의 나막신 밑에 붙어 있다 떨어진 흙덩이도 오름이 되었다.

한라산을 베개로 삼고 서귀포 고군산에 엉덩이를 걸치고 서귀포 앞 범섬에 다리를 걸쳐 물장구를 치곤 했다. 고군산 정상의 패인 분화구는 설문대할망의 엉덩이 자국이다. 때로는 제주시 앞쪽의 관탈섬에 다리를 뻗어 걸치기도 했다.

성산 일출봉은 그녀가 빨랫감을 놓았던 빨래 바구니이며 그 앞의 우도는 빨래판이었다. 또 일출봉 등산로 한 편에 보이는 겹쳐진 기암괴석은 길쌈할 때 불을 밝혔던 등경돌이다.

본래 우도는 본 섬과 연결되어 있었는데 설문대할망이 한쪽 다리를 오조리 식산봉에, 또 한쪽 다리를 일출봉에 걸쳐놓고 오줌을 누자 그 오줌이 바다를 이루어 우도가 분리된 것이다. 일출봉과 우도 사이에는 물살이 센 편인데 이는 바로 설문대할망의 센 오줌발 때문이다.

그런데 이 설문대할망에게는 고민이 하나 있었다. 옷이 한 벌뿐이라 매일 빨래하고 바느질을 해야만 했던 것이다. 그래서 그녀는 제주도민들에게 속옷 하나를 지어달라고 부탁을 했다. 그리고 그 대가로 육지와 연결하는 다리를 놓아주겠다고 했다. 그러나 이 계약은 결국 실패로 끝나고 만다. 설문대할망의 속옷을 만드는 데는 명주 100동이 필요했으나 도민들이 모아온 명주는 1동이 부족한 99동에 그쳤기 때문이다.

설문대할망의 죽음에 관해서는 두 가지 이야기가 전해진다. 먼저 그녀가 한라산 물장올(물장오리)에 빠져 죽었다는 이야기다. 키 자랑을 하던 그녀가 하루는 제주시에서 가장 깊다는 용연에 가서 그 깊이를 재어 보았다. 그녀가 용연에 들어서자 물은 겨우 발등에 닿을 뿐이었다. 그러자 이번에는 더 깊다고 하는 서귀포 서홍리 홍릿물에 들어갔다. 그곳에서는 겨우 무릎에 닿을 뿐이었다. 마지막으로 들어간 곳이 한라산 물장올이다. 그런데 이 물장올은 밑이 터진 물이라 설문대할망도 나올 수가 없었다. 물장올은 예로부터 제주 사람들에게 신성시되는 오름이다.

설문대할망이 자신의 오백 아들(오백장군)을 위해 죽을 쑤다가 그만 솥에 빠져 죽었다는 이야기도 있다. 어머니의 육신을 먹게 된 아들들은 모두 슬퍼서 울다가 바위로 굳어져 한라산 영실의 기암괴석, 즉 오백장군이 되었다. 어머니가 보이지 않음을 수상히 여겼던 막내아들만은 따로 차귀도(혹은 비양도)에서 굳어져 장군바위가 되었다.

그렇다면 설문대할망 이야기가 우리에게 제시하는 것의 의미는 무엇인가? 우선 눈에 띄는 것은 남성이 아닌 여성이, 그것도 기골이 장대한 여성이 제주도를 만들었다는 내용이다. 제주도는 흔히 여다(女多)의 섬으로 묘사된다. 그런데 이는 단순히 여성 인구의 많음을 말하는 게 아니다. 제주 여성의 강인한 생활력을 의미하는 것이다.

물론 아무런 까닭 없이 제주 여성들이 강인한 기질을 가졌던 건 아니다. 유기질 영양분이라고는 거의 없는 화산재 토양, 해마다 되풀이되는 태풍, 내리자마자 땅속으로 스며들어 버리는 빗물. 한 마디로 농사만으로 먹고살기에는 턱없이 열악했던 환경이 그들을 그렇게 만들었다. 이런 상황에선 남녀노소 모두가 노동에 매달려야만 생존이 가능했다. 특히 여성은 두 배, 세 배의 일을 떠맡았다. 밭을 갈다가도 물때가 되면 재빠르게 바다로 뛰어 들어가 미역을 건져 올려야만 했던 것이다. 그렇다고 해서 가사 노동에서 해방되었던 것도 아니다. 그 일도 오로지 여성의 몫이었다.

그러다 보니 제주 여성의 경제력은 무시할 수 없는 비율을 차지했고 또 그에 따라 발언권 역시 작을 수가 없었다. 설문대할망의 체격과 창조 행위는 바로 이 제주 여성의 강한 기질이 신화에 그대로 반영된 결과이다. 신화 속에서 그녀의 에너지는 한라산과 오름, 즉 제주도 전체를 창조하는 모습으로 나타난다.

그런데 이 창조 과정은 고된 노동이 아니라 그저 장난하듯 하는 놀이의 일부로 묘사되고 있다. 편안함 속에 마치 어린아이들의 놀이처럼 등장하는 제주의 탄생은 무엇을 말하는 것일까? 모든 생명 탄생은 기쁨이자 희망이다. 제주 사람들은 설문대할망이라고 하는 거대한 비현실적 존재를 통해 제주도의 탄생을 설정함으로써 기쁨과 희망을 꿈꾸어 온 것이다. 그리고 그것이 현실 세계에서는 제주 여성에 대한 기대감으로 표출되고 있다. 물론 이것이 슈퍼우먼에 대한 기대심리로 나타나 오히려 제주 여성의 삶을 이중으로 짓누르고 있음도 부정할 순 없다.

어쨌거나 이것은 역사 속에서 제주 여성이 담당했던 매우 커다란 역할을 모두가 인정하기 때문에 나올 수 있는 집단의식의 표출이다. 해녀들의 역할로 상당 부분 지탱되었던 제주의 경제 상황을 제주 사람들은 누구나 잘 알고 있다. 또한 일제강점기에 있었던 해녀항일운동 역시 제주 사람들은 선명히 기억하고 있다. 여성의 비중을 간단히 다루고선 제주 역사 자체를 서술할 수 없다는 말이다. 그러니 설문대할망과 같은 여신이 신화의 주인공으로서 당당하게 등장하는 것은 너무도 자연스러운 일이다.

물론 제주도가 아닌 다른 지역에서도 신화 속의 여성을 만날 수는 있다. 특히 그곳이 농경문화권에 속해 있는 지역이라면 지모신(地母神) 신앙은 보편적으로 나타난다. 땅과 여성은 생명을 틔어 내는 존재이기 때문이다. 주몽을 낳은 유화부인, 지리산 성모 등이 대표적인 경우이다. 하지만 그들은 주연이 아니라 조연이다. 제주의 설문대할망처럼 신화의 핵심인물이 되는 경우는 드물다. 이건 제주 만의 특수한 현상이다.

다음으로 '옷'이라는 화소(話素)는 무엇을 말하는가? 섬은 기본적으로 자립적 경제구조를 갖출 수가 없다. 제주도 역시 마찬가지였다. 아니 제주도는 의존도가 특히 심했다. 조선 후기 한반도 지역과의 상거래 내역만을 살펴봐도 이는 확연히 드러난다. 주된 수출품은 미역과 말(馬)이었고 주요 수입품은 쌀과 소금 그리고 옷감이었다. 쌀만 부족했던 게 아니라 옷감도 턱없이 부족했던 것이다. 옷감의 원료인 면화 재배에 제주의 토양이 전혀 적합하지 않았기 때문이다.

《삼국지》위서 동이전에 나오는 '주호(州胡)' 관련 기사 중 "이곳 사람들은 가죽옷을 입는데, 윗옷은 입으나 아래옷은 입지 않는다"라는 기록도 어쩌면 옷감이 넉넉지 않았던 제주의 상황을 말해주는 것일 수 있다.

물론 옷감보다 심각했던 건 식량이었다. 화산재 토양이라 비옥하지도 못했고 물을 가두어 논을 만들지도 못했다. 논이 없었으니 쌀이 귀했던 건 당연한 일이다. 이런 상황을 타개할 수 있는 것은 오직 교역뿐이었다. 결국 제주 사람들은 기호품을 수출하고 생필품을 수입하며 삶을 이어갔던 것이다. 신화 속의 '옷'은 바로 그러한 생필품 부족의 제주 사회가 투영된 결과로 여겨진다.

'육지와의 다리'라는 화소는 제주 사람들의 절절한 염원이 반영된 상징이다. 자연환경이 경제적 자립을 불가능하게 만들었기에 제주 사람들은 오래전부터 목숨을 걸고 바다로 나가야만 했다. 그런데 그 과정에서 상당수의 사람이 무서운 바다의 희생물이 될 수밖에 없었다. 그런 만큼 제주 사람들에게 '육지와의 연결'은 빈곤을 벗고 풍요로 나아가는 엑소더스의 길이었다. 창조의 여신 설문대할망이라면 이 정도의 소원은 들어줄 만도 하련만, 결국 그 꿈은 좌절되고 말았다. 이것은 현실의 반영이다. 고난은 희망을 꿈꾸게 하여 탈출의 신화를 만들었지만, 결국 그 신화는 다시 현실로 돌아올 수밖에 없었다. 그리하여 그 염원은 섬사람들의 가슴속에 그저 안타까움으로만 남게 되었다. 신화는 허황한 구석이 있어 마음껏 상상의 날개를 펼치긴 하지만 이처럼 정작 중요한 대목에 이르면 결코 한계를 뛰어넘지는 못한다. 그게 현실을 담은 신화의 특성이다.

꺾여 버린 소망, 그것이 명주 99동으로 표현되었다. 99는 미완의 숫자, 좌절의 숫자다. 꽉 찬 100을 채우지 못해 무너져 내릴 수밖에 없었던 아픔의 숫자다. 한 동만 더 있었더라면 꿈은 이루어졌을 텐데, 신화는 이것을 허락하지 않았다. 물론 현실이 용인하지 않았기 때문이다. 유사한 화소는 제주시의 아흔아홉골 설화나 아기장수 설화, 호종단 설화 등에서도 반복적으로 나타난다. 화려하게 비상할 수도 있었으나, 결국 한 가지 요인의 결핍으로 인해 좌절하고 만다는 이야기이다.

독립국 탐라가 중앙의 고려 정부에 복속되면서부터 생긴 좌절, 지방관들의 탐학에 대항하여 일으켰다가 결국 진압되고 말았던 민란, 4·3사건(이하 4·3)의 아픔, 이 모든 역사가 단지 '한 동 부족한 명주'로, 혹은 '육지와 연결될 뻔했던 다리'로 상징되어 나타난다. 한 동만 더 있었더라면 고립을 벗어나 풍요의 세상으로 연결될 수 있었을 것이고, 한 골짜기만 더 있었더라면 제주도에서도 왕이 출현할 수 있었을 것이다. 하지만 아기장수는 몰래 날개를 잘라야만 했고 호종단에 의해 맥이 잘린 제주 사람들은 현실 앞에 무릎을 꿇을 수밖에 없었다.

　이것이 제주 사람들이 역사를 지탱해 왔던 지혜요, 고달픈 세상살이를 극복해 낸 자기 위안 장치였다. 신화는 현실에서 좌절된 염원을 상상의 세계에서나마 희망으로 바꾸어 꿈을 꾸게 하였다. 그럼으로써 실패를 합리화하고 서로를 위로하면서 고단한 삶을 이어 나갈 수 있게 해줬다. 결국 신화는 삶의 고통을 보듬던 제주 사람들의 집단의식인 셈이다. 물론 종국에 가서 그 꿈은 현실을 넘어서지 못했지만.

　신화는 오늘도 계속된다.

삼성신화, 탐라 건국 이야기

　탐라국 건국신화는 흔히 삼성신화(三姓神話), 즉 제주 고(高)씨와 양(梁)씨, 부(夫)씨의 시조신화로 널리 알려져 있다. 그리고 제주시에 있는 삼성혈은 이들 세 성씨의 시조가 땅에서 솟아난 곳이라 하여 주요 관광지로 소개되고 있다.

아무리 비가 많이 와도 빗물이 고이지 않고 눈이 와도 금세 녹아 버린다는 삼성혈의 세 구멍, 실제로 제주 사람들의 선조가 그 구멍에서 나왔을까? 이를 고고학적으로 해석하여 동굴 생활의 흔적으로 설명하는 학자들도 있다. 하지만 신화는 상징일 뿐이다. 그 자체가 구체적 사실일 수는 없다. 상징을 통해 당대 사람들의 세계관을 엿보는 것만으로 우리는 만족해야 한다.

이 신화는 대체 어디에 기록되어 있는 것일까? 《고려사(高麗史)》와 《영주지(瀛州誌)》 그리고 《성주고씨가전(星主高氏家傳)》이 근거 사서로서 거론되어 왔다. 여기서는 정사(正史)인 《고려사》의 내용을 중심으로 소개할 것이다. 《고려사》는 1451년(조선 문종 원년)에 편찬된 공식 역사서이다. 반면 한동안 가장 오래된 기록이라고 전해지던 《영주지》는 고씨 집안의 족보에 불과하며 그리 오래된 것이 아니라는 최근의 연구 결과가 있어서 여기서는 참고자료로만 삼았다.

> 탐라현은 전라도 남쪽 바다에 있다. 고기(古記)에 이르기를, 태초에 사람이 없더니 세 신인(神人)이 땅에서 솟아났다. 한라산의 북녘 기슭에 구멍이 있어 모흥혈(毛興穴)이라 하니, 이곳이 그것이다. 맏이를 양을나(良乙那, 후에 良은 梁으로 바뀜)라 하고, 다음을 고을나

(高乙那)라 하고, 셋째를 부을나(夫乙那)라 했다. 세 신인은 황량한 들판에서 사냥을 하며 가죽옷을 입고 고기를 먹으며 살았다.

하루는 자줏빛 흙으로 봉해진 나무함이 동쪽 바닷가에 떠밀려 오는 것을 보고 나아가 이를 열었더니, 그 안에는 돌 상자가 있고, 붉은 띠를 두르고 자줏빛 옷을 입은 사자(使者)가 따라와 있었다. 돌함을 여니 푸른 옷을 입은 처녀 세 사람과 송아지, 망아지 그리고 오곡의 씨가 있었다. 이에 사자가 말하기를 "나는 일본국 사자입니다. 우리 임금께서 세 따님을 낳으시고 이르시되 서쪽 바다에 있는 산에 신자(神子) 세 사람이 탄강하시고 나라를 열고자 하나 배필이 없으시다 하시며 신에게 명하시어 세 따님을 모시고 가라 하였습니다. 이제 마땅히 세 공주님을 배필 삼아서 대업을 이루소서"라고 말하고는 홀연히 구름을 타고 가버렸다.

세 사람은 나이 차례에 따라 나누어 장가를 들고, 물이 좋고 땅이 기름진 곳으로 나아가 활을 쏘고 거처할 땅을 점쳐 각각 차지하니, 양을나가 거처하는 곳을 제1도라 하고, 고을나가 거처하는 곳을 제2도라고 했으며, 부을나가 거처하는 곳을 제3도라고 했다. 비로소 오곡의 씨앗을 뿌리고 소와 말을 기르니 날로 살림이 풍부해지더라.

신화는 원초적 종교의 산물이다. 그리고 한국의 원초적 종교는 무속이다. 한국의 신화에 무속적 기반과 특성이 강하게 깔려 있는 것은 그 때문이다. 단군신화의 '단군'도 무당을 뜻하는 말이다. 또 주몽신화도 문헌에 정착된 것과는 별도로 일부 지역에서는 무속적 제의로 계속 전승되어 왔다. 마찬가지로 탐라국 건국신화도 그 원초적 모습은 무당들이 행하는 당굿의 서사무가(敍事巫歌)였을 것으로 추정해볼 만하다.

예전에 장주근 교수가 이를 뒷받침할 근거를 찾아내 소개한 적이 있다. 1786년(정조 10년) 제주목사 이명준(李命俊)이 임금에게 올린 장계의 일부 내용이 그것이다.

> 삼성 시조에 대해서는 "당초에는 사당을 세우고 향사한 일이 없었으며 다만 광양당(廣壤堂)이 있어 무당들이 빌고 굿하는 장소였는데, 가정(嘉靖) 5년(중종 21년, 1526)에 목사 이수동(李壽童)이 비로소 모흥혈 옆에 단을 쌓고 삼을나의 자손으로 하여금 매년 중동(仲冬)에 제향을 올리게 하였습니다.

위의 기록은 적어도 1526년(중종 21년)까지는 삼성의 시조가 광양당에서 무속적 제의로 모셔져 왔음을 말해주고 있다. 고려 정부와는 달리 강력한 유교 이데올로기로 중앙집권체제를 꾀했던 조선 정부는 끊임없이 각 지방의 무속을 정비하면서 유교적 통치로 지방을 장악해 갔다. 중앙집권체제의 강화를 위해 국민의 정신세계를 통일하는 게 절실했던 것이다.

제주목사 이수동이 제주에 와서 한 일도 바로 그것이다. 그런데 이수동의 조치는 세련된 방식으로 진행되었던 모양이다. 막무가

내로 무속을 탄압한 것이 아니라 자연스럽게 유교적 가치체계로 이끌어 갔던 것 같다. 비결이 무엇이었을까? 별 게 아니다. 분할통치, 즉 토호들을 일반 토착민들로부터 분리하고 그들을 체제 내로 흡수하는 것이다. 그러기 위해선 그들에게 어느 정도의 특권을 나누어 주고 또 서울 양반과 유사한 문화를 향유할 수 있게 지원해 줘야 한다. 유교의 고상한 가치체계와 세련된 격식은 촌 동네 토호들의 마음을 휘어잡기에 충분했다. 제주목사 이수동이 단을 쌓고 삼을나의 자손들에게 유교식 제의를 올리도록 지원했던 것, 이것이 바로 토호 세력을 체제 안으로 끌어들였던 전술이다.

결국 본래 삼을나신(三乙那神)은 광양당신과 같은 당신(堂神)이었으며 지금의 삼성사(三姓祠)도 애초에는 굿을 하는 당이었는데 지금처럼 유교식 제의로 바뀐 것은 고작해야 1526년 이후의 일이라는 말이다.

이것은 단순한 변화가 아니다. 의례의 형태만 바뀐 게 아니라는 얘기다. 세련됨과 고상함으로의 변화는 껍데기에 불과하다. 정작 본질적인 변화는 이 과정에서 제주 토착 세력의 독자성이 점차 사라져 갔다는 것이다. 유교 이데올로기로의 동화는 뿌리에서부터 중앙에 종속됨을 의미한다. 결국 중앙정부의 지방 장악 의도가 완전히 관철되었던 셈이다.

과거 고유의 당굿이 행해지던 흔적이 남아 있긴 한가? 거의 없다. 그 당굿이 행해지던 광양당의 위치를 삼성혈 곁 현재 제주민속자연사박물관 구역 내의 어느 곳이거나 혹은 보성시장 주변쯤

삼성혈
탐라국 건국 시조인 세 신인이 솟아난 곳으로 알려져 있다.
1526년부터 유교적 제례를 지내왔지만, 그 전에는 무속제의가 행해졌다.

으로 추정하고 있을 뿐이다.

그렇다면 광양당에서 행해졌던 당굿 본풀이의 서사무가는 문자화된 삼성신화의 내용과 같은 것일까? 전해지는 바가 없어 정확히 알 수는 없다. 단지 유사한 계열로 드는 송당계신화를 통해 짐작해 볼 뿐이다. 제주시 구좌읍 송당 마을의 당굿에서 구연되는 본풀이는 제주의 가장 대표적인 서사무가로 유명하다. 그 주변 마을의 서사무가 역시 송당 마을의 것을 원형으로 삼은 경우가 많다. 이들 마을에서 전해지는 송당계신화들도 사냥을 하는 토착 남신(소로소천국)과 농사를 가르쳐준 외래 여신(백주또)의 결혼으로 이야기가 전개된다. 이것은 삼성혈에서 솟아난 3신인과 외래 일본국 3공주와의 결혼 이야기로 얽어진 삼성신화와 유사한 구조이다.

그러나 결말은 다르다. 송당계신화에선 토착 남신이 결국 농사에 적응하지 못하고 농사짓는 소를 잡아 먹어버린다. 과거 수렵생활의 습관을 버리지 못했기 때문이다. 그리하여 그는 여신으로부터 이혼을 요구당한다. 삼성신화의 해피 엔딩과는 결말이 다른 것이다. 이것은 두 부족 간의 결합에서 나타나는 갈등을 말해주고 있다. 이처럼 민중의 구전설화는 지배층의 문자화된 설화와는 분명히 다르다.

문자 기록은 지배층의 문화이며, 구전은 민중들의 문화이다. 지배층은 문자화된 삼성신화를 통해 두 부족 간의 결합을 평화로운 것으로 묘사했고, 민중들은 그들의 언어를 통해 갈등을 이야기했다. 5공화국 전두환 정권의 출범을 지배층은 '정의사회 건설'과 '복지국가 실현'의 출발로 묘사했고, 민중들은 '공포정치'와 '피의 역사'로 기억했던 것과 어쩌면 유사하다. 또한 이는 단군신화에서 환웅과 결합한 곰 그리고 결합하지 못한 호랑이를 떠올리게 한다. 아마 호랑이로 대표되는 부족은 정복당했거나 축출되었을 것이다.

물론 단군신화와 같은 수직적 위계질서가 강한 북방계 신화와는 달리 제주의 신화는 수평적 세계관이 주류를 이루고 있다. 3공주는 하늘에서 내려오는 것이 아니라 바다 수평선에서 온다. 이미지 자체가 평화롭다. 그것은 북방의 강한 정치 권력 사이에서 파

제주시청 벽면에 그려진 삼성신화 벽화
벽랑국 혹은 일본국에서 들어온 3공주를 그려놓았다.

생된 갈등만큼 탐라국 건국 주체 사이의 갈등은 그리 크지 않았음을 의미한다.

반면에 한국의 대표적인 신화인 단군신화는 제주의 신화와는 정반대로 환웅이 하늘에서 내려온다. 그 외에도 북방계 신화는 신이 하늘에서 내려오는 구조로 된 경우가 많다. 이른바 천손강림형(天孫降臨型)이다. 이런 신화를 가진 민족은 누구나 자신을 하늘의 자손이라고 내세운다. 얼마나 당당한가.

무엇이 이런 다름을 가져온 것일까? 권력의 차이로 설명하는 경우가 많다. 북방 유목민족은 무력 정복을 통해 강력한 권력체를 형성해 왔다. 그런 만큼 엄격한 위계질서가 필요했다. 이것이 곧

바로 수직적 세계관으로 표출되었던 것이다. 하늘에서 내려온 강한 권력, 하늘이 내려보낸 신의 아들이 바로 현실 세계의 권력자가 되는 것이다.

그러나 제주도를 비롯한 남방계 신화는 땅에서 솟는 지중용출형(地中湧出型)과 선진 문물 집단이 바다를 건너 찾아오는 상주표착형(箱舟漂着型), 즉 해상도래형(海上渡來型)으로 구성된 경우가 많다. 수직이 아니라 수평적인 공간관이 드러난다. 이것은 북방계 신화와는 달리 결코 위압적이지 않다. 오히려 밖에서 들어온 세력은 풍요의 여성으로 그리고 오곡과 가축을 전해준 부족으로 묘사된다.

이것은 본시 그리 강하지 않은 권력 집단의 출현을 의미한다. 강한 권력일수록 단군처럼 하나로 통합된 모습으로 나타난다. 하지만 신라의 6부 촌장이나 6가야 연맹의 예에서 보듯이 상대적으로 약한 권력일수록 부족연합의 형태로 출현하게 된다. 제주의 고·양·부 세 성씨가 평화적으로 연합하여 권력을 형성하는 모습도 같은 맥락이다. 수평적 세계관이 표출된 것이다.

다시 말해 탐라국의 형성은 북방 기마 민족과 같은 강력한 무력 정복이 아니라 적당한 타협 속에서 진행되었다는 얘기다. 제주의 삼을나가 활을 쏘아 점을 치고 땅을 나누는 이야기는 북방계의 그것과는 사뭇 다르다. 과장해서 해석한다면 애초부터 평화의 심성을 가지고 있었다고 말이다. 황당하게 들릴지 모르겠지만 과장만은 아니다. 잉여물의 생산이 큰 지역일수록 권력 다툼은 심했다.

하지만 제주도야 어디 그랬겠는가. 전통 시대 제주도는 극빈의 생존 조건을 가지고 있었다. 그런 상황에서 상호협력은 필수였고, 따라서 권력 다툼보다는 공존이 서로의 생존을 위해 더욱 절실한 방안이었다. 결국 열악한 환경 조건이 고대 제주 사람들의 사고체계를 수평적으로 만들어 놓았다고 말할 수 있다.

바다로부터 온 3공주

　역사 전개 과정에서 두 집단의 인위적 결합은 사회 발전의 계기가 된다. 단군신화에서 환웅과 곰으로 대표되는 두 부족의 결합은 하나의 부족연맹체, 즉 국가의 탄생을 상징한다.

　탐라국 개국신화에서 3공주의 도래도 같은 역할을 하고 있다. 오곡 종자와 송아지, 망아지를 가지고 들어왔다는 이야기는 선진 문물과의 결합을 의미하며, 수렵 채집 단계에서 농경 목축 단계의 사회로 비약했음을 뜻한다. 이보다 앞서 고·양·부 세 성씨가 땅에서 솟아났다는 것은 씨족 중심의 세 개의 작은 권력체가 통합의 과정에 들어갔음을 보여주는 상징이다. 이를 바탕으로 뒤에 전개된 3공주의 도래는 씨족 연합을 넘어 지역 연합이 형성되었음을 의미한다.

　여기서 지역 연합이란 국가 수준으로의 질적 도약을 뜻한다. 3공주로 대표되는 외래의 정치 세력과 결합함으로써 드디어 탐라국

혼인지
3신인과 3공주가 목욕재계하고 혼인을 올린 곳으로 알려져 있다.

을 형성할 수 있었다는 얘기다. 물론 이때 탐라국의 규모는 그리 큰 것이 아닐 수도 있다. 그러나 그 규모는 일단 부차적인 문제다. 설혹 실제 그 권력이 대단한 게 아니었다 할지라도, 이전 단계에 비해서는 매우 커졌을 상황이기 때문이다. 권력이 커감에 따라 사회 변화가 뒤따르는 건 당연한 이치다. 김수로왕의 가야국도 아유타국의 허 왕후가 바다를 건너와 수로왕과 결혼한 뒤에야 건설될 수 있었다. 이 역시 같은 맥락에서 설명될 수 있다.

그렇다면 3공주의 고향은 어디일까? 《고려사》에는 분명히 '일본국'이라고 쓰여 있다. 그렇다면 제주 사람들의 외가는 일본이 된다. 그런데 어째 영 찜찜하다. 일제 식민지를 겪었던 경험 때문이다. 그러니 일본국 출신 3공주 이야기를 사실로 받아들인다는 건 아무래도 불편할 수밖에 없다.

그래서인지 사람들은《영주지》등 다른 자료에 등장하는 벽랑국(碧浪國) 기사를 주로 사용해 왔다. 상상 속의 나라 벽랑국에서 왔다고 해야 우리의 반일 감정과 충돌하지 않는다. 관광 안내 책자나 대부분의 향토사 교육 자료에서 '벽랑국'으로 소개하는 것은 그 때문이다.

그런데 벽랑국이든 일본국이든 실제로는 문제가 될 사안이 아니다.《고려사》에 일본국이라고 기록되어 있다고 해서 그리 불편해할 필요가 없다는 얘기다. 앞서 신화의 본질을 이야기할 때, 신화는 시대의 관심사에 따라 계속 변천해왔음을 지적한 적이 있다. 그리고 신화는 구체적 사실이기보다 상징임을 이야기했다. 다시 말해《고려사》에 등장하는 일본은 현실의 땅이기보다는 상징의 땅일 가능성이 높다. 실제 탐라국이 건설되던 기원 전후에는 '일본'이라는 이름은 없었다. '왜(倭)'라고 표기되었다면 혹 모를까, 일본은 존재하지 않았었다. 일본이라는 이름은 이보다 약 700년쯤이 더 지난 뒤에야 등장했다.

물론《고려사》에 등장하는 일본국이라는 지명은 탐라국 건국 시기의 용어가 아니라《고려사》가 기록될 당시의 용어다. 때문에 실제의 '왜'가《고려사》기록 당시의 용어인 '일본'으로 전환되어 기록된 것일 수도 있다. 3공주 부족이 일본에서 건너온 사람들일 가능성도 있다는 말이다.

하지만 그보다 먼저 우리가 주목해야 할 것이 있다. 신화가 문자로 정착되던 당시의 상황부터 제대로 살피는 일이다. 《고려사》가 기록될 당시, 제주 사람들은 일본을 지리적으로 상당히 가깝게 느꼈던 것 같다. 여말선초라면 사실 그랬다. 왜구가 극성을 부릴 때라 웬만한 조선 사람들은 항상 일본을 염두에 둘 수밖에 없었다. 그렇게 하여 평소 뇌리에 남아 있던 일본이라는 현실적 지명이 상상 속의 지명을 대체한 것으로도 생각해 볼 수 있다.

이와 같이 현실을 반영하며 상상이 재구성되는 것을 신화의 2차적 변용이라고 한다. 신화 속의 일본이라는 지명은 신화가 문자로 정착되던 당시의 지리관을 반영한 것이다. 다시 말해 우리 민족이 여말선초에 가졌던 지리적 관념이 반영된 용어라는 얘기다. 따라서 신화에 등장하는 일본국은 기록될 당시의 관심사가 반영된 지명일 뿐이다. 사실은 '바다 위의 먼 나라'를 의미하려 했던 것 같다. 그런데도 신화의 2차적 변용이라는 속성 때문에 그렇게 표현된 것으로 보인다.

그리고 설혹 그것이 실제의 일본국이라고 해서 그리 불편해할 이유도 없다. 역사는 오늘의 관점이 아니라 당시의 관점에서 보아야 한다. 오늘날의 국가관이 아니라 탐라국 건국 당시의 남해안, 제주도, 일본열도, 유구 열도, 타이완 등을 왕래하는 사람들의 눈으로 보아야만 한다. 당시 섬사람들에게 교역은 생존을 위한 불가피한 일이었다. 그리고 그 과정에서 선진 문물의 유입은 필연적일 수밖에 없었다. 오늘의 반일 감정으로 재단할 일이 아니라는 말이다.

삼성신화에서 삼을나신화로

만약 단군신화를 환씨(桓氏)신화 혹은 환성(桓姓)신화라 부르고, 조선을 이씨조선이라 칭한다면 어떻게 될까. 실제로 일본은 조선을 일개 집안의 권력으로 폄하하기 위해 '이조(이씨조선)'라고 낮추어 부르곤 했다. 그 영향 때문인지 한국의 지식인 중에서도 무의식적으로 이조라는 표현을 쓰는 사람들이 종종 있다.

10여 년 전부터 전경수 교수는 소위 삼성신화 다시 보기를 주장해 왔다. 삼성신화가 아니라 '을나신화' 또는 탐라국 건국신화로 불러야 한다는 게 그 주장의 핵심이다. 이게 무슨 말일까?

그의 주장에 따르면 원래 이 신화는 단군신화나 주몽신화처럼 건국신화였다고 한다. 탐라국 건국신화 말이다. 그런데 조선 정부가 탐라의 뿌리 의식을 제거하기 위해 이 신화를 비틀었다. 즉 건국신화를 의도적으로 왜곡하여 고·양·부 세 성씨의 시조신화로 전락시켰다는 주장이다. 그럴 경우 독립국 탐라의 기억은 영원히 제거될 수도 있다. 왕 또는 우두머리를 뜻하는 '을나(乙那)'가 빠지고, 대신 구체적인 집안을 지칭하는 '삼성(三姓)'이 등장한 것은 바로 그런 의도가 관철된 결과라는 주장이다. 고려와 달리 조선은 강력한 중앙집권화를 시도했다는 점을 생각한다면 이 주장은 상당히 타당해 보인다.

유교 이데올로기가 강화되면서 성씨 중심 사상이 확산된 것도 삼성신화로의 전환을 가져온 중요한 원인이라고 한다. 성씨 중심

사상에 도취된 제주도 내의 토호 세력들이 차츰 건국보다는 자신들의 시조에 그 의미를 두게 되었다는 얘기다. 이것은 신화의 변질이다. 국가라고 하는 정치적 관점이 가족적 관점으로 축소된 것이다.

따라서 이러한 변질이 일어나기 전인 조선 전기에는 '삼성'이라는 표현이 쓰이지 않았다고 한다. 그리고 삼성혈의 본래 이름도 모흥혈(毛興穴)이었다고 한다. 확인 가능한 사료 중에 삼성혈이라는 명칭이 등장하는 것은 효종 4년(1653)에 만들어진 이원진(李元鎭)의 《탐라지》가 처음이다. 이런 점을 고려할 때 전경수의 주장은 충분히 경청할 가치가 있어 보인다.

그렇다면 이 신화의 이름은 무엇이 되어야 하는가? 단군신화가 환인과 환웅의 집안 이야기인 환씨신화가 될 수 없듯이, 탐라국의 건국신화 역시 삼성신화여서는 안 된다. 을나를 주체로 자리매김해야 한다. '을나신화' 혹은 '삼을나신화'가 적격이겠다. 그리고 삼성혈도 이제 본래의 이름인 모흥혈로 환원시켜야 한다. 그래야 신화의 의미 축소를 막을 수 있다. 하지만 이러한 이름 고치기가 수월하지는 않을 것 같다. 낡은 성씨 중심 사상의 포로가 되어 있는 사람들의 반발이 결코 작지 않을 것이기 때문이다.

고량부인가, 양고부인가

✣

　제주 고씨 집안과 제주 양씨 집안이 소위 삼성신화에서의 두 성씨 서열을 두고 한때 법정 분쟁까지 일으켰다는 소문이 있다. 이 법정 분쟁이 학술 논문에까지 간간이 언급되는 것을 보면 결코 헛소문만은 아닌 것 같다. 어떤 사료에는 양·고·부 순으로 쓰여 있고 또 다른 어떤 사료에는 고·양·부 순으로 쓰여 있기 때문에 다툼이 생겼던 것이다.

　정사인《고려사》에는 "장왈 양을나(長曰良乙那), 차왈 고을나(次曰高乙那), 삼왈 부을나(三曰夫乙那)"로 되어 있다. 그런데《영주지》등에는 장과 차의 순서가 바뀌어 있다. 고씨가 큰아들이라는 말이다. 하지만 한때《영주지》가 고씨 집안의 족보에 불과하다는 주장이 제기되면서 고씨 큰아들 설은 위축되는 듯했다. 그러고는 다시 양·고·부의 순서가 설득력을 얻는 것 같았다. 그러나 고씨 집안에서는 승복하질 않았다.《고려사》편찬 과정에 제주 양씨인 양성지가 많은 영향력을 행사했기 때문에 성씨의 순서가 변조된 것이라며 오히려 역공을 폈다. 그리하여 지금까지도 '큰아들은 고씨가 맞다'라는 주장을 굽히지 않고 있다.

　그런데 이 분란이 비단 최근의 일만은 아닌 것 같다. 1786년(정조 10년) 제주목사 이명준이 임금에게 올린 장계에도 이런 내용이 들어 있다. 〈시조위차(始祖位次) 변경에 관한 전말 장계〉가 바로 그것인데, 거기에는 고씨와 양씨가 그 순서를 놓고 서로 다투는 내용이 등장한다. 이 분쟁은 이

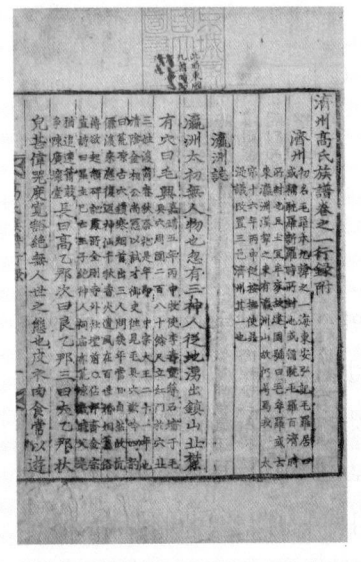

《영주지》에 소개된 탐라의 건국신화
《고려사》 기록과는 달리 고·양·부씨 순서로 되어 있으며, 3공주의 고향은 벽랑국으로 나와 있다.

미 조선 시대부터 있었다는 말이다.

이명준 목사는 이 장계에서 "고·양의 두 성씨가 각기 그 선조를 숭상하는 마음으로 서로 다투고 누차 천청(天聽)을 번거롭게 하니 지극히 외람스러운 일"이라고 말하면서도 시중의 여론을 따라 고·양·부 순으로 만들면 좋을 것이라는 의견까지 달고 있다. 그때는 이미 제주 사회에서 고씨가 막 강한 영향력을 행사하고 있었던 것으로 여겨진다.

그렇다면 진실은 무엇일까? 한마디로 그 순서를 따지는 것 자체가 무의미하다고 말할 수 있다. 탐라국 건국 당시에도 고씨·양씨·부씨가 존재했을까? 천만의 말씀이다. 선사 시대에는 성씨가 존재하지 않았다. 고·양·부라는 발음으로 그 성씨가 정착된 것은 한참이나 나중의 일로 여겨진다. 그러므로 고·양·부는 본래의 성씨일 수가 없다. 게다가 그것마저도 한자를 빌려 기록한 것이기에 당시의 발음과는 조금 다를 수도 있다. 또 사서에 간혹 '도동음률(徒冬音律)'이나 '유리도라(儒李都羅)' 같은 명칭들이 탐라국의 우두머리로 등장하는 것을 보더라도 고·양·부 가 탐라국 건국 당시에 발음되던 성씨는 아니었음을 알 수 있다.

결국 고·양·부는 성씨 중심 사상이 전래된 이후에 탐라국 지배층이 만든 성씨에 불과하다는 얘기다. 우리나라에서 여러 성씨가 제대로 정착된 것은 고려 말경으로 알려져 있다. 때문에 삼성신화는 고려 말엽부터 문자로 정착된 것이며 고·양·부 세 성씨도 그 과정에서 새롭게 만들어진 것이라 말할 수 있다.

또한 고려 말에는 이미 성씨 중심사상이 퍼져 있었으므로 그 시대상을 반영하여 '장·차·삼(長·次·三)'이라는 순위를 매겼을 것으로 여겨진다. 그뿐만 아니라 신화 내용으로도 서열 따지기의 무의미함을 알 수 있다. 삼을나가 서로 활을 쏘아 점을 쳐서 땅을 나누었다는 것은 서로 간의 순위 다툼이 아니라 단지 지역 분할을 의미할 뿐이다. 순위 다툼이었다면 무력을 통한 정복으로 묘사되었을 가능성이 크다. 그러므로 여기서 장·차·삼은 1·2·3등이 아니라 A·B·C의 다른 표현으로 보아야 옳다.

그럼에도 불구하고 오늘날에도 두 집안 간의 세력 경쟁은 여전하다. 겉으로 보이지만 않을 뿐이다. 왜 그럴까. 조상숭배의 숭고한 마음 때문일까. 물론 그것도 하나의 요인일 수는 있다. 하지만 대다수 젊은 세대들은 이런 순위 다툼에 별 관심이 없다. 그렇다면 낡은 사상에서 벗어나지 못했기 때문에 갈등하는 것일까. 물론 그런 점도 없지는 않다. 하지만 그보다는 현실에서의 권력 욕구 때문이라고 말하는 게 더욱 옳다. 사실 과거는 현재의 권력을 정당화해주는 도구로 쓰일 때가 많다. 신화 속의 순위에 그렇게 집착하는 것도 따지고 보면 대부분은 그런 이유들 때문이다.

3

고려와 몽골 그리고 탐라

고려에 복속되다

삼을나신화 그리고 용담동과 삼양동 등지에서 발굴되는 고고학적 증거들을 볼 때, 제주 섬에 탐라국이 건설된 것은 기원 전후의 일인 것 같다. 물론 이때의 국가 규모나 수준은 그리 대단한 것이 아니었겠지만 삼한의 여러 소국 중 한 곳의 수준은 됐으리라 여겨진다. 그런 만큼《삼국사기》백제본기 문주왕 2년(476) 기사에서부터 탐라는 분명히 그 실체를 사서에 남기고 있다.

그런 탐라국이 우리 역사에서 사라진 것은 언제일까? 고려가 탁라(乇羅)를 고쳐 탐라군(耽羅郡)으로 만들었다는《고려사》숙종 10년(1105)의 기록에 근거하여 고려 중엽인 1105년으로 추정한 게 가장 보편적인 학설이었다. 이 견해는 1958년에 일본인 학자 오카다 히데히로(岡田英弘)가 처음 제기했는데 최근까지 아무런 비판 없이 받아들여졌다. 그리하여 국립제주박물관 같은 공신력 있는 기관에서 펴낸 책자나《제주도지》등에도 그렇게 쓰여왔다.

이와 다르게 일부 애향심 강한 연구자들은 탐라의 자주성을 강조하며 중앙정부에 복속된 시기를 최대한 늦추어 잡는다. 제주의 토착 지배 관직인 성주(星主)·왕자(王子) 직이 폐지된 조선 태종 4년(1404)이 실제적인 탐라국 소멸 시기라는 주장이다. 고향 사랑의 뜨거운 마음이 전해져서 좋기는 한데, 객관적인 시대 상황을 무시한 것은 문제다. 성주·왕자 직이 그때까지 존재했다고 해서 그 자체가 독립국을 상징하는 것은 아니기 때문이다. 성주·왕자는 중앙권력이 인정해 준 토호 세력에 불과했다.

그런데 이와는 반대로 최근에는 탐라국의 멸망 시기를 더욱 올려 잡은 연구가 발표되었다. 고려가 건국되고 얼마 지나지 않은 고려 태조 21년(938), "탐라국 태자 말로(末老)가 와서 알현하니 성주와 왕자에게 작을 내려주었다"라는 기사를 근거로 938년을 탐라국 멸망 시기로 잡은 것이다.

이 주장이 타당해 보인다. 객관적인 근거를 가지고 밖에서 들여다본 연구 결과이기 때문이다. 제주 안에 갇힌 내부의 시선만을 고집할 때 향토사는 자칫 미화되기 쉽다. 반면 탐라라는 내부의 시선과 함께 고려 시대의 지방제도라는 일반적인 틀을 가지고 살핀다면 탐라국 소멸 시기가 고려 태조 때임을 쉽게 알 수 있다. 중앙정부에의 복속 시기를 최대한 늦추어 잡는 것만이 능사는 아니다. 맹목적 애향심보다는 객관적 시선이 우선 중요하다.

그렇다면 일반적 틀이라는 고려 시대 지방제도의 특성은 무엇인가. 상식적으로 알다시피 고려는 지방 호족의 연합정권으로 만들어진 국가다. 그런 만큼 건국 초기 때만 해도 각 지방은 나름의 독자성을 여전히 강하게 가지고 있었다. 그러나 그렇다고 해서 그들 호족이 지배하는 지방을 독립국이라고 말하지는 않는다. 토호의 독자성이 어느 정도 인정되었던 것일 뿐, 고려라고 하는 중앙 권력의 범위 밖에 있었던 것은 아니기 때문이다.

지방세력이 가진 독자적 권력의 크기를 서로 비교해 보더라도 탐라는 별 게 아니었다. 탐라보다는 오히려 전라, 경상 등지의 호족들이 더 큰 권력을 가지고 있었다. 그러기에 세력이 그리 강하지 못했던 탐라가 독립국이었다고 주장하는 것은 머쓱한 일이다.

고려의 왕권 강화 정책은 4대 광종 때부터 본격화되었다. 그리고 그것을 바탕으로 6대 성종 때에는 처음으로 지방에 관리를 파견하였다. 이것은 교과서적인 상식이다. 시간이 지나면서 지방 세력이 많이 약화되어 갔다는 얘기다.

지방 권력의 약화가 돌이킬 수 없는 추세가 되었고 그리하여 중앙권력에 굴복할 수밖에 없게 되었다면, 지방의 토호들은 어떻게 대응했을까? 무모하게 자주성을 주장하며 저항하지는 않았을 것이다. 비록 스스로의 위신이 줄어들긴 했지만, 저항보다는 오히려 협력을 택했을 것이다. 그래야만 자신이 가진 최소의 권력이라도 확고하게 보장받을 수 있었을 것이기 때문이다. 이것은 중앙 정계에 줄을 대고 공식 인정을 받을 때 가능해진다. 그게 현실적인 방안이었다.

게다가 선진 지역으로부터의 물자 수입은 생존을 위해 반드시 필요한 일이었다. 특히 제주와 같은 섬 지역인 경우, 교류는 필수였다. 그런데 그 교류는 중앙정부의 승인 없이는 쉽지 않았고 그러기에 어떻게 해서든 중앙과의 연결에 매달릴 수밖에 없었다. 일이 잘되어 중앙정부로부터 공적인 승인을 받게 된다면 그만큼 그 지역의 위상은 높아질 수 있었다.

물론 외세에 대해 당당한 자세를 견지하는 것은 매우 바람직한 일이다. 그러나 주변의 세력 관계를 무시한 채 독불장군처럼 행세하는 것은 현실적으로 불가능하다. 한국과 미국의 관계에 있어서도 분명히 우리는 자존심을 지켜야 한다. 그러나 그렇다고 해서 하루아침에 미국과의 국교를 단절한다면 오히려 생존을 위협받지 않겠는가.

고려 초기 탐라는 '도(島)'라고 하는 특수한 행정구역으로 이미 고려에 복속되어 있었다. 여기서 도는 향·소·부곡과 유사한 하급의 행정 단위이다. 그만큼 초기의 탐라는 고려에 속해 있으면서도 중앙정부로부터 큰 관심을 끌지는 못했다는 얘기다. 그래서 탐라의 지배층은 국가 공인 도장(官印)인 주기(朱記)를 내려달라고 계속 간청했고 결국 현종 2년(1011)에 그 허락을 받기에 이르렀다.

하지만 이때까지도 고려 정부의 탐라 승인은 형식적인 조치에 불과했다. 중요한 지역일수록 지방관 파견이 시급히 이뤄졌는데, 주권 상실의 통설로 받아들여지는 숙종 10년(1105) 탐라군 편성 때에도 제주에는 지방관이 파견되지 않았을 정도다. 지방관이 파견되어 탐라가 어엿한 주현(州縣)의 지위를 차지한 것은 의종 7년

(1153)에 이르러서였다.

다른 몇몇 기록들도 숙종 10년(1105)의 탐라국 멸망설을 부정하고 있다. 숙종 10년보다 이른 시기인 문종 때에 한반도의 사찰을 짓는 일에 이미 탐라 사람들이 동원되고 있었다. 이러한 강제동원의 기록 역시 숙종 10년 이전에 이미 탐라가 고려에 복속된 상태였음을 말해주는 증거다.

물론 조선 초기까지도 제주 지방의 토호인 성주·왕자의 권력은 상당할 만큼 남아 있었다. 그러나 그것을 가지고 독립국이었다고 주장하는 것은 오류다. 제주라는 한정된 지역에서 제한적으로 용인된 권력이었을 뿐, 고려 정부와 대등한 위치에 있었던 권력은 아니기 때문이다.

'탐라'가 '제주'가 된 이유

대부분 지방마다 고유의 문화축제를 열고 있다. 지방자치제 실시 이후로 더 활성화된 느낌이다. 지역 문화의 다양성을 생각할 때 이는 참으로 좋은 일이다. 물론 변화한 현대 사회의 특성상 전통 시대의 옛 모습 그대로 마을 주민 대다수가 참여하기는 힘들다. 그러다 보니 아직도 관청 중심의 축제이거나 혹은 몇몇 문화·예술단체들만의 자족적 행사로 끝나는 경우가 많다. 하지만 개별화된 현대인들의 특성을 제대로 반영하여 창조적으로 변용만 한

탐라 입춘굿 놀이

탐라 입춘굿 놀이는 제주의 문화축제 중 하나로 자리 잡았다.
탐라는 제주의 옛 이름이다. 탐라가 제주로 이름을 바꾼 까닭은 무엇일까?

다면 앞으로도 좋은 문화 프로그램이 될 것이라 생각한다.

제주에도 이러한 축제로 '탐라문화제'가 있다. 제주문화제가 아니다. 탐라라는 제주의 옛 이름이 축제의 전면에 등장한다. 그런데 이 축제를 늘 접하면서도 언제 탐라가 제주로 바뀌었는지 그리고 왜 바뀌었는지, 또 각각의 이름이 가지는 의미는 무엇인지에 대해서는 별다른 관심을 보이지 않는다. 이건 제주 사람들마저도 마찬가지다. 하긴 학교에서 배워 보지도 못했고 또 더 중요하게는 대학입시에 나오지도 않으니 그럴 만도 하다.

탐라에서 제주로 이름이 바뀐 것은 고려 때의 일이다. 정확한 연도는 알 수 없으나 고종 10년인 1223년경으로 추정되고 있다.
왜 바꿨을까? 이를 알기 위해서는 먼저 탐라라는 말의 의미가 무
엇인지부터 살펴봐야 한다.

옛 문헌은 당연히 한자로 씌어 있다. 탐라(耽羅), 즐길 '탐' 자와
벌릴 '라' 자로 구성되어 있지만 그 뜻이 쉽게 들어오지 않는다. 당
연하다. 한자라고 해서 무조건 글자 그대로 뜻을 해석하다간 엉
뚱한 풀이를 하고 만다. 뜻이 아니라 소리만을 한자로 빌려다 쓴
경우가 많기 때문이다. 탐라도 그렇다. 고대의 제주를 일컫는 말
로 탐라 외에도 담라, 탐모라, 탐부라, 담모라, 탁라, 섭라 등이 사
서에 등장하고 있다. 이들의 공통점은 발음이 비슷하다는 것이다.
이것은 탐라가 소리글자임을 보여주는 증거다.

김석익도 《탐라기년》에서 "연암 박지원이 이르되 우리나라 방
언에 도(島)를 섬이라 하고 국(國)을 나라(羅羅)라 하니 탐, 섭, 담
세 음은 모두 섬과 비슷하니 대저 도국(島國)이라 함이다"라고 하
여 탐라는 곧 '섬나라'를 뜻하는 말이라고 하였다.

그렇다면 고려 고종 때부터 쓰였다는 '제주(濟州)'는 어떤 의미
를 담고 있는가? 원주, 상주, 경주, 전주, 나주 등의 예에서 보듯이
제주의 뒤에 붙은 주(州)는 큰 고을을 뜻한다. 중요한 행정구역이
라는 얘기다. 그리고 제(濟)는 '큰물을 건너다'라는 뜻이다. 결국
'제주'는 한반도로부터 바다 건너 먼 지역에 있는 중요한 행정구
역이라는 의미가 된다.

그러고 보면 이제 탐라에서 제주로의 명칭 변화가 무엇을 의미

하는지 조금은 짐작할 수 있다. '나라'에서 하나의 주요 행정구역으로 위상이 격하된 것이다. 독립국 탐라는 국가권력뿐만 아니라 이렇게 이름에서마저도 나름의 독자성을 상실하게 되었다.

그런데 그 이후에도 제주도가 '탐라'라는 이름을 잠시 회복한 적이 있었다. 삼별초 항쟁이 끝나고 제주가 몽골의 직할지가 되었던 1273년 무렵부터다. 탐라국 초토사, 탐라총관부라는 명칭에서 이를 확인할 수 있다.

왜 그랬을까? 몽골이 제주도를 특별히 어여삐 여겨 독립을 지원했던 것일까. 아니다. 이것은 1876년 개항 당시 일본이 우리에게 강요했던 강화도 조약의 제1관 "조선은 자주의 나라이며 일본국과 평등한 권리를 갖는다"라는 문구와 비슷한 구조이다. 일본이 조선의 자주권을 운운했던 것은 숨은 의도, 즉 조선에 대한 청나라의 종주권을 부정하기 위한 속셈에서였다. 그래야 일본이 쉽게 조선을 잡아먹을 수 있게 된다.

탐라라는 명칭의 회복 역시 이와 같은 맥락에서 볼 수 있다. 제주도를 고려에서 완전히 떼어내야 몽골이 제주를 직접 지배할 수 있게 된다. 돌아온 이름 탐라는 그런 의도에서 나온 제스처였을 뿐이다.

그 뒤 충렬왕 20년(1294)에 원 제국의 세조 쿠빌라이가 죽자, 고려는 다시 탐라를 고려에 돌려달라고 요구했다. 그러자 원은 고려의 소원을 들어주었고, 이에 따라 다음 해인 1295년에 탐라는 다시 제주목(濟州牧)으로 변신했다. 유목민족인 몽골은 영토보다 물자와 인력을 더 중요시했다. 고려의 소원을 들어주는 척할 수 있었던 것은 그 때문이다. 제주라는 영토는 돌려주었지만 여전히 말(馬)을 징발하는 권리는 포기하지 않았다. 그러다가 5년 후인 1300년에 몽골은 또다시 탐라총관부를 설치함으로써 고려로부터 제주를 환수하였고 제주도는 다시 탐라가 되었다.

외세의 농간 속에 반복된 탐라와 제주의 명칭 변경, 이것은 이래저래 주변의 두 외세 사이에서 시달렸던 제주 사람들의 아픔을 보여주는 하나의 상징이기도 하다.

삼별초의 마지막 격전지

쿠데타로 집권한 박정희 정권이 자신의 군사 지배를 합리화하기 위해 삼별초의 대몽항쟁을 부각했다는 이야기가 있다. 학문도 정치로부터 결코 자유롭지 못한 영역임을 보여주는 사례다. 정통성이 부족했던 군사정권 아래서 특히 국사와 윤리 교과가 주로 그 타깃이 되었다.

그럼에도 불구하고 삼별초의 대몽항쟁은 한국사나 제주 역사 어디에서도 분명 큰 비중을 차지할 만하다. 40년 항쟁을 접고 개경으로 돌아간 고려 정부와는 달리 끝까지 몽골에 저항했던 그 투지는 박정희 군사정권의 영웅화 작업과는 관계없이 소중한 것이다.

항몽순의비
박정희는 삼별초의 대몽항쟁을 자신의 군사 쿠데타 합리화의
도구로 활용하였다. 비문 글씨는 박정희의 친필이다.

　누구나 알다시피 삼별초 군사들은 강화도에서 진도로, 그리고 진도가 함락된 뒤에는 다시 제주도로 그 근거지를 옮기며 저항을 계속했다. 그런데 삼별초만이 제주도를 주목했던 것은 아니다. 삼별초 군사들이 제주로 들어오기 11년 전인 1260년에 이미 고려 정부는 강화도를 버리고 제주도로 다시 천도할 계획을 세웠다. 이때는 최씨 무신정권 이후 또 다른 실권자인 김준이 권력을 장악하고 있던 시기다. 김준은 무신정권에 아부하던 나득황을 제주부사로 파견하여 천도를 위한 사전 작업을 지시하기도 했다.
　몽골 역시 삼별초가 들어오기 이전에 이미 제주를 주목했다. 이곳의 지정학적 이점을 파악한 몽골은 남송과 일본 정벌의 전초기지로 제주를 점찍어 두었던 것이다. 그래서 삼별초가 제주도에 들어오기 4년 전(1266)에 이미 탐라의 실권자 양호를 몽골 조정으로 불러들였고, 그 2년 뒤인 1268년에는 남송과 일본 정벌을 위한 군비 조달을 강요하면서 탐라에 독자적으로 배 100척을 만들어 바치라고 요구하기도 했다. 이어 1269년에는 서귀포시 하원동에 있는 법화사를 중창하기 시작했다.

그러고 보면 유리한 저항 거점을 확보하려 한 삼별초가 제주도를 선택했던 것은 어쩌면 너무도 자연스러운 일이다. 그런 만큼 고려 정부 역시 삼별초의 퇴로를 미리 알고 있었다는 얘기도 가능하다. 실제로 고려 정부는 삼별초의 제주 입도를 사전에 대비하고 있었다. 삼별초가 진도에 자리를 잡자마자 그 이후에는 제주도로 옮길 것이라 판단한 고려 정부는 전라도 영암부사 김수와 장군 고여림을 미리 제주도로 보냈다. 이때 삼별초와 맞선 김수·고여림의 병력은 어느 정도였을까? 기록마다 많은 차이가 있으나《신증동국여지승람》에 실린 1,000명 정도가 맞는 것 같다.

삼별초 역시 서둘러 별동대를 제주도로 보냈다. 진도에 자리 잡은 1270년 8월에서 불과 석 달 뒤인 11월에 별동대장 이문경을 제주도로 파견했던 것이다. 이문경의 별동대는 명월포로 상륙했는데, 현재의 협재·금릉해수욕장이 그 상륙 지점으로 생각된다.

그들은 상륙 후 곧바로 동쪽으로 진출하여 제주시 동쪽 9리 지점에 있는 동제원에 진을 쳤다. 그러고는 얼마 떨어지지 않은 송

송담천
삼별초와 고려 정부군이 제주 장악을 위해 전초전을 벌였던 격전지다.

담천을 경계로 삼고 관군인 김수·고여림 부대와 일전을 벌였다. 송담천은 현재 제주시 오현고등학교 곁에 있는 화북천을 말한다. 바로 그곳에서 처절한 전투가 벌어졌다. 결과는 이문경의 완승이었다. 관군은 완전 괴멸되기에 이르렀고 영암부사 김수와 장군 고여림도 이 전투에서 전사했다. 이로써 삼별초는 일찌감치 제주에 대한 지배권을 확보할 수 있었다.

이후 삼별초의 주력이 제주도로 들어온 것은 원종 12년(1271)에 진도가 여몽연합군에게 함락당했을 때였다. 진도 시절의 지휘자 배중손이 전사하자 이후에는 김통정이 삼별초를 이끌었다. 부대를 제주도로 옮기는 데 주도적인 역할을 한 김통정은 본시 상급 지휘관이 아니었다. 지금의 계급으로 따진다면 고참 하사관 정도였을 것으로 추측된다. 그리고 당시 남해도를 거점으로 활약하던 유존혁의 삼별초 군사도 이 대열에 합류하여 제주도로 들어왔다.

제주에 새로이 자리 잡은 삼별초는 서둘러 방어시설을 구축했다. 현재 애월읍 고성리에 근거지를 마련하고 그곳에 항파두성을 구축했다. 내성은 석성으로 쌓았고 외성은 토성으로 만들었다. 또한 해안선을 따라 방어용의 긴 성벽을 쌓았는데 흔히 환해장성(環海長城)이라고 하는 돌담이 바로 그것이다. 그런데 이 환해장성은 삼별초가 처음 쌓았던 게 아니다. 역설적이게도 본래는 삼별초를 막으려 했던 세력, 즉 김수와 고여림의 관군이 시작했던 축성공사를 오히려 그 적인 삼별초가 이어받아 완성했던 것이다.

어느 정도 수비 태세를 갖추자 이번에는 남해안 일대로 나아가 고려 정부를 괴롭혔다. 주로 조정으로 반입되는 세곡선을 털거나 세곡 창고를 습격했다. 때로는 남해안뿐만 아니라 내륙 깊숙한 곳 그리고 서해안과 개경 근처의 경기도까지 진출하기도 했다.

그리고 다음 단계로 몽골군에 대한 공격도 감행했다. 몽골군은 일본 정벌을 준비하며 경상도 김해, 마산에 주둔하고 있었다. 당시 고려가 삼별초의 습격을 막기 위해 몽골에 병력 2,000명을 요구했던 것을 보면 삼별초 병력이 그리 작지만은 않았던 모양이다.

삼별초 활동이 본토에까지 이르자 고려는 몽골에 삼별초 토벌을 계속 건의하기에 이르렀다. 몽골 입장에서도 역시 일본 정벌을 위해선 시급히 삼별초를 정리할 필요가 있었다. 그리하여 원종 14

항파두리성
삼별초의 최후 거점으로서 역할을 했다.

년 (1273) 홍다구 등이 이끄는 몽골군 6,000명과 김방경이 이끄는 고려군 6,000명 등 총 1만 2,000명의 토벌군이 편성되어 제주로 향했다.

  4월 9일 나주를 출발한 토벌군이 제주에 상륙한 시점은 4월 28일이었다. 주력인 김방경의 중군은 제주도 동쪽인 함덕포로, 좌군은 서쪽인 명월포로 상륙했다. 이때 삼별초의 방어군은 대부분 명월포 쪽으로 몰려갔기 때문에 함덕포는 거의 무방비 상태였던 모양이다. 그리고 기록에는 없지만 토벌군의 우군은 아마 항파두성 바로 앞인 애월·하귀 쪽에서 삼별초군을 유인했던 것 같다. 주성인 항파두성이 너무 쉽게 점령당했던 것을 보면 그런 생각이 든다.

무방비 상태의 함덕포로 상륙했던 김방경의 중군이 먼저 파군봉의 저지선을 격파했다. 파군봉은 항파두성 방어를 위한 전초기지였다. 그 전초 저지선이 너무도 쉽게 뚫려버린 것이다. 그러자 곧바로 관군은 항파두성으로 몰려갔다. 자세한 기록은 없으나 큰 전투는 새벽부터 시작되어 거의 사흘 만에 끝난 것으로 짐작된다. 단지 김통정 등 70여 명의 잔여 병력만이 한라산 붉은오름으로 도피하여 조금 더 저항해보다가 최후를 맞았을 뿐이다.

당시 삼별초의 병력은 어느 정도였을까? 이에 대한 기록은 전혀 남아 있지 않다. 하지만 몇 가지 기록을 통해 추론해 볼 수는 있다. 1만 2,000명의 토벌군이 160척의 배를 타고 왔다면 우선 배 한 척당 평균 75명이 승선한 것으로 계산할 수 있다. 그리고 약 100년 뒤 소위 '목호의 난'을 토벌하러 왔던 최영의 군대는 314척의 배에 2만 5,605명이 승선했으니 이때는 배 한 척당 평균 82명으로 헤아려 볼 수 있다.

위의 두 기록을 이용하면 당시 전투용 배 1척에는 약 75~82명이 승선했던 것으로 생각해 볼 수 있다. 여기서 우리는 앞서 김통정의 삼별초가 제주에 들어왔을 때 남해도에서 80여 척의 배를 이끌고 합류했던 유존혁에 대한 기록을 떠올릴 필요가 있다. 유존혁이 이끌고 왔던 배 80척을 위의 계산법에 대입해 보면 그 병력은 대략 6,000명이 넘는 것으로 추산할 수 있다. 그렇다면 김통정의 병력은 어느 정도였을까? 김통정의 군대가 주력군이었으므로 유존혁의 삼별초보다 적은 수는 아니었을 것이다. 일단 비슷한 숫자인 6,000명을 상정하면 두 부대를 합하여 얼추 1만 2,000명으로 생각해 볼 수 있겠다. 이 숫자는 토벌군의 숫자와 같다. 토벌군이 그만한 숫자의 병력을 편성한 데에는 나름의 이유가 있었을 것이다. 무리하게 많은 병력을 보내거나 거꾸로 무모할 정도의 적은 병력을 보내지는 않았을 것이라는 얘기다.

 물론 위의 셈법에 허점은 많다. 삼별초가 제주도로 들어왔을 때, 단지 군인들만 왔던 것은 아니기 때문이다. 군인뿐만 아니라 그들의 가족까지 함께 왔다. 그러고 보면 앞서 추산한 1만 2,000명은 삼별초 군인과 그들의 가족을 모두 포함한 숫자가 될 것이다.

제주 사람들에게 삼별초란?

 한국은 중앙집권화의 정도가 매우 심한 나라이다. 오늘날 가장 큰 사회문제 중 하나라고 지적되는 지역감정도 사실은 중앙집권형 권력 구조 때문에 발생했다. 모든 떡이 서울이라고 하는 중앙정부에 몰려 있다 보니 그걸 먹기 위해 경상도가 단결하고 전라도가 단결하는 것이다. 만약 지방으로 그 권한을 모두 나누어준다면 서울로 몰려가서 경상도니, 전라도니 하면서 싸울 이유는 없어진다. 그러면 자기 지역 안에서 그 권한을 두고 다투게 될 것이다. 전라도는 전라도 끼리, 경상도는 경상도 끼리.

 학문이나 교육 역시 예외는 아니다. 지방화 시대라곤 하지만,

현실에서 그것은 완전히 사기다. 지방에는 떡 부스러기만이 남아 있을 뿐, 큰 건더기는 모두 서울에 있기 때문이다. 지방 대학 중에 제대로 대접받는 곳이 하나도 없다는 게 이를 증명한다. 지방의 역사도 마찬가지다. 오리엔탈리즘적 호기심을 가진 사람이나 살짝 쳐다보는, 별로 인기를 끌지 못하는 연구 주제일 뿐이다. 그러나 삶을 지방에서 꾸려나가는 사람들에겐 오히려 지방의 문제, 지방의 역사가 실제적으로 피부에 와 닿는다. 구체적 일상이 있기 때문이다. 그러니 지금이라도 현지인의 시각을 회복할 필요가 있다. 역사에서도 말이다.

하지만 지금까지는 중앙집권화가 현실이다 보니, 제주에서 막을 내린 삼별초 항쟁 역시 철저히 중앙의 관점에서만 연구되고 교육되어 왔다. 제주 사람들은 삼별초를 어떻게 보았을까? 사료 역시 중앙 중심의 기술로 채워져 있어서 그 구체적 모습을 정확히 파악하기란 쉽지 않다. 하지만 일부 사료와 정황 증거를 통해 당시 제주 사람들의 실상에 접근해 보기로 하자.

먼저 전초전이라고 할 수 있는 동제원·송담천 전투에서 그 단서를 찾아보자. 이는 고려의 김수·고여림 군대와 삼별초 이문경 군대가 제주 장악을 위해 벌였던 전투다. 이때 전사한 김수의 묘지(墓誌)에는 당시 제주 사람들의 동향을 엿볼 수 있는 실마리가 하나 들어 있다. "토착민이 관군에 협조하지 않고 적(삼별초)을 도왔기 때문에 패배했노라"라고 한 부분이 그것이다. 제주 사람들이 관군보다 삼별초군을 더 선호했다는 이야기다. 왜 그랬을까?

그동안 중앙에서 파견된 관리들은 제주 백성들을 지독히도 착취했다. 이에 대한 반감이 정부군을 외면하고 삼별초를 옹호하게 했던 결정적인 이유다. 1168년 '양수의 난', 1186년의 반란 소문, 1202년 '번석·번수의 난' 그리고 가장 가까운 시기인 1267년 '문행노의 난' 등은 대부분 지방관의 가렴주구에서 비롯된 민란으로 짐작된다. 물론 최척경이나 김지석, 김구 등 일부 선정을 베푼 관리가 없었던 것은 아니다. 하지만 이런 경우는 극히 드물었다. 대부분은 혹독한 착취로 제주의 지방행정이 이뤄졌다.

반면 삼별초는 제주민의 호감을 사기 위해 적지 않은 배려를 했던 것 같다. 불리한 위치에서 현지인의 민심까지 잃어서는 곤란할 것이라고 판단했을 것이다. 앞서 명월포로 상륙했던 이문경 군대가 동제원으로 진격해 갈 때 제주성을 에두르며 갔던 일이나, 삼별초 본진이 제주의 중심지를 벗어나 서쪽 외진 곳에 주요 거점인 항파두성을 마련했던 일도 토착 권력에 대한 배려를 보여주는 예이다. 유화 제스처이자 정치적 타협인 셈이다.

그러나 그렇다고 해서 제주 사람들은 마냥 삼별초만을 편들 수도 없었다. 이문경의 전투 때와는 달리 삼별초 본진의 제주 입도는 그 규모부터 엄청났다. 앞의 인구 추산에 따르면 군인과 민간인을 합하여 1만 2,000명 이상이 유입된 것으로 보인다. 생필품 부족은 말할 것도 없고 조만간 무슨 큰일이라도 터질 것 같은 불안감이 감돌았을 것이다.

이것은 시간이 지남에 따라 더욱 심해졌다. 더불어 삼별초에 대한 불만도 점점 커져만 갔다. 항파두성이나 환해장성 축조 때에는 제주 사람들도 강제로 동원되었을 것이다. 그러니 불만이 커져갈 수밖에 없었다. 또 정부에 대한 반감이야 있었을지언정, 몽골과 그리 원수질 이유가 없었다. 그런데도 그들과 대립하는 삼별초를 이유 없이 지원해야만 했으니 이건 분명 내키지 않는 일이었을 것이다. 물론 회유와 협박을 반복하는 삼별초의 직접적 권력 앞에서 일단은 삼별초의 의도대로 움직였을 것 같다. 긴장 속의 협조 혹은 소극적 협조라고 표현할 수 있을 것이다.

하지만 실제 전투가 일어났을 때 제주 사람들이 어떤 태도를 취했는지는 알 수가 없다. 다만 고려군이 철수하면서 "원래 탐라에 살던 사람들에 대해서는 옛날처럼 안심하고 살게 하였다"라는 기사를 통해 그에 대한 정황만을 엿볼 뿐이다. 관군이 삼별초와 제주민을 분리하여 대하고 있는 모습은 삼별초와 제주민의 이해관계가 일치하지 않았음을 그리고 양자가 긴밀하게 결합하지는 않았음을 말해 준다.

강력한 주변 외세의 눈치를 보아가며 양측의 영향력에 따라 수시로 입장을 달리했을 것이다. 비굴하게 보일지는 모르나 약자가 생존할 수 있는 현실적인 방법이었으리라. 어쨌든 탐라인에게는 삼별초나 관군, 몽골군 모두가 똑같은 외세일 수밖에 없었다. 이들 3자의 세력이 균형 관계를 이룬다면 혹 소위 중립외교라도 시도해 보련만, 절대적 강자가 등장한 현실에서는 달리 방법이 없었을 것이다.

환해장성

 확실히 제주도는 돌의 섬이다. "여자 많고 바람 많고 돌 많다" 하여 '3다(多)'라 한다지만, 실제 여자가 그리 많은 건 아니고, 바람 또한 겨울철과 태풍 부는 늦여름을 제외하고는 그리 자주 느낄 수 있는 것도 아니다. 하지만 돌은 해안이나 한라산 자락 등을 가릴 것 없이, 또 추우나 더우나 따질 것 없이 항상 제주를 표현하고 있다. 그중에도 무덤을 둘러싼 '산담'은 가히 설치미술이라 할 만하다.

 그런데 산담이나 밭담 말고도 중요한 돌담이 또 있다. 해안선을 따라 일부 남아 있는 환해장성이 그것이다. 섬을 둘러싸고 있는 긴 성벽이란 뜻이다. 관광안내 책자에까지 실릴 정도로 지금엔 두루 쓰이고 있는 역사 용어지만, 사실 이 용어는 비교적 가까운 시기에 만들어졌다. 1918년 김석익의 《탐라기년》에 실린 게 첫 기록이다. 그보다 옛 기록인 조선 전기의 《신증동국여지승람》에는 환해장성이란 말이 없다. 대신 '고장성(古長城)'이라 했다. 300리, 즉 120킬로미터 가까이에 달했다고 하니 과연 '바다를 따라 섬을 둘렀다(環海)'고 할 만하다. 실제 300리는 제주도 해안선 전체의 약 절반이다. 그러나 아쉽게도 지금은 그 반의반은 고사하고 아주 일부만이 남아 있다.

 앞에서 고려 정부가 삼별초의 제주 입도를 막기 위해 고여림을 파견하여 쌓은 것이며 그 시기는 삼별초가 아직 진도에 머무르고

제주시 화북에 남아 있는 환해장성
고려의 고여림 장군에 의해 처음 구축된 이래
조선 시대에 이르기까지 계속해서 축성공사가 이어졌다.

있던 원종 11년(1270)이라고 간단하게 설명한 바 있다. 그러나 이 기록을 그대로 믿기는 어렵다. 고여림은 9월 중순에야 제주에 들어왔는데, 그는 같은 해 11월 삼별초 별동대 이문경 군대와의 동제원·송담천 전투에서 전사했다. 그리고 그 이후부터는 삼별초가 제주를 장악했다. 그러니 주둔 기간이 고작 두 달밖에 안 되는 고여림 군대가 이 엄청난 규모의 성을 쌓았다는 건 말이 안 된다.

그렇다면 누가 쌓은 것인가? 우리가 상식으로 알고 있는 잘못된 지식, 중국 만리장성에서 힌트를 얻을 수 있다. 현재 남아 있는 만리장성은 사실은 명나라 때 만들어진 것이다. 진시황이 쌓았다는 말도 물론 맞다. 그러나 더 엄밀하게 말하면 진시황 이전에도 이미 이 성의 일부는 존재했다. 북방 흉노족에 시달리던 중국 한족은 북쪽 경계 곳곳에 예전부터 성을 쌓았는데 진시황 때에는 단지 그것들을 모두 연결했을 뿐이다. 그 이후에도 성은 자주 무너졌고, 또 보수하기를 반복했다. 현재 남아 있는 만리장성 대부분은 명나라 때 대대적인 보수를 통해 만들어진 것이다.

무슨 말인고 하니, 우리의 환해장성도 단지 한순간에 만들어진 것이 아니라는 얘기다. 관군을 몰아낸 삼별초가 당연히 이 작업을 계승했고, 또 조선 시대에 와서도 내내 왜구의 침탈을 막기 위해 바닷가를 따라가며 이 성을 쌓았다. 그리고 서양 세력이 밀려오던 개항기에도 일부 이 성을 수리하며 쌓았다는 기록이 있다. 물론 얼마 전까지 해안 경계를 맡았던 자랑스러운 우리의 방위병들도 약간의 일조를 했다. 사실은 파괴를 더 많이 했지만.

그런데 또 하나 불행한 건 이 길고 긴 제주도의 환해장성을 보기가 쉽지 않다는 점이다. 화북, 애월, 고내, 북촌, 동복, 온평 등 몇 군데, 그것도 아주 짧은 구간에만 남아 있다. 그것도 많이 허물어져 원형을 찾긴 어렵다.

누가 무너뜨렸을까? 세월이라면 할 말은 없다. 분명히 그런 면도 있다. 하지만 내가 분개하는 건 다른 이유 때문이다. 그놈의 관광 해안도로를 건설한답시고 막무가내로 밀어버린 무식한 행정 말이다. 물론 나도 해안도로를 따라 시원스레 드라이브를 할 때면 최상의 기분을 느끼긴 한다. 해안도로 그 자체를 반대하는 건 아니다. 얼마든지 환해장성을 살리면서 도로를 만들 수도 있었을 것이다. 그런 데 그걸 무시하고 도로를 쭉쭉 뽑아놨으니 그 때문에 화를 내는 것이다.

이것은 비단 행정만의 잘못은 아니다. 경박한 사회 가치 때문이다. 그저 눈앞에 놓인 경제성만을 쫓는 사고 때문인 것이다. 김구 선생도 그런 걸 경계했다고 하지 않던가. "내가 바라는 독립된 조국은 군사력이나 경제력의 강대국이 아니라 문화 강대국"이라고 말이다. 갑갑하다.

또 하나, 문화재를 복원한다고 하면서 저지르는 야만이다. 현재 제주도에는 문화재 복원 자격을 가진 업체가 없어서 모든 복원 공사를 중앙의 업체가 맡는다고 한다. 물론 실제 작업은 하청으로 진행되겠지만 설계만큼은 서울식으로 이뤄질 수밖에 없다. 그러다 보니 제주의 전통적인 돌쌓기 방식은 보이질 않는다. 대신에 엉뚱하게도 서울에 있는 남대문 식의 돌쌓기 방식만이 난무하고 있다. 실제 복원된 일부 구간을 보면 영 제주 맛이 나질 않는다. 거기엔 제주의 미감이 없다. 역시 표준화되고 규격화된, 박제화된 역사일 뿐이다. 이러면 역사는 죽는다.

사람은 서울로, 말은 제주로

서울에서 대학을 다닐 때 가장 듣기 싫었던 말 중 하나가 "사람을 낳으면 서울로 보내고, 말(馬)을 낳으면 제주로 보내라"라는 말이었다. 사람이 생활할 만한 땅이 아니라 말이나 사육하기에 적합한 땅이라는, 지독히도 멸시적인 표현이라 생각했다. 게다가 영화 〈애마부인〉 촬영 장소로나 언급되곤 했으니 영 기분이 좋지를 못했다. 그리고 실제 그런 발언을 하는 놈들은 주로 삐딱한 의도에서, 경멸적 시선으로 제주 촌놈인 나를 대했던 자들이다. 이런 경우 마음 착한 나는 그저 얌전하게 막걸리병을 그놈의 얼굴에 집어 던지곤 했다. 지금 생각하면 괜한 콤플렉스 같기도 하지만……

나중에 공부를 하다 보니 그게 그런 의미에서 나온 말이 아님을 알게 되었다. 전통시대에는 말 한 마리 값이 노비 세 명의 값과 같았다고 하니, 그 표현을 그리 나쁘게 여길 것만도 아닌 듯했다. 말은 당시 최고의 동력원이어서 가격이 비쌌던 것이다. 지금에 비유한다면 고급 승용차인 셈이다. 따라서 당시 최대의 말 공급처가 제주도였다는 사실은 제주도의 경제력이 상당했다는 것을 의미한다. 팔이 너무 안으로 굽었나? 웃자고 한 이야기다.

사실 고려, 조선 시대 내내 제주의 역사는 말과 관련된 게 무척이나 많았다. 말 때문에 도망가거나 자식을 팔기도 했고 심한 경우는 전쟁으로 이어지기도 했다. 전통 시대 말의 역사를 따라가다 보면 자연스레 제주의 역사가 드러날 정도다. 그만큼 제주와 말의 관계가 긴밀하다는 얘기다.

그렇다면 제주도가 말의 고장으로 불리게 된 것은 언제부터였을까? 삼별초를 진압하고 얼마 지나지 않은 충렬왕 2년(1276), 원나라가 직할령 제주도에 목마장을 설치하면서부터라고 알려져 왔다. 수산평과 고산 평야가 그때 설치했다는 목마장의 위치에 해당된다.

그러나 그보다 훨씬 이전부터 국가적 차원에서 우마 사육 장소로 활용되었다는 최근의 연구가 있다. 고려 태조 왕건의 주력부대는 4만 명의 기마부대로 구성되어 있었는데, 평소 이 정도 규모의 마군을 유지하려면 국가가 체계적으로 말을 길러야만 했다. 제주도를 비롯한 여러 섬 지역이 그 역할을 담당해 왔다. 이런 방식, 즉 국가 정책으로 섬에서 말을 기르는 방식은 이미 삼국 시대부터 성행했다. 그리고 고려를 거쳐 조선 시대까지 이런 관행은 지속되었다.

특히 고려는 섬 지역을 '도(島)'라는 별도 행정구역으로 편성해서 관리했다. 도에서 말을 집중 사육하고 이를 국가 수요에 충당했던 것이다. 고려 전기인 문종 27년(1073)에 탐라가 조정에 말을 진상했다는 기록을 보더라도 탐라의 말 생산이 고려 전기부터 이미 성행했음을 알 수 있다.

물론 기존의 상식처럼 원나라 지배 이후에 제주도가 말 생산지로 유명해졌다는 것도 전혀 잘못된 이야기는 아니다. 다만 고려 초부터 성행했던 말 사육이 원 지배 이후에 더욱 번창하게 되었다고 말하는 게 더 정확할 것이다.

원은 원종 14년(1273)에 삼별초를 평정하면서 제주도를 직할령으로 삼았다. 그리고 그 3년 뒤에 처음으로 몽골 말 160필을 가지고 와서 수산평(지금의 서귀포시 성산읍 수산리)에 몽골식 목마장을

제주의 목마장
원의 제주 지배 이전부터 제주는 말 생산지로 유명했다.

설치했다. 이후 그 규모는 더욱 확대되어 고려 말에는 약 3만 필 정도가 항상 사육되고 있었다. 제주도가 원나라의 14개 국립목장 중 하나로 설정된 것만 보아도 그 규모가 결코 작지 않았음을 짐작할 수 있다.

원나라는 제주에 목마장을 설치하면서 많은 것을 함께 남겼다. 먼저 사육 방식이다. 이들이 들어오기 전까지 제주 사람들은 주로 말을 해안 지대에서만 길렀다. 그러나 몽골식 사육 방식이 접목되면서 해안과 한라산 사이인 중산간 지대 그리고 그보다 더 위쪽까지 방목지역이 넓어졌다.

거세술 또한 그들에게서 배운 것이다. 전투에 사용되는 말은 품질이 뛰어나야 하기 때문에 열등 종자는 모두 거세하고 우량한 말만을 생산한 것이다. 그러나 원나라가 물러가자 거세술도 많이 퇴보했다. 제주 사람들에게 필요한 건 전투마가 아니라 노동마였기 때문이다. 거세를 통한 소량의 우량마보다는 거세를 하지 않고 다량의 보통마를 생산하는 게 더욱 이익이었다. 조랑말도 이 과정에서 나온 것으로 추정하고 있다. 전투용 호마(胡馬)와 토종인 과하마의 잡종 교배로 태어난 말이 점차 제주의 풍토에 적응해가면서 제주 특유의 조랑말로 자리 잡은 것 같다.

목호의 난

'목호(牧胡)의 난'은 오늘날 국가주의 이데올로기와 충돌할 수밖에 없는 매우 껄끄러운 사건이다. 변방적 시선, 즉 제주 사람들의 시선으로 본다면 말이다.

우선 말뜻부터 보자. 오랑캐(胡)로서 말을 키우던(牧) 자들이 일으킨 난이라는 의미다. 고려 말 원나라가 망해갈 무렵 제주에 남아 말을 키우던 몽골인들이 고려 정부에 대항하여 일으킨 반란을 말한다. 그런데 왜 껄끄럽다는 걸까? '목호'가 과연 모두 몽골인이었는가 하는 점 때문이다. 이 문제는 조금 있다가 본격적으로 고민 해보기로 하고 먼저 사건의 전개 과정부터 살펴보자.

사건은 원나라의 쇠퇴와 고려 공민왕의 반원 자주정책에서부터 시작된다. 공민왕은 원나라에게 빼앗겼던 동녕부, 쌍성총관부를 회복하는 한편, 제주에서도 원 세력을 몰아내고 영토를 회복하고자 하였다.

그러나 목호의 저항은 만만치가 않았다. 목호의 반기는 공민왕의 반원정책이 시작되던 공민왕 5년(1356) 고려 조정에서 파견한 도순문사 윤시우를 살해하는 사건에서부터 시작되었다. 제주의 목호는 이후에도 세 차례에 걸쳐 고려의 관리들을 죽였다. 이에 1366년 공민왕은 군선 100척을 파견하여 목호를 굴복시키려 하였다. 그러나 어처구니없게도 고려군은 목호에게 밀려 퇴각하고 말았다. 삼별초 진압 당시 동원되었던 160척과 비교해 본다면 목호의 군사력이 어느 정도였는지 짐작해 볼 수 있겠다. 특히 세 번째 반란은 원나라가 실질적으로 망하고 1년이 지난 1369년에 일어난 사건이라 더욱 충격적이다. 원나라 본국의 지원 없이 고려군의 배 100척을 쫓아냈을 정도니 말이다. 제주도 목호의 자체 힘만 해도 보통이 아니었음을 알 수 있다.

본격적인 전쟁이 시작된 것은 명나라의 개입과 말(馬) 때문이었다. 공민왕 23년(1374), 명은 고려에 탐라에 있는 원나라의 말 2,000필을 요구했다. 원이 명에게 망했으니 원나라 소유의 말은 모두 명나라의 것이라는 명분에서 나온 요구였다. 명의 눈치를 봐야만 했던 고려는 이를 집행하고자 제주도에 관리를 파견했다. 그러나 제주의 목호는 원나라의 원수인 명에게는 결코 말을 내어줄 수 없다며 버텼다. 그러다가 나중에 겨우 300필만을 허락했다. 더는 안 된다는 것이었다. 그러자 전쟁과 평화의 갈림길에서 팽팽한 긴장이 감돌기 시작했다.

이에 공민왕은 제주 공략을 결심하고 전함 314척, 정예병 2만 5,605명을 최영 장군에게 내어주며 본격적인 목호 토벌을 명령했다. 몇 년 뒤 명나라를 치러 가던 요동 정벌군의 규모가 3만 8,830명이었던 것과 견주어 본다면, 이때 목호 토벌을 위해 동원된 군대의 규모가 결코 작지 않았음을 헤아릴 수 있다. 공민왕의 이러한 신속한 결단에는 명나라의 제주 복속 기도를 사전에 차단하려는 의지가 들어 있었다. 명은 계속해서 제주를 직속령으로 삼으려 했다. 명나라는 원나라가 망했기에 원의 직할지였던 제주는 당연히 자신들의 직속령이 되어야 한다는 논리를 폈다. 그런 상황을 막기 위해서라도 공민왕은 서둘러야만 했다. 거대 병력을 동원하여 제주를 치게 했던 배경에는 그런 복잡한 국제관계가 작용하고 있었다.

그러나 대규모 병력이 동원되었음에도 제주 공략이 쉽지만은 않았다. 7월 26일에 출발한 최영의 군대가 제주의 명월포에 상륙한 때는 8월 28일이었다. 그들은 첫 전투부터 곤욕을 치렀다. 처음 해안에 도착한 11척 배의 군인들이 모두 목호에게 살해되었다. 목호의 3,000 기병이 미리 명월포에서 대기하고 있다가 상륙하는 고려군을 공격한 것이다. 명월포는 이전에 삼별초 별장 이문경이 상륙했던 장소이며, 또 삼별초를 토벌하러 왔던 여몽연합군의 좌군이 상륙했던 지점이기도 하다.

전투는 제주도 서쪽의 명월에서 시작하여 어음리, 밝은오름, 금악, 새별오름, 서귀포시 예래동, 서귀포시 서홍동에 이르기까지 며칠에 걸쳐 전개되었다. 관군에게 차츰 밀려나 남쪽으로 도주했다가 막바지에 몰린 목호 수뇌부는 서귀포 앞 범섬에서 최후를 맞았다.

목호가 서귀포 앞 범섬 쪽에 최후의 저항선을 구축했던 이유는 아마도 제주도 남서부 지방이 그들의 주요 근거지였기 때문인 것 같다. 그 지역엔 목호의 정신적 위안처인 법화사가 있었다. 법화사는 원나라가 화려하게 중창한 목호의 성지였다. 현재 서귀포시 하원동에 있는 법화사에 가면 당시 불당의 주춧돌 몇을 볼 수가 있는데, 이 사찰은 조선 초기까지만 해도 노비 280명을 거느릴 정도로 거대한 규모를 과시했다.

전투 기간은 어느 정도였을까? 토벌군이 처음 상륙한 게 8월 28일이고 정벌을 끝낸 최영이 제주를 떠난 게 9월 23일이니 거의 한 달에 걸쳐 진행되었음을 알 수 있다. 단 사흘 만에 끝난 삼별초 전투와는 비교도 되지 않는다.

병력 규모 면에서는 삼별초 진압군의 두 배에 달했다. 그럼에도 불구하고 목호의 난이 삼별초 전투보다 훨씬 오랜 시일을 끌었던 이유는 무엇일까? 무엇보다 삼별초와 목호의 주둔 기간을 비교해보면 그 답이 나올 것 같다. 삼별초는 2년을 조금 넘게 주둔했지만, 목호는 약 100년이나 주둔했다. 몽골 사람들이 100년 동안 제주민들과 함께 살았다는 이야기다. 이 점은 목호 세력이 가진 '저항의 지지 기반'을 말해준다.

정씨 열녀비

목호의 난 때 전사한 목호 남편을 위해 정절을 지킨 정씨 여인을 기린 비이다. 이것은 목호가 단지 몽골인만이 아니라 제주 사람들까지 포괄하는 용어임을 말해준다.

저항의 지지 기반이라? 이제부터 이야기가 좀 껄끄러워진다. 몽골의 젊은 군사가 제주도에 100년 동안 있었다면 어떤 일들이 일어났겠는가? 기록에 따르면 1,400명 혹은 1,700명 정도의 몽골 군인들이 제주도에 들어와 있었다. 이들과 탐라 여자들 사이에서 자손들이 생겨난 것은 자연스런 현상이었다.

이를 뒷받침하는 근거로 《신증동국여지승람》의 열녀조에 등장하는 탐라의 정(鄭)씨 여인을 들 수 있다. 그녀는 목호와 결혼했는데 그만 그녀의 남편이 '목호의 난' 와중에 전사해 버렸다. 이때 그녀의 미모를 탐낸 고려 진압군 장교가 그녀에게 결혼을 강요했다. 그러나 그녀는 이를 끝까지 물리치고 수절을 했다. 이것은 이미 제주 사람 상당수가 목호와 섞여 있었다는 의미다. 결국 목호란 단지 몽골 사람들만이 아니라 반(半)몽골인화 한 제주 사람들까지 포괄하는 개념인 셈이다.

게다가 목호는 말을 키우는 선진 기술을 탐라인에게 전해주기도 했다. 이것은 탐라인들이 목호에게 호감을 가질 만한 충분한 이유가 되었다. 이와는 반대로 사료에 적지 않게 등장하는 고려 관리의 지독한 가렴주구도 탐라인 혹은 탐라·몽골 혼혈인들로 하여금 자연스럽게 목호 편에 가담하게 만든 요인이 되었다.

앞에서 최영의 정예군을 2만 5,605명이라고 했는데, 이는 아마도 토벌 대상인 목호의 수를 고려하여 편성된 인원으로 생각된다. 만약 양측이 비슷한 숫자였다고 가정해 본다면 목호 세력도 그 정도는 되었을 것 같다. 그러나 실제로 몽골 출신의 오리지널 목호 수가 그만큼 되지는 않았을 것이다. 나머지 대다수는 원의 100년 지배 과정에서 자연스럽게 섞인 탐라 사람들이었을 가능성이 크다. 《고려사》에 등장하는 탐라인 곡겁대, 몽골대, 탑사발도 등의 이름이 이 주장의 설득력을 높여준다. 이러한 인명은 순수한 탐라인의 이름이 아니기 때문이다.

한 달 가까이 진행된 그 전투는 고려와 목호 사이의 총력전이었다. 그런 만큼 희생도 적지 않았던 것 같다. '하담'이라는 사람은 당시 전투 목격담을 듣고 "우리 동족이 아닌 것이 섞여 갑인(甲寅)의 변을 불러들였다. 칼과 방패가 바다를 뒤덮고 간과 뇌는 땅을 가렸으니 말하면 목이 메인다"라는 글을 남겼다. 그런데 이 글

목호 최후의 근거지였던 서귀포 앞 범섬과 범섬 앞의 배염줄이
뱀의 모양과도 같이 길게 이어진 지형으로서, 진압군이 범섬을 향해 배를 출항시켰다고 알려진 곳이다.

에서 "우리 동족 아닌 것이 섞여"라는 표현을 역으로 생각해 보면, 참혹한 전투가 우리 동족 안에서도 진행되었음을 읽어낼 수가 있다. 또 "칼과 방패가 바다를 뒤덮고 간과 뇌는 땅을 가렸으니"라는 표현을 통해 그 처참함이 어느 정도였는지도 짐작할 수 있겠다.

이게 바로 국가 이데올로기와 충돌하는 부분이다. 박정희 때 조성한 제주의 항몽 유적지 기념관에는 목호의 난 진압을 아주 숭고하게 묘사해 놓았다. 조국 땅에서 외세를 몰아낸 자주성의 상징으로 말이다. 틀린 말은 아니다. 중앙의 관점에서 본다면 그렇다.

하지만 제주 사람들의 입장에서 보면 그게 꼭 그렇지만은 않다.

늘 중앙 중심의 역사 교육만을 받아오다 보니 탐라 주체의 관점으로 역사를 읽는 시각을 잃어버렸을지도 모른다. 하지만 제주 땅에서 목호의 난을 다시 살펴보자. 최영은 민족의 영웅일지언정, 제주 사람들에게는 학살의 책임자일 수도 있다. 아마 4·3 사건 이전 시기, 외지 권력에 의한 최대의 희생은 이 사건일 것이다. "간과 뇌가 땅을 가렸다"고 표현되었을 정도이니 말이다.

그래도 아직 몽골만이 외세요, 고려는 외세가 아니라고 고집하는 사람들을 위해 한 마디 더 해보자. 사실 동녕부나 쌍성총관부가 몽골의 손으로 넘어간 것은 몽골 군대에 의한 점령 때문이 아니었다. 자발적인 편입이었다. 고려보다 몽골에 붙을 때, 그 지역에서 자신의 독자적 권력을 더욱 확실히 보장받을 수 있겠다는 판단을 내린 평안, 함경 지방 토호들이 스스로 투항했던 결과이다. 물론 몽골은 이들에게 그 지역의 지배권을 인정해 주었다. 조선을 세운 이성계의 조상도 본래는 원나라의 천호직(千戶職)을 지낸 집안이었다. 천호직을 통해 그 집안은 동북지방에서 독자적인 권력을 행사할 수 있었다. 그러다가 그들은 대세가 고려 공민왕 쪽으로 기울고 있음을 빨리 간파하곤 고려 쪽에 붙어 출세 가도를 달렸다.

이를 단순히 반역으로 해석하면 안 된다. 오늘날과 같은 정도의 강력한 민족의식이나 국가관 같은 게 그때엔 없었다. 특히 고려시대는 지방 권력의 시대라 오늘날의 민족주의 관점으로 해석하다간 오류만을 범하게 된다. 역사는 그 시대의 눈으로 볼 수 있어야 한다.

목호의 다수가 제주 사람들이라면 그야말로 몽골이 제주에 남긴 흔적은 너무도 많을 것이다. 실제로 제주 고유의 풍습 중에는 몽골에서 비롯된 것이 적지 않다고 한다. 100년이나 지배했으면 그럴 만도 하지 않겠는가.

그러나 지금까지도 지독하게 강요되는 국가주의 이데올로기 때문에 몽골 지배 100년은 의도적으로 축소된 점이 없지 않다. 특히 삼별초 항쟁과 비교해 볼 때면 더욱 그렇다는 생각이 든다. 실제로 삼별초가 주둔했던 2년 반 동안 그들은 제주 사람들에게 건축술과 양잠, 직조 기술 등 선진 문물을 많이 전했다고 교육되어 왔다. 하지만 정작 100년이라는 긴 세월 동안 제주 사람들과 섞여 살았던 몽골의 영향에 대해선 그다지 많이 언급되지 않는다. 물론 호기심 차원에서는 자주 거론되긴 했다. 그러나 그마저도 오랑캐의 낙후한 문물로 간주하는 이상한 우월감이 바탕에 깔린 경우가 대부분이다.

삼별초가 축성술을 전해주었다는 말은 혹시 제주 사람들을 강제로 동원하여 성을 쌓았다는 의미는 아닐까? 어쨌든 중요한 건 역사를 있는 그대로 보려는 자세이다. 국가주의 이데올로기와 충돌한다고 해서 의도적으로 몽골 지배 100년을 축소하는 것은 바른 태도가 아니다.

구렁, 적다 등 제주 조랑말의 다양한 명칭은 모두 몽골어에서 나왔다. 말안장도 한반도의 것보다는 몽골 것과 유사하다. 마소의 주인을 표시하는 낙인(烙印)도 몽골의 방목기술을 수용하는 과정에서 얻은 것이다. 많이 퇴화해 버린 거세술 역시 그렇다. 어린아이를 눕혀 잠재우는 '애기구덕', 물을 긷는 '허벅'도 몽골의 유산이라고 한다. 그러나 무엇보다 사람이 가장 직접적인 관련을 맺었을 것이다. 제주도에는 원나라와 관련된 성씨가 조선 초기까지 14개 있었다. 《신증동국여지승람》 제주목 성씨 조에는 이와 관련된 내용이 상세히 소개되어 있다. 먼저 조(趙), 이(李), 석(石), 초(肖), 강(姜), 정(鄭), 장(張), 송(宋), 주(周), 진(秦) 씨의 본관은 원(元)이며 양(梁), 안(安), 강(姜), 대(對) 씨의 본관은 운남(雲南)이다. 운남을 본관으로 하는 4개 성씨는 원나라가 망한 뒤 명나라가 유배 보낸 원의 후손들이라고 한다. 제주에는 제법 많지만 한반도 전체적으로는 흔하지 않은 좌(左)씨 성도 몽골에서 온 성씨이다. 또 원(元)씨 성도 같은 계통이라고 한다.

 이 글을 읽고 오해하여 "그럼 내가 몽골인의 후손이란 말이냐"라며 화를 내지는 말았으면 좋겠다. 어쨌든 조심스럽기만 하다. 사실 우리나라 족보의 90퍼센트 이상이 조선 후기에 창작된 것임을 생각한다면, 오늘날에 와서 성씨를 따지며 양반입네, 몽골 계통입네 하는 것 자체가 우스운 일이긴 하다. 하지만 제주도에 몽골의 인적 유산이 강하게 남은 것만큼은 분명한 사실이다.

목호의 난과 고려 멸망

✢

　제주 사람들은 농담처럼 이런 이야기를 한다. 제주도가 없었다면 조선 건국도 없었을 것이라고. 단순히 허풍만은 아니다. 거시적, 구조적으로 역사를 바라본다면 말이 안 될 이야기지만, 미시적으로 한 개인의 삶을 따라가면 전혀 턱없는 이야기는 아니다.

　최영 장군이 목호의 난을 토벌하고 나서 개경을 향해 제주를 떠났던 날은 1374년 9월 22일이다. 그런데 이날은 날씨가 나빠 되돌아오고 말았다. 다시 다음 날인 9월 23일, 드디어 참혹한 살상을 뒤로 하고 그는 제주를 떠났다. 그런데 그 무렵 개경에서는 커다란 사건이 하나 터졌다. 최영이 처음 제주를 떠났다가 역풍을 만나 다시 명월포로 돌아왔던 9월 22일, 공민왕이 시해된 것이다. 이 사건에서 최영의 빈자리는 결정적인 요인이었다. 공민왕의 실질적인 경호 책임자가 최영이었기 때문이다.

　그리고 10여 년 뒤, 다시 최영이 자리를 비우게 된 사건이 있었다. 요동 정벌 말이다. 이때 최영은 정벌군 총사령관인 8도 도통사로서 모든 것을 지휘하고 감독하는 처지였다. 그런 만큼 요동 벌판에 직접 나가 진두지휘를 맡았어야만 했다. 요동 정벌을 적극 주장했던 그였기에 본인 스스로는 더욱 그러고 싶었을 것이다.

　그러나 당시 임금인 우왕은 한사코 그를 놓아주지 않았다. 항상 곁에 있어 달라고 간청까지 했다. 실제 우왕은 최영을 쫓아 서경(평양)까지 따라나설 정도였다. 때문에 최영은 요동 정벌군을 직접 지휘할 수가 없었다. 우왕은 왜 그리도 고집스레 최영을 곁에 두고자 했던 것일까?

최영이 재삼 청하여 이르기를 "전하께서는 개경으로 돌아가시옵소서. 제가 여기에서 여러 장군들을 지휘하겠나이다"라고 하였다. 우왕이 말하기를 "선왕(공민왕)이 시해당한 것도 그대가 남정(제주도 정벌)하러 갔기 때문이다. 내가 어찌 감히 하루라도 그대와 함께 있지 않으리요" 하였다.

결국 우왕의 적극적인 만류로 최영은 요동까지 갈 수가 없었고, 이에 이성계는 위화도에서 군대를 돌릴 수 있었다. 이런 관계를 보면 제주도에서 발생한 목호의 난이 고려 멸망과 조선 건국의 결정적인 계기가 되었다고 말할 수도 있다.

4

몽골의 흥망과 함께 한 불교 문화

본존불 앞에서 굿판을 벌이다

　현대 사회에서 순수한 의미의 자본주의를 구현하는 나라는 없다. 케인즈 이래로 자본주의도 사회주의적 요소를 많이 수용했다. 서구 자본주의 사회에서 넓게 확대된 사회복지, 그 자체가 사회주의적인 요소다. 그러면서도 자본주의의 근간은 버리지 않는다. 자본주의가 지금까지 무서운 생존력을 보여주는 것은 어쩌면 이와 같은 유연성에서 기인한 것인지도 모른다. 체제가 유지되기 위해서는 때로 반대편 극단의 요소마저도 수용한다는 것이다.

　인간의 삶도 그러하다. 삶이 우선이기에 이론이나 신앙은 필요에 따라 변용된다. 조상의 제사를 허용한 가톨릭이나, 대웅전 뒤에 산신각·칠성각을 지어놓은 한국 불교가 이를 잘 보여준다. 사람들이 원하기 때문이다. 아무리 영발이 센 하느님이라 할지라도 조상님 숭배와 대립되지 않길 바라며, 대자대비의 부처님 역시 산신님, 칠성님과 조화롭게 자리하시길 바란다. 특히 삶과 죽음에 관계된 일이라면 더욱 그렇다. 하나의 귀신보다는 여러 귀신의 가호를 받는 게 좋다. 그래야만 안심이 된다. 이때 부처님과 예수님, 산신님, 칠성님이 서로 다투면 피곤하다. 적당한 거리에서 모두 자기 역할만큼씩 인간을 도와주면 그게 최선인 것이다.

제주도에서는 사람이 죽으면, 여러 신이 각자 자신의 몫을 한다. 술잔을 올리고 절을 하는 건 유교식이다. 조문 기간 중엔 기독교식 기도회 혹은 불교식 염불이 이어진다. 장지에 다녀온 후엔 '귀양 풀이'를 한다. 이건 무속 의례다. 그리고 49일이 지나면 불교식의 사십구재를 지낸다. 시간이 지나 탈상을 하면 다시 유교식 제사로 돌아간다. 그런데 여기에 특이한 절차가 하나 있다. 다른 지방에는 없는 '문전제'다. 조상님께 제를 올리기에 앞서 문(門) 귀신에게 먼저 제를 올린다. 유교 의례 속에 편입되어서도 여전히 생생하게 살아 있는 무속신앙이다. 그러고 보면 제주의 상장(喪葬)의례는 가히 종교 백화점이라 할 수 있다. 여러 귀신이 서로 충돌함 없이 각자 자신이 맡은 역할만을 수행함으로써 사람들을 돌봐주는 것이다. 이게 제주 사람들의 신앙관이다. 배타하지 않으면서 두루 포용하는 신관(神觀), 척박한 현실을 이겨내기 위해선 이게 필요했다.

그런데 이처럼 다양한 종교를 통해 복을 기원하려면 복잡하기도 하고 또 비용도 만만치 않다. 멀티플레이어 성직자가 있어서 여러 절차를 한꺼번에 맡아서 해주면 좋을 듯싶다. 어차피 인간의 아픈 마음을 달래주는 게 종교라면 이런 소망까지 함께 풀어준다고 해서 나쁠 것도 없지 않은가.

제주에 있는 몇몇 사찰들은 이런 일들을 해낸다. 사찰에서 굿도 한다. 본존불 앞에서 무속제의가 행해지는 것이다. 제주의 불교 신자들 중 많은 경우가 이런 신앙생활을 하고 있다. 동네 할머니들에게 종교가 뭐냐고 물으면 대부분 '불교'라고 답한다. 하지만 이걸 오해하면 안 된다. 그들이 말하는 불교는 사실상 무속과 별로 먼 거리에 있는 게 아니다. 그들의 눈에는 스님이나 심방(무당을 일컫는 제주어)이나 크게 다르지 않다.

물론 최근에는 중앙 교단의 영향력으로 인해 이런 모습이 많이 사라졌다. 특히 조계종 등 큰 교단일수록 절에서 굿을 하는 경우는 드물다. 불교 중심의 신앙조직 체계가 더욱 단단해진 결과이다. 하지만 이것을 반드시 좋은 현상이라고 말할 수는 없다. 삶에 지친 민초들의 가슴을 쓸어줄 수만 있다면 산신각의 스님이면 어떻고, 대웅전의 심방(무당)이면 또한 어떠랴.

어쨌든 이처럼 제주의 불교는 한반도 전체와 비교하여 많이 다르다. 해인사나 송광사, 통도사 등과 같이 한국불교의 진수를 맛볼 수 있는 거대한 사찰 유적도 없다. 한국의 전통문화를 이해하려면 반드시 불교 문화를 섭렵해야 한다고 하지만, 제주에선 그보다 무속신앙을 먼저 알아야 한다. 물론 다른 지방의 사찰에서도 무속과 불교의 결합 현상을 볼 수 없는 건 아니다. 대웅전 뒤로 산신각, 칠성각이 자리 잡는 가람 배치가 그것이다.

하지만 제주의 경우는 불교의 외피만 걸쳤을 뿐, 무속이 그 속에서 여전히 강한 흐름을 형성해 왔다. 대웅전 뒤의 산신각, 칠성각 수준이 아니다. 본존불 바로 앞에서 무당이 굿판을 벌일 정도이다.

그래서 나는 제주의 불교를 '심방불교'라고 부른다. 오해하지 마시라. 이는 결코 얕잡아 하는 이야기가 아니라, 오히려 그 반대이다. 토착신앙을 중심에 놓고 외부의 문물을 받아들인, 주체적 신앙 행위로 자랑스럽게 여기고 있다. 물론 억지 애향심으로 찬양할 생각도 없다. 왜냐하면 한반도는 한반도 나름의, 제주는 또 제주 나름의 역사, 자연, 문화 환경을 가지고 있기 때문이다.

본격적인 불교 전래

역사를 공부하다 보면 간혹 '편년 콤플렉스'와 마주칠 때가 있다. 객관적 자료가 부실함에도 불구하고 '세계에서 가장 오래된', '동양 최고(最古)의', '우리나라 최초의' 따위의 수식어를 필요 이상으로 강변하는 경우이다. 물론 식민지 시기를 거치면서 우리의 역사가 온통 부정적 이미지로 먹칠 되었던 경험이 있기에 이를 극복하는 과정에서 조금씩 오버하는 것을 이해 못 할 바는 아니다. 그러나 이게 과할 때는 자부심보다 오히려 불편함이 앞선다.

물론 그 가치를 폄하할 생각은 없다. 사실 그대로 '가장 오래된' 것이 우리에게 있다면 그건 정말 자랑스러운 일이다. 하지만 억지로 강조하는 놈은 대개가 부실한 경우다. 2000년 일본 고고학계를 떠들썩하게 했던 유물 조작 사건만 봐도 그렇다. 원래 잘난 놈은 스스로 잘난 체하지 않는다. 안 그래도 주위에서 다 인정해 준다.

이와 같은 편년 끌어올리기는 특히 향토사 연구 분야에서 더 자주 눈에 띈다. 애향심이 과도하게 앞선 탓이다. 오직 자신의 것만을 소중하게 여기는 태도는 쉽게 객관성을 무시하는 경향으로 흐르게 된다. 과도한 애향심이 맹목을 초래하는 경우다. 이 경우 동네에선 인정받을지 몰라도 밖에 나가서는 비웃음거리만 된다. 억지 미화는 콤플렉스 표출의 한 형태일 뿐이다.

제주의 불교 전래 연구도 마찬가지다. 편년 끌어올리기가 여러 차례 시도되었다. 대표적인 경우가 기원전 540년의 발타라 존자 도래설이다. 물론 학계에서 이걸 인정하는 사람이 드물다. 그러나 이를 부정하는 연구자들 중에서도 몇몇은 편년 콤플렉스를 완전히 떨쳐내지는 못한 것 같다. 사료를 뒤지며 조그만 단서만 있으면 이를 극대화한다. 주변의 다른 정황은 애써 무시하면서 말이다.

제주대학교 사학과 김동전 교수는 "삼국 시대 탐라국의 빈번한 해상 교역이 전개되던 5~7세기 혹은 그 이전으로 보는 것이 타당"하다고 주장했다. 하지만 그가 특별히 내세운 근거는 없다. 해상 교역이 빈번했으니 불교 역시 당연히 수용되었을 것이라는 막연한 추측일 뿐이다.

동국대학교 문명대 교수는 장보고가 9세기경 산둥반도에 법화원을 만들면서 동시에 제주도에도 법화사를 창건했다고 주장했

법화사의 주춧돌
법화사는 몽골 세력에 의해 대규모로 중창되었다.

다. 이 학설을 따를 경우 제주에는 통일신라 시대에 불교가 전래된 것으로 볼 수 있다.

진원일은 고려 덕종 3년(1034)을 불교 전래의 시점으로 설정했다. 그것은《고려사》정종(靖宗) 즉위년(1034) 11월조 "탐라 사신이 팔관회에 참석했다"라는 기사를 근거로 삼은 것이다. 팔관회가 불교 행사이니 이 행사에 참석했다는 것 자체가 이미 불교 수용을 전제로 한 게 아니냐는 주장이다. 또 혹자는 고려 문종 12년(1058) 한반도 내의 사찰 창건에 탐라민이 동원된 것을 계기로 불교가 전래되었을 것이라고 주장한다.

그렇다면 정답은 무엇인가? 아직까지 명확하게 이를 밝힌 연구

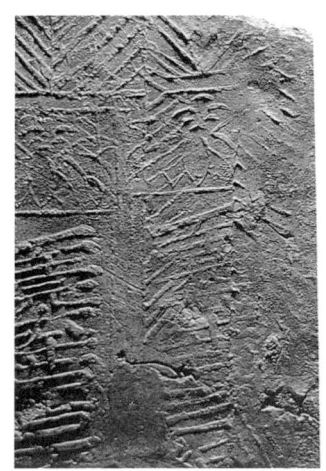

기와 조각에 새겨진 명문
법화사가 1269년부터 1279년 사이에 대대적으로 중창불사를 거행했음을 입증하고 있다.

성과는 없다. 다만 법화사가 1269년부터 1279년 사이에 대대적으로 중창불사(오래되거나 훼손된 사찰을 복원하는 일)되었다는 고고학적 증거만 뚜렷할 뿐이다. '지원육년기사시(至元六年己巳始)……'가 새겨진 기와편과 '……시중창십육년기묘필(始重創十六年己卯畢)'이 새겨진 기와편이 발견된 게 그것이다. 여기서 지원(至元) 6년과 16년은 각각 1269년과 1279년에 해당된다. 이때는 몽골의 영향력 아래 있었던 시기다. 물론 이 기와편이 전하는 바는 중창불사일 뿐 창건일은 아니므로, 그 이전에 이미 불교가 들어와 있었다고 말할 수 있다. 다만 1269년 중창불사 때부터 탐라의 불교가 성대해졌다는 정도는 추측해 볼 수 있겠다. 현재 그 법화사 터는 서귀포시 하원동에 위치해 있다.

그리고 특별히 관심을 끄는 것은 원나라에서 경영했던 사찰인 법화사와 수정사에 각각 280명과 130명의 노비가 존재했다는 기록이다. 조선 초까지 그랬다고 한다. 조선 태종 이후 두 사찰은 급격히 쇠락해 갔지만 그 이전까지 그 숫자의 노비를 거느렸다면 그것은 대단한 규모다.

정리해보면 삼국 시대 한반도에 불교가 유입된 후 언제인지 정확하지는 않지만 탐라에도 불교가 흘러들어 왔으며 몽골 지배 시기에 크게 융성했다가 몽골이 쇠퇴하자 함께 쇠락했다고 말할 수 있다. 그러고 보면 본격적인 전래는 몽골 지배 시기인 13세기 후반 무렵인 셈이다.

여기서 다시 삼국의 불교 전래를 살펴보자. 일반적으로 한반도 최초의 불교 전래는 고구려 소수림왕 2년(372)으로 알고 있다. 그러나 사실《양고승전》과《해동고승전》에는 소수림왕 이전의 고구려 승려들이 이미 소개되고 있다. 이것은 소수림왕 2년의 기사가 실제로 불교의 최초 전래를 의미하는 것이 아님을 말해준다. 그것은 국가 차원의 불교 공인을 의미하는 것이다. 소수림왕은 태학 설립, 율령 반포 등 중앙집권적 지배체제를 정비하는 데 심혈을 기울였던 고구려 임금이다. 불교 수용(실제는 공인) 역시 이 체제 정비의 일환이었을 뿐이다.

백제의 경우도 마찬가지로 중앙집권적 체제 정비 기간에 불교가 전래되었다. 이 역시 실제 전래가 아니라 국가 공인을 의미한다. 그렇다면 탐라의 불교 수용도 전체적인 시각에서 바라봐야 한다. 무조건 빨리 들어왔다고 우기거나 또 그것을 가지고 기뻐할 이유도 없다. 앞서 말했지만 편년에 과도하게 집착하는 것은 사건의 진실을 가리고 중앙 역사에 대한 콤플렉스만을 드러낼 뿐이다.

물론 삼국 시대부터 불교가 들어왔을 수는 있다. 혹은 통일신라, 고려 시대에 그랬을 수도 있다. 그러나 중요한 건 불교 수용의 사회적 의미를 따져보는 일이다. 삼국은 왜 불교를 받아들였고 누가 불교 수용에 적극적이었으며, 또 누가 이에 저항했는가?

불교의 수용은 삼국이 각각 고대국가의 틀을 만들어 가는 과정에서 이루어진 것이다. 중앙집권체제를 정비하던 당시의 왕들은 고등 종교인 불교를 퍼뜨려서 지역별로 다양하게 나타나던 토속적인 신앙체계를 통합하고자 했다. 이것은 곧 왕권 강화로 직결되기 때문이다. 반면 토착 세력의 저항도 만만치 않았다. 이차돈의 순교 역시 각 지방 토호 출신 귀족 세력의 저항을 보여주는 사건이다. 불교로 정신세계를 통합함으로써 왕권을 강화하려던 측과 반대로 기존의 지배권을 사수하고자 했던 토호 세력 사이의 갈등은 필연적이었다. 이 과정에서 왕의 충직한 신하 이차돈이 희생되었던 것이다. 하지만 왕은 그의 희생을 바탕으로 왕권을 더욱 강화해 나갔다.

그렇다면 당시 탐라는 고대국가로 발전했는가? 아니다. 중앙집권체제를 강력히 구축했는가? 아니다. 그랬기에 불교와 같은 새로운 사상통합의 도구가 굳이 필요치는 않았을 것 같다. 만약 집권 세력이 그런 시도를 했더라도 토착 샤머니즘이 가만히 당하고만 있지는 않았을 것이다. 이차돈 순교보다 더한 저항이 뒤따랐을 것이다. 1901년 이재수의 난 역시 그 바닥에는 외래 종교인 천주교에 대한 토착신앙의 저항이 짙게 깔려 있지 않았던가. 거의 최근까지도 무속의 힘이 매우 강했던 게 제주 지역의 특성이다.

다시 말해 강한 정치 권력이 들어서기 전까지는 제주 섬에 본격적인 불교 전래(공인)가 없었다고 보는 게 옳다. 여기서 말하는 그 강한 정치 권력은 구체적으로 몽골의 지배였다. 즉 제주에는 몽골 지배 시기에 와서 명실상부한 불교 전래가 이루어졌다고 보는 게 타당하다. 법화사에서 발견된 고고학적 증거나 《태종실록》에 등장하는 법화사, 수정사에 대한 기록도 이에 부합한다.

물론 탐라국의 빈번한 교류 활동을 염두에 둔다면 민간 차원의 불교 전래는 그 이전부터 있었을 것으로 추측된다. 그걸 부정하는 게 아니다. 국가 공인 차원의 전래, 즉 본격적인 전래를 말하고자 함이다. 그리고 이러한 사실들조차도 앞으로 더 많은 연구가 이루어져야 그 정확한 사실을 규명할 수 있을 것으로 보인다. 어찌 생각하면 장보고와의 연관설이 그럴듯해 보이기도 한다. 그러나 그렇다 하더라도 산둥반도의 법화원 역시 순수한 불교 사찰인지 혹은 토속신앙의 사원인지가 아직 명확히 규명되지 않은 상태라, 이것을 곧바로 불교 전래와 연결짓는 것도 무리다.

한편, 탐라 사신이 고려 조정의 팔관회에 참석했다는 기사만을 근거로 하여 그때 제주에 불교가 전래되었다고 말할 수는 없다. 왜냐하면 팔관회는 불교 행사라기보다 토속신앙 페스티벌로 보는 게 옳기 때문이다. 왕건의 〈훈요십조〉 중 제6조에 나오는 "나의 지극한 관심은 연등과 팔관에 있다. 연등은 부처를 섬기는 것이요, 팔관은 하늘의 신령과 오악, 명산, 대천, 용신을 섬기는 것이다"라는 구절이 팔관회의 성격을 잘 말해준다. 때문에 탐라 사신이 팔관회에 참석했다는 것을 근거로 제주의 불교 전래를 말하는 것은 무리다. 그리고 한반도 내 지역의 사찰 신축 공사에 탐라민이 동원되었다는 것을 근거로 탐라의 불교 전래를 말하는 것도 역시 설득력이 부족하다.

  물론 고려에 복속된 후에는 고려의 불교가 자연스럽게 탐라로 전해지긴 했을 것이다. 하지만 이때까지의 불교 문화는 그리 번성하지 못했던 것 같다. 몽골 지배 이전까지의 별다른 기록이나 유적이 발견되지 않고 있는 것을 보면 그렇다.

  무엇이든 오래된 것이면 다 좋은 것인가. 탐라에 불교가 빨리 들어왔다고 경쟁적으로 강변하는 것이 제주 사람들의 자부심을 높여 주는 것인가. 손톱만 한 단서를 가지고 연도를 끌어올리는 데 매달리는 것보다는 오히려 불교 전래의 사회적 의미를 생각해 보는 게 더 중요할 것이다. 그걸 애향심 결핍으로 매도하지 않길 바란다.

"제주의 승도들은 공공연히 처를 취하여"

 탐라국 자체의 왕권 강화 과정에서 불교가 수용된 것이 아니라 몽골의 지배하에서 그들의 정치적 목적을 위해 불교가 전래되었다면, 그 신앙 행태 역시 한반도 전체적인 양상과 많이 달랐을 것이다. 정신세계보다 어쩌면 세속적인 이해관계가 많이 앞섰을 수도 있다. 그중 가장 눈에 띄는 것은 대처승(帶妻僧) 관련 내용이다. 《세종실록》 9년(1427) 조에 "제주의 승도들은 공공연히 처를 취하여 사찰을 집으로 삼고 그 제자들을 사역하게 하여 그 처자를 양육합니다. 관가의 부역은 없으니 앉아서 배부르고 따뜻하게 지냅니다. 그리하여 한반도의 승도들도 역시 소문을 듣고 연못에 고기가 모이듯 제주로 몰리어 풀들이 바람에 쏠리듯 그 모양을 따르지만 관에서는 이를 보고서도 예사로 알아 또한 금지하지 않으니 실로 폐풍(弊風)이 됩니다"라는 기사가 있다. 또 《신증동국여지승람》(1530)의 풍속 조에는 "여자가 많고 남자가 적어서 승려들이 모두 절 곁에 집을 짓고 처자를 부양한다"라는 해설이 소개되어 있다.

 "가노라 삼각산아 다시 보자 한강수야"라는 시조로 유명한 김상헌의 《남사록》에도 이와 유사한 내용이 등장한다. 이 시조는 병자호란 후 청나라로 끌려가며 지었다고 한다. 그런데 그가 병자호란(1636) 훨씬 이전인 1601년에 제주에 왔던 적이 있다. 제주에서 발생한 반란 모의 사건을 수습하기 위해 안무어사(安撫御史)로 파견되었던 것이다. 이때 그는 제주로 출발하여 다시 서울로 돌아가기까지의 여정을 상세하게 기록해 놓았는데,《남사록》이 바로 그 기행문이다.

그가 제주에 도착했을 때는 풍랑이 몹시도 거셌던 모양이다. 외도천으로 상륙하려고 계획했으나 바람에 밀려 더 서쪽인 애월포에 겨우 내리게 되었다. 날이 어두워 주변에 묵을 곳을 수소문하자 외도천 곁에 절이 있다고 하여 김상헌 일행은 그곳으로 갔다. 그런데 "초가 두어 칸이 바람과 비를 가리지 못하고 거기에 있는 중들은 다 계집을 데리고 자식을 기르는데 누추하여 들어갈 수가 없어"서 그만 포기하고 길을 재촉했다.

그는 또 "중은 있으되 여승은 없다. 대개의 절간에는 불상을 건성으로 조성해 놓고 중들은 모두 그 곁에다 방을 만들어 아내와 자식을 부양하고 유사시에는 군대에 나간다"라는 과거의 지리서 내용을 인용하면서, "오늘날에도 역시 남자 중만 존재하며 오직 존자암에만 아내 없는 스님이 거주한다"라고 썼다.

위 기록들은 모두 조선 시대를 언급한 것이어서 고려 때의 제주 불교가 어떠한 모습이었는지 제대로 알기는 어렵다. 하지만 고려 말의 몽골 침략기부터 제주의 불교가 본격적으로 융성했다면 조선 전기의 모습과 그리 다르지는 않았으리라 추측할 수 있다.

최완수 선생은 이와 관련하여 제주 불교가 매우 타락했었다며 그 원인을 몇 가지로 추정했다. 먼저 제주의 남자들이 바다 생활을 많이 하다 보니 풍랑에 휩쓸려 돌아오지 못한 자가 많았고 그 때문에 상대적으로 여성 인구가 많아져 스님들도 자연스레 아내를 가지게 되었다는 추정이다. 둘째는 지리적 여건으로 인해 본토 불교계와 연계를 갖지 못해 승단이 지켜야 할 기본 계율을 망각하게 되었다는 설명이다. 그리고 셋째로 제주의 강한 무속을 들고 있다. 불교 사찰이면서도 무속의 영향을 많이 받다 보니 자연스럽게 결혼을 하게 되었다는 주장이다. 넷째로는 몽골의 직접 지배를 받는 과정에서 타락한 라마교(티베트 불교)가 들어와 파계를 더욱 조장했을 것이라는 추측이다.

   모두 다 그럴듯한 분석이다. 특히 무속과 몽골의 영향이라는 설명에 더욱 눈길이 간다. 하지만 조선 시대에 와서야 불교가 타락했다는 최완수 선생의 주장에는 나는 동의하지 않는다. 애당초 제주 불교의 출발부터가 그러한 모습이었을 것으로 나는 생각한다. 왜냐하면 몽골의 정치적 목적에 의해 갑작스레 융성한 불교였다면, 영적인 부분 못지않게 세속적 이익이 매우 중요하게 작용했을 것이기 때문이다.

   어쨌든 승려가 결혼을 하여 처자를 거느리고 살다 보니 사찰은 자연스럽게 그들의 자손에 의해 속가로 변모해 갔던 것으로 보인다. 조선 정부의 억불책과 함께 이런 요인이 제주 불교의 자연스런 쇠퇴를 조장했을 것이다.

"지금은 사찰도 불상도 승려도 없다"

제주 사람들은 제주에 한때 불교가 상당히 번창했었다고 상식처럼 생각한다. "영천 이목사가 절 오백, 당 오백을 파괴했다"는 말이 있는데, 그전까지는 그랬다는 것이다. 도대체 영천 이목사는 누구이며 절 오백, 당 오백 파괴란 또 무슨 말일까? 그리고 실제 영천 이목사 이전까지는 불교가 그렇게도 번성했던 것일까?

영천 이목사는 숙종 28년(1702) 제주 목사로 부임했던 이형상(李衡祥)을 일컫는다. 여기서 영천은 그의 은거지 '호연정'이 있던 경상북도 영천을 말한다. 그는 조선 시대 제주에 파견된 286명의 목사 중 아마 가장 많은 이야기를 제주에 남긴 인물일 것이다. 관의 입장에 서 있는 사람이나 지방 유생들에게는 유교적 이상 정치를 제주에 구현한 위대한 사상가이자 행정관료로 추앙되고 있다. 반면에 일반 민중들에게는 제주 공동체의 근본정신을 파괴하려 했던 사악한 인물로 기억된다. 구전에서 알 수 있듯이 제주에 있는 절 500곳과 당 500곳을 모조리 파괴한 장본인처럼 알려져 있을 정도이다.

이 구전 때문에 사람들은 이형상 이전에는 제주에 불교가 매우 번성했던 것으로 오해하고 있다. 이형상이 무속신앙에 큰 타격을 입힌 것은 사실이다. 그러나 그가 파괴한 것은 당 129개소, 절 2개소(혹은 5개소로 기록에 따라 조금 차이가 있다)일 뿐이다. 500이라는 숫자는 실제가 아니라 많은 수를 뜻하는 상징어에 불과하다.

제주목사 이형상 초상
숙종 28년(1702)에 제주의 무속신앙을 파괴한 인물로 유명하다.

　어쨌든 여기서 주목하려는 것은 이형상이 파괴한 절의 숫자다. 그가 만든 《탐라순력도》(1702)에는 5곳을 파괴했다고 기록되어 있으며, 그의 《행장》에는 2곳을 불살랐다고 나와 있다. 또 그의 저서 《남환박물》(1704)에는 해륜사, 만수사, 존자암 등 세 곳의 사찰만이 등장한다. 그런데 그마저도 모두 퇴락한 데다 스님들도 전혀 없어서 그는 낡은 사찰 건물들을 모두 헐어버리라고 지시했다. 게다가 그는 마지막에 "온 섬 500리에 걸쳐 지금은 사찰도, 불상도, 승려도 없으며 또한 염불자도 없으니 불도의 액이다"라고 기록했다.
　그렇다면 제주의 불교는 이형상 이전에 이미 쇠퇴했다는 말이 된다. 제주 불교에 관한 상식이 잘못되었다는 얘기다. 이제 상식을 넘어 제주 불교의 쇠퇴 과정을 추적해 보자.

먼저 몽골이 쫓겨 간 것, 그 자체를 제주 불교 쇠퇴의 시작으로 봐야 한다. 한때 법화사와 수정사에 각각 노비 280명, 130명이 있었다고 하는데, 이것은 강력한 권력의 지원 없이 유지될 수 없는 규모이다. 여기서 강력한 권력이란 물론 몽골제국을 말한다. 그런 만큼 몽골의 몰락은 제주 불교의 쇠퇴로 직접 이어졌을 것이다.

게다가 조선 시대에 들어오면서 나타난 강력한 억불정책은 제주 불교의 쇠퇴를 더욱 촉진시켰다. 중앙의 경우 태종 2년(1402)부터 사찰 소유의 토지에 대한 몰수 조치가 시행되고 있었다.

제주는 이 무렵 명나라와 조선 정부 사이의 미묘한 갈등 속에 놓여 있었다. 제주가 과거 원나라의 직할령이었던 관계로 명은 원처럼 제주를 직접 지배하려고 시도했다. 그러기 위해선 우선 정탐이 필요했다. 태종 6년(1406)의 일이다. 명은 제주 법화사에 있는, 원이 제작한 아미타 삼존불상을 가져가기 위해 직접 제주도에 사신을 파견하려고 했다. 원에서 제작한 불상이기에 이젠 자신들이 가져갈 권리가 있다는 명분이었다.

이에 조선은 김도생을 급파하여 삼존불상을 육지로 옮겨왔다. 제주 정탐의 기회를 차단하기 위해서였다. 서울을 떠난 지 불과 17일 만에 금불상을 해남으로 옮겨왔다. 이때 불상과 좌대, 화광을 각각 따로 포장하여 옮겼는데, 불상을 담은 감실의 높이가 7척이었다고 하니 불상과 좌대, 화광까지 합치면 대략 높이가 4미터는 되었을 것 같다. 어쨌든 조선 정부로서는 억불정책을 펴고 있었으니 명과 불필요하게 대립하면서 금불상을 지킬 이유는 없었다. 하지만 제주의 입장에선 삼존불을 빼앗긴 게 어쩌면 제주 불교 쇠퇴의 출발을 보여주는 상징적 사건일 수도 있다.

그로부터 2년 뒤인 태종8년(1408)에 정부는 법화사와 수정사의 노비를 대폭 줄였다. 각각 280명, 130명이었던 노비가 이 조치로 인해 각각 30명씩만 남게 되었다. 이는 조선 정부의 억불책에서 나온 것이기도 하지만, 몽골제국의 영향력 감소에 따른 자연스러운 결과이기도 했다.

때문에 제주 불교의 쇠퇴는 단순히 조선 정부의 억불숭유책으로만 설명될 수는 없다. 그보다는 제주 불교가 가졌던 자체의 한계에서 먼저 원인을 찾는 게 옳을 것이다. 고구려와 백제, 신라의 불교 수용은 신앙을 하나로 통합하여 왕권을 강화하려던 정책의 일환이었다. 반면 제주의 경우는 다르다. 몽골의 강한 영향을 받아 잠깐 수용되어 번창하다가 몽골이 망하자 더불어 쇠퇴한 경우다.

그 빈자리를 파고든 것이 조선의 유교 이데올로기였다. 하지만 그 과정에서 유교와 고유의 무속신앙은 충돌하지 않을 수 없었다. 그리고 이때 쇠퇴해 간 제주 불교는 점차 무속에 동화되어 갔다. 물론 외피는 여전히 불교의 모습을 하고 있었지만 말이다.

그렇기 때문에 조선 시대 기록을 보면 제주에 여전히 많은 사찰이 존재했던 것처럼 나타난다. 1530년에 발간된 《신증동국여지승람》에는 15개의 사찰이 있었다고 하며, 1653년에 쓰인 이원진의 《탐라지》에는 폐사지 세 곳을 포함하여 20개의 사찰이 소개되고 있다. 그러나 이 사찰들은 무속의 강력한 영향으로 인해 외피만 불교적인 색채를 띠었던 것으로 여겨진다. 앞서 보았듯이 사찰에는 대부분 대처승이 살았고 그 사찰들은 그 후손들에게 넘겨지면서 점차 속가로 변해버렸을 것이다.

그러기에 이원진의 《탐라지》 이후 불과 50년 뒤인 이형상 목사 때가 되면 사찰의 수는 기껏해야 2개 혹은 5개로 대폭 축소되고 말았다. 그것도 아주 퇴락하여 승려조차 없는 사찰로 이름만 남았던 것 같다. 유교 이데올로기에 투철했던 이형상은 이마저도 모두 파괴했고 그럼으로써 제주 불교는 이후 완전히 맥이 끊기게 되었다. 물론 무속 속에 많은 불교적 요소가 살아남아 최근까지 전승되어 오긴 했다. 심방이 읊는 본풀이 중에 불교 용어가 등장하는 경우가 그것이다.

따라서 이형상의 "절 오백, 당 오백 파괴"라는 표현 속의 '절'은 이미 무속화된 사찰을 말하는 것으로 봐야 한다. 최근까지 절에서 굿을 하는 경우가 있을 정도이니, 이런 추정이 결코 무리는 아닐 것이다.

제주 불교를 다시 일으킨 비구니

끊어진 제주 불교의 맥이 다시 살아난 것은 20세기에 들어선 1908년의 일이었다. 특이한 건 외부에서 불법을 전파한 것이 아니라 제주 사람이 직접 불법을 구해왔다는 점과 그 주인공이 여성이었다는 점이다.

그녀는 제주시 화북 출신의 안봉려관(安逢廬觀) 스님이다. 결혼하여 1남 4녀를 두었지만 1907년, 우연히 뜻하는 바가 있어 전라남도 해남의 대흥사에서 계를 받았다. 그리고 바로 다음 해인 1908년에 제주로 돌아와 관음사를 창건하기에 이르렀다. 이형상 목사 이후 완전히 소멸되었던 제주의 불교가 200년 만에 다시 피어나는 순간이었다.

물론 현재의 관음사에서 1908년 당시의 흔적을 찾아보기는 힘들다. 1940년 화재와 4·3의 와중이던 1949년 2월의 방화로 모두 사라졌기 때문이다. 지금의 관음사는 1960년대부터 최근까지 진행된 중창불사의 결과다.

안봉려관 스님은 관음사 창건 이후에도 많은 활동을 하였다. 1914년에 안도월 스님과 힘을 합쳐 법화사를 다시 열었고 1925년에는 대흥사 제주포교원을 세웠다. 그러다가 1938년 오이화 스님에게 관음사의 모든 것을 인계하고 입적하였다.

안봉려관 스님이 제주에 돌아와서 관음사를 창건하기까지는 숱한 어려움이 있었다. 기존 신앙과의 충돌 때문이었다. 게다가 여성에 대한 편견 역시 그녀가 극복해야 했던 난제 중 하나였다. 대흥사에서 계를 받고 고향으로 돌아온 그녀는 먼저 자신의 집에 목불을 모셔다 놓고 매일 예불을 올렸다. 그러나 그 행위 자체가 마을 사람들에게는 거슬렸던 모양이다. 걸핏하면 마을 유지들과 청

제주도 한라산 관음사
1908년 비구니 안봉려관이 이 사찰을 창건하여
200년 이상 끊겼던 제주 불교의 맥이 다시 살아났다.

년들이 몰려와 요귀를 모신다며 심하게 배척해댔다. 불교를 금지하던 당시 분위기와 여성을 멸시하던 양반 유지들의 집단 괴롭힘이었던 셈이다.

그중 일부 청년들은 집안의 불당을 부수고 목불에 불을 놓기까지 했다. 그러나 신기하게도 목불에 불이 붙지 않았다고 한다. 하지만 더는 버티기가 어려워진 안봉려관 스님은 그날로 불상을 짊어지고 한라산으로 도피할 수밖에 없었다. 아마 지금의 관음사 자리 어디쯤이었을 것으로 생각된다. 그녀는 나무 밑의 작은 굴에다 불상을 모시고는 매일같이 다시 예불을 올렸다.

그 후 안봉려관 스님이 불당을 짓기 위해 고심하던 차에 꿈에 관음보살이 나타나 "근처 냇가에 가면 기왓장으로 쓸 만한 돌들이 있으니 그것을 가져다가 불당을 짓도록 하여라" 하고 계시를 내렸다. 꿈에서 깬 그녀는 관음보살이 일러준 그대로 냇가로 갔는데, 실제로 거기에는 기왓장같이 넓적한 판돌들이 쌓여 있었다. 그리하여 그 돌들을 가져다가 지붕을 올리고 띠를 베어다가 이어 불당을 지었다.

믿거나 말거나 한 이야기이지만, 아무튼 관음사의 시작은 안봉려관 스님에 의해 이루어졌다. 그런데 처음에 화마를 입을 뻔했던 그 목불은 어떻게 되었을까? 예전에는 4·3 때 토벌대가 관음사를 태우면서 함께 태워버려서 지금은 전하지 않는다고들 말했다. 그때 목불이 분노하여 눈에서 대단한 광채를 뿜으며 몸체를 부르르 떨다가 마침내 폭발했다는 이야기가 회자되기도 하였다.

그러나 최근에는 말이 다르다. 그 목불은 사전에 시내 포교당으로 옮겨져 다행히 타지 않고 남았다고 한다. 그래서 1999년 문화재로까지 지정되었다는 것이다. 관음사 경내의 안내판에도 그렇게 쓰여 있다. 그러나 그 목불을 친견하기란 쉽지가 않다.

현재 관음사 경내에는 4·3 유적이라는 토벌대가 보초를 섰던 자리의 돌담과 안봉려관 스님의 수도처였다는 굴이 보존되어 있다. 실제로 처음부터 그렇게 있었던 것인지 아니면 최근에 역사 교육용으로 새로이 조성해 놓은 것인지는 확인하지 못했다.

불교 전래 시기를 둘러싼 다양한 견해

❖

한반도 최초의 불교 전래는 고구려 소수림왕 2년(372) 중국 전진의 승려 순도에 의한 것으로 알려져 있다. 또 백제의 경우는 그로부터 12년 뒤인 침류왕 원년(384) 인도의 승려 마라난타가 중국 동진에서 들어오면서부터라고 알려져 있다. 이것이 지금까지의 통설로서 흔히 '북방 전래설'이라고 불린다.

반면 김해 지역의 일부 향토 사학자들은 가야의 시조 김수로왕 시대에 이미 인도로부터 불교가 직접 들어왔다고 주장한다. 전해지는 말에 따르면 수로왕의 왕비가 된 허황옥은 서기 48년 인도에서 바다를 통해 직접 가야로 들어왔다고 한다. 이때 불교가 전래되었다는 것이다. 그럴듯한 증거로 제시된 것도 있다. 허황옥이 포교용으로 가져왔다는 파사석탑이 그것이다. 그 탑은 실제로 지금도 수로왕비 허황옥의 무덤 곁에 있다. 그런데 더욱 흥미로운 건, 그 탑의 재질이 인도산 석재라는 점이다. 그 외의 증거들도 몇 있다. 수로왕릉의 사당을 장식하고 있는 인도식 문양도 허황옥의 불교 전래설을 지지한다. 그중 대표적인 것은 물고기 문양이다.

가야 불교 최초 전래설은 이런 증거들을 바탕으로 만들어진 것이다. 이것은 북쪽 중국을 통해 전파된 것이 아니라 남쪽 바다를 통해 들어온 것이기에 흔히 '남방 전래설'이라고 불린다.

그런데 제주도에는 가야에 불교가 전래되었다고 하는 서기 48년보다 훨씬 앞서서 불교가 들어왔다는 설이 있다. 그것도 조금 앞선 게 아니다. 석가모니가 열반에 든 직후, 그러니까 기원전 540년경에 들어왔다는 주장이다. 남방 전래, 즉 바다를 통해 직접 인도로부터 들어왔다는 내용은 가야의 그것과 유사하다. 그러나 물론 중앙 학계에선 그냥 웃고 만다.

가야의 남방 전래설도 찬밥 신세이긴 마찬가지다. 김해나 제주가 변방 지역이라 문화 권력에서 밀린 탓인지 아니면 근거가 부족한 탓인지는 모르겠다. 물론 나는 제주의 남방 전래설을 전혀 신뢰하지 않는다. 내가 아무리 고향을 사랑한다고 하더라도 자기 역사를 억지로 미화할 순 없기 때문이다. 그런데 불교가 제주에 가장 먼저 전래되었다는 이야기가 제주에서 처음 나온 게 아니라서 더욱 흥미롭다. 애향심에 들뜬 어느 향토 사학자가 아니라, 한국불교사 연구에 큰 업적을 남긴 이능화 선생이 처음으로 이런 주장을 펼쳤다.

이능화 선생은 1918년에 낸《조선불교통사》에서《고려대장경》〈법주기(法住記)〉에 있는 '탐몰라주 존자도량(耽沒羅洲 尊者道場)' 기록을 들어 이러한 주장을 전개했다. 〈법주기〉는 서기 3세기경에 스리랑카의 한 큰 스님이 제자들에게 석가모니의 불법 전파 과정을 해설한 불경이다. 이 〈법주기〉에는 석가모니가 열반에 들 때 16 존자에게 각각 세계 곳곳으로 퍼져나가 불법을 전하라고 했는데 그중 제6존자인 발타라 존자가 제자 900명을 거느리고 '탐몰라주'에 갔다는 이야기가 있다.

여기서 이능화 선생은 '탐몰라주'를 탐라, 즉 제주라고 생각했다. 게다가 그는 마침 제주도 한라산 속에 존자암이 있다는 말을 듣고 그 존자암을 발타라 존자에게서 유래된 사찰로 비정하였다. 듣고 보면 그럴 듯도

하다.

이러한 주장을 더욱 발전시킨 건 제주의 향토 사학자 고(故) 김봉옥 선생이다. 선생은 홍유손(洪裕孫)의 《소총유고(篠叢遺稿)》(1498)에 있는 "존자암은 삼성(三姓)이 처음 일어날 때 만들어졌고 삼읍(三邑)이 정립한 이후까지 오래 전해졌다"라는 기록을 추가 근거로 제시하였다. 여기에서 삼성이 처음 일어난 때란 고·양·부 삼성의 출현, 즉 탐라국의 개국 시점을 말한다. 그리고 삼읍이라 한 것은 조선 시대에 제주도가 제주목, 정의현, 대정현 이렇게 3개의 읍으로 행정구역이 나뉘어 있었기 때문이다.

거기에 더하여 김봉옥 선생은 그 근거로 《삼국지》 위서 동이전의 '한' 조에 있는 주호(州胡) 관련 기사를 근거로 제시하기도 했다(주호를 제주의 옛 이름으로 비정하는 데에는 이견이 있지만). 그는 주호 사람들이 모두 머리를 깎았다는 표현에 주목하여 이것을 불교 승려들의 삭발과 같은 것이라고 보았다. 발타라 존자의 900명 제자들과 동일한 존재로 보았다는 말이다.

그는 이 밖에도 몇몇 다른 근거들을 제시했는데, 그의 책 《증보 제주통사》(2000)에서는 아예 '불교가 전해져 온 성지'라는 하나의 장(章)을 따로 설정하며 제주도를 한국 불교의 발상지라고까지 주장하였다.

하지만 이 주장이 설득력을 갖기는 어렵다. 먼저 기원전 540년경이라는 시점부터 문제다. 그 시기는 제주 섬에 아직 제대로 된 정치 권력체조차 형성되지 못했던 때다. 인구나 사회·경제적 수준이 아주 미미한 단계였을 때라는 얘기다. 그런 상황에서 900명의 수행자가 제주에 들어와서 불법을 전파할 이유는 없어 보인다. 게다가 그들을 부양할 경제력이 없었다는 건 보다 근본적인 문제다.

'탐몰라'라는 지명을 곧바로 '탐라'와 동일시하는 것도 무리다. 인도어

한라산 존자암의 부도
이 부도 역시 석가모니의 진신사리가 모셔진 석가세존사리탑이라고 주장되고 있다.

가 중국을 거쳐 한국으로 들어오는 과정에서 본래의 발음이 그대로 남을 수는 없었기 때문이다. 한문 표기 '발타라'도 원래는 인도어 '브하드라'였다. 그렇다면 한문 표기로 되어 있는 탐몰라 역시 인도어로 할 때 반드시 탐라와 유사한 소리로 발음될지도 미지수다. 게다가 탐몰라주 자체가 실제 지명이 아니라 수미산, 도솔천, 곤륜산 등과 같은 상상 속의 장소라는 주장도 있다.

고고학적 근거에서도 그렇다. 1993년과 1996년, 두 차례에 걸쳐 존자암 터 발굴이 이루어졌지만 고려·조선 시대를 넘어 올라가는 유물은 전혀 발견되지 않았다.

우리나라 최초로 불교가 전래된 곳이 제주라는 가설에 대해 현지의 반응은 어떨까? 물론 학계에서는 호사가들이나 하는 말이라며 가볍게 넘겨 버린다. 좁은 지역에서 어르신의 주장을 함부로 부정하는 게 껄끄럽기 때문이다. 물론 제주대학교 사학과 김동전 교수 등 일부 학자는 견강부회의 해석이라며 정직하게 이를 반박했다. 이런 점을 보면 이 학설이 학계에서 큰 힘을 얻은 것 같지는 않다.

문제는 불교계다. 특히 발타라 존자 운운하면서 주목받은 한라산 영실 계곡의 존자암은 이를 정설로 받아들이고 이를 바탕으로 대대적인 중창 불사를 단행했다. 이곳이 불국정토의 발원지라니 얼마나 뿌듯하겠는가. 이해는 되지만 한라산 국립공원 속의 그 울창한 산림을 그렇게 작살 내면서까지 자랑스러워해야 할지는 모르겠다.

덩달아 이에 적극적으로 예산을 투입하는 행정관청의 의식도 한심하기는 매한가지다. 제주도 당국은 존자암이 발타라 존자에 의해 만들어진 한국 최초의 사찰이라는 주장을 수용하여 1995년에 이곳을 제주도 지정 문화재 43호로 지정했다. 그러고는 2003년까지 65억 원을 들여 대대적인 중창불사, 아니 산림 훼손에 앞장섰다.

5

왜구의 잦은 침략과 군역

왜구의 길목

요즘은 운동권도 아닌 사람들까지 공공연히 반미(反美)를 이야기한다. 반미가 아니라 대등한 관계를 만들려는 자존심이라는 말도 있다. 어쨌거나 세상 많이 변했다. 최강의 제국이라는 미국에 할 말을 하는 걸 보면 말이다.

오노에게 빼앗긴 김동성 선수의 금메달이나 강제로 구입해야만 했던 고물 전투기 F-15만으로도 우리의 현실을 보여주기엔 충분하다. 하물며 어린 여중생이 미군 장갑차에 깔려 희생되는 마당에 뭘 더 주저하겠는가. 계속되는 촛불의 행렬은 그래서 정당하다. 그리고 아름답다.

하지만 1980년대만 하더라도 겁 없이 미국을 욕하는 사람은 그리 많지 않았다. 그때까지만 해도 한국인 대부분의 인식 속 미국은 절대선(絶對善)인 경우가 많았다. 그런데 그 반미무풍(反美無風) 시대였던 1980년대 후반에 제주도에서는 거대한 반미 시위가 일어났다. '송악산 미군기지 반대 투쟁'이 그것이다. 필리핀에 있는 미군의 클라크 공군기지와 수빅만 해군기지의 토지 사용 기간이 끝나감에 따라 남제주군 모슬포 알뜨르(아래쪽 들판이라는 뜻의 제주어로 고유지명이다)와 화순항이 그 대체지로 내정되었다는 소식이 불러일으킨 시위였다. 결국 그 계획은 제주도민들의 단호한 반대에 밀려 슬그머니 취소되고 말았다. 감격스러운 승리였다.

그런데 미군은 왜 제주도를 고집했던 것일까? 답은 이미 고려시대 몽골이 제주도를 주목했던 데에서 찾아볼 수 있다. 당시 몽골은 일본과 남송을 정벌하기 위해 제주도를 그 전초기지로 삼았다. 그때나 지금이나 제주도는 일본, 중국, 동남아시아 그리고 태평양을 연결하는 중요한 교통요지로 여겨진다. 이와 같은 제주도의 지정학적 요인은 고려 말, 조선 시대에도 제주 사람들의 삶에 구체적인 영향을 미쳤다. 창궐하던 왜구가 제주 섬을 그대로 지나치지 않았던 것이다.

교과서적 상식에서 왜구는 조선 세종 때가 되면 거의 사라진 것으로 되어 있다. 후세 왕들의 탄탄한 왕권을 마련해주기 위해 악역을 도맡았던 태종 이방원은 아들 세종이 즉위한 후에도 군사권만큼은 장악하고 있었다. 그가 이종무를 쓰시마섬에 보내 왜구를 박살냈다는 건 교과서에도 실려 있어서 사람들은 쓰시마 정벌 이후 왜구가 맥을 못 춘 것으로 이해하고 있다. 더불어 많은 혜택을 주며 왜구를 달래던 회유책도 한몫했던 것으로 알고 있다.

그 이후 왜구의 활동은 별로 드러나지 않았다. 하지만 정확히 말한다면 왜구는 사라진 게 아니었다. 환경의 변화에 따라 경제활동 방식을 바꿨을 뿐이다. 더는 약탈이 어렵게 되자 그들은 생존 방식을 바꿔 교역으로 눈을 돌렸다. 이러한 전환은 왜구의 구성에도 큰 변화를 가져왔다. 일부 중국인과 포르투갈 상인들까지 왜구 집단에 합류했던 것이다. 이때부터의 왜구를 소위 '후기 왜구'라고 부른다.

이들 후기 왜구는 한반도보다 중국과 동남아시아를 선호했다. 국제화된 인적 구성도 한몫했겠지만 그보다는 조선의 까다로운 무역 조건이 그들의 발길을 다른 곳으로 돌리게 만들었다.

그러나 이들의 해상무역은 오늘날과는 매우 다르다. 중세까지의 해상무역은 상황에 따라 해적질이 적당하게 가미된 것이었다. 세종 즉위 이후에도 제주도가 왜구로부터 자유롭지 못했던 건 바로 그 때문이다.

왜구가 조선을 주로 공략했을 때는 차라리 괜찮았다고 볼 수 있다. 그들이 조선 대신 중국과 동남아시아를 타깃으로 삼다 보니 제주도는 오히려 예전보다 더 피곤한 상황이 되어 버렸다. 지정학적 위치상 왜구들이 뱃길을 오가며 물과 식량, 땔감을 구하기에 제주도만큼 안성맞춤인 지역이 없었기 때문이다. 물론 정당한 교역이라면 언급할 필요가 없다. 하지만 개 버릇 남 못 준다는 말처럼 과거에 했던 그대로 그들은 살인과 방화, 약탈 행위를 여전히 반복했다. 그것도 한두 번이 아니었고 규모도 결코 작지 않았다. 단순한 약탈을 넘어선 경우도 종종 있었다. 제주도를 아예 그들의 중간 거점으로 확보하려 했던 게 아닐까 하는 생각이 들 정도의 대규모 침탈도 있었다.

물론 중종 즉위 이후에는 한반도에서도 일본 무역상과의 충돌이 있긴 했다. 1510년 일어난 삼포왜란이 대표적인 경우다. 그러나 제주도에서처럼 빈번하게 일어난 것은 아니었다. 사서를 검토해 보면 고려 말 충숙왕 3년(1316)부터 조선 명종 11년(1556)까지 240여 년 동안 30여 차례 왜구가 제주도를 침범해 왔다는 사실을 알 수 있다. 평균 8년마다 한 번 이상 왜구의 침략이 있었던 셈이다. 이처럼 조선 시대 제주 사람들의 일상에는 늘 왜구의 무서운 그림자가 드리워져 있었다.

천미포왜란과 을묘왜변

왜구의 제주 침략 가운데 규모가 제법 컸던 것들은 주로 명종 대에 집중적으로 있었다. 먼저 명종 7년(1552) 5월 현재의 서귀포시 성산읍 신천리 일대로 침략해 왔던 '천미포왜란'을 들 수 있겠다. 이때 왜구는 중국인과 포르투갈인을 포함해서 약 200여 명에 달했는데, 그중 70여 명은 직접 천미포에 상륙하여 주민을 살해하고 재물을 약탈했다.

처음 소식을 접한 정의현감 김인(金仁)은 군대를 이끌고 천미포로 달려갔다. 뒤이어 제주목사 김충렬(金忠烈)도 이웃 대정현과 각

천미연대
1552년 천미포왜란의 현장이었다.

방호소에 상황을 알린 후 제주판관과 함께 천미포로 향하였다. 왜구와의 전투는 수십 일 동안 지속되었다. 그런데 30여 명의 왜구가 그때까지도 미처 섬을 빠져나가지 못한 상태였다. 그들은 급한 김에 한라산 속으로 숨어들었다. 어찌 보면 이들은 독 안에 든 쥐였으나 안타깝게도 그들 중 단 1명만 생포했을 뿐, 나머지는 모두 몰래 어선을 훔쳐 타고 달아났다. 완전한 작전 실패였다.

따지고 보면 제주도민이 입은 피해에 비해 왜구들의 손실은 경미한 편이었다. 그 때문에 조정의 문책이 뒤따랐다. 제주목사 김충렬과 정의현감 김인이 모두 유배형을 받고 제주를 떠나야만 했다.

김충렬의 후임으로 제주에 온 사람은 남치근(南致勤)이었다. 그는 선임자들과는 달랐다. 마침 그가 부임한 지 2년 만인 명종 9년(1554)에 다시 왜구가 천미포로 침입해 오자 그는 자신의 진가를 유감없이 보여주었다. 그는 순식간에 배 두 척을 나포하면서 효과적으로 왜구를 제압했던 것이다. 남치근, 그는 누구인가? 소설《임꺽정》을 읽으며 안타까운 한숨을 쉬었던 사람이라면 그의 이름을 기억할 것이다. 바로 임꺽정을 잡아 효수대로 보냈던 명종 대의 무장이다. 임꺽정 사건은 천미포왜란 후 약 10년 뒤에 일어난 일이다.

다시 1년 뒤인 명종10년(1555) 6월에 더 많은 왜구가 제주를 침범했다. 이 사건을 '을묘왜변'이라고 부른다. 대규모 침략이었음에도 제주 관군은 전해의 천미포왜란 때와는 달리 일방적으로 당하지만은 않았다. 오히려 왜구가 큰 타격을 입고 물러갔다. 더욱이 이때 침범한 왜구는 한 달 전인 5월에 전라도 영암, 장흥, 강진 등을 유린하며 병마절도사 원적(元績)과 장흥부사 한온(韓蘊)을 전사시킬 정도로 강력한 집단이었기에, 이들을 격퇴한 제주 사람들의 기쁨은 더욱 컸다.

1555년 6월 27일, 60여 척의 배에 나눠 탄 1,000여 명의 왜구가 화북항으로 밀고 들어왔다. 화북은 조선 시대 제주도 제1의 포구로서 정부에서 파견한 지방관이나 유배객 대부분이 이용하던 포구다. 그런 만큼 제주읍성과는 가장 가까운 거리에 있었다. 현재 제주시 중심지에서 동쪽으로 약 5킬로미터 떨어진 곳이 화북이다.

을묘왜변은 3년 전 천미포왜란 때와는 달리 1,000명이 넘는 왜

제주 화북포구
1555년 을묘왜변 당시 왜구들이 상륙했던 곳이다.

구가 한꺼번에 들이닥쳤다는 점 그리고 곧바로 제주의 중심지를 공략해 왔다는 점에서 눈길을 끈다. 이는 단순한 약탈을 위한 침공으로 보이질 않는다. 제주도를 완전히 장악해서 왜구의 본거지로 삼으려 했던 의도적인 침략으로 생각되기 때문이다.

이 시기에 왜구는 중국-전라도-제주도-북규슈를 잇는 해상권 장악에 열을 올리고 있었다. 그 상황에서 제주도는 이러한 목적에 가장 적합한 지역이었다. 지리적으로 이들 무역로의 중앙에 위치해 있으면서도 서울과는 멀리 떨어져 있어서 조선 정부의 신속한 개입이 쉽지 않을 것이라는 장점이 있었다.

전투는 3일간이나 계속되었다. 초기에는 관군이 상당히 열세였

산지천
1555년 을묘왜변 당시 제주읍성의 동쪽 담장 밖 해자였다.
산지천 밖 동쪽 언덕에서 왜구들이 공격해 와 어려움을 겪었다.

던 모양이다. 1,000여 명의 대규모 병력이 갑자기 공격해왔으니 그 자체만으로도 감당하기에 버거웠을 것이다. 그런데 사실은 그보다 더 근원적인 약점이 있었다. 당시 제주읍성의 구조가 외적을 방어하기에 매우 불리한 형세였기 때문이다.

현재 남아 있는 제주읍성의 흔적과는 달리 당시의 제주읍성은 그 동쪽 경계가 산지천을 넘어서지 않았다. 현재 산지천은 동문 로터리에서 부두 쪽으로 가는 도로 왼편에 있다. 읍성 성벽이 이 산지천을 넘지 않았기 때문에 외적이 산지천 밖 동쪽 언덕에 서면 성안을 훤히 들여다 볼 수 있는 형국이었다. 현재에도 제주동초등학교 앞길에서 동문 로터리 방면을 바라보면 제주의 옛 중심지가 한눈에 들어오는 것을 알 수 있다.

왜구의 공격은 바로 그 자리, 제주동초등학교 앞의 높은 언덕에서 시작되었다. 이처럼 왜구가 성안을 한눈에 바라보며 공격해오자 당황했던 것은 제주읍성의 군졸들이었다. 이에 제주목사 김수문(金秀文)은 별동대 70명을 조직하여 정면 돌파를 시도했다. 불리한 조건 속에 계속 밀리면서 읍성 방어를 고집하느니, 차라리 성문을 열고 별동대로 하여금 적을 치게 하는 것이 오히려 더욱 효과적인 방책이라고 판단했던 것이다. 김수문의 작전은 적중했다. 무엇보다 김직손, 김성조, 이희준, 문시봉 4인 돌격대의 과감한 적진 돌파가 전세 역전의 계기가 되었다. 결국 왜구는 배 9척을 빼앗기고 수백 명의 전사자를 남긴 채 도주할 수밖에 없었다. 제주 군졸의 완벽한 승리였다.

여기서 4인 돌격대 중 문시봉의 직책이 보인(保人)이었다는 점이 눈에 띈다. 보인은 본래 현역 군인이 아니라 현역을 돕는 예비 병력에 불과했다. 그런데도 보인이 나서서 혁혁한 공을 세웠다는 것은 일반인들도 이 전투에 적극 참여했음을 말해준다.

사건이 마무리된 후 명종은 제주목사 김수문에게 비단옷을 내리고 품계도 한 등급 높여 종2품 가의대부 품계를 내렸다. 또 돌격대 김성조에게는 비단옷과 종3품 무관 품계인 건공장군을 내려주었다.

이후 왜구는 다음 해인 병진년(1556)에도 또다시 제주도를 넘보았다. 하지만 이번에도 김수문 제주목사는 도민들을 독려하며 적선

5척을 불태우고 왜구 126명을 죽였다. 이로써 제주도를 해상 근거지로 삼으려던 왜구들의 의도는 완전히 꺾일 수밖에 없었다.

군역 지는 여성들

을묘왜변의 승리는 평소 제주 사람들의 노고가 밑바탕이 되었기에 가능한 일이었다. 다른 지역민들과는 달리 대부분의 제주 사람들은 조선 시대 내내 군역을 져야만 했다. 지리적 여건으로 인해 조정에서도 제주도를 매우 중요하게 여겼기 때문이다.

조선 시대 제주 지방의 군인들은 마대(馬隊), 속오군(束伍軍), 아병(牙兵), 별아병(別牙兵) 등의 병종으로 나뉘어 편성되어 있었다. 그런데 여기에 편성된 군인의 숫자는 제주도민 전체의 숫자와 거의 맞먹을 정도였다. 물론 아병을 제외한 마대, 속오군, 별아병은 정규군이 아니라 예비군적 성격을 띤 것이었고, 또 한 사람이 여러 역할을 겸했기 때문에 군사의 숫자가 많게 집계되었을 수는 있다.

그러나 비교적 객관적인 자료로 알려진 김상헌의 《남사록》(1601)을 보더라도 조선 시대 제주 사람들이 얼마나 군역에 시달려야만 했는지를 짐작해 볼 수 있다. 자료에는 당시 제주도의 인구가 2만 2,990명(남성 9,530명, 여성 1만 3,460명)인데 비해 군인의 수는 7,444명으로 나타나 있다. 남성 인구 9,530명 중 양반 등 군역을 지지 않는 사람들을 제외한다면 군역을 졌던 남자 숫자는 아마 군

제주의 대표적 여성 해녀
조선 시대 제주의 여성은 군역도 담당했다.

인의 수 7,444명과 비슷했을 것으로 여겨진다. 이는 당시 제주의 거의 모든 남성이 평생 동안 군역을 졌다는 말이 된다.

그 때문에 70~80세가 되어서도 여전히 군역에서 벗어나지 못했고 심지어 7~8세의 어린아이들까지도 군적에 올라가는 경우가 있었다고 《남사록》에는 기록되어 있다. 뿐만 아니라 본래 군역을 지지 않던 천민들과 일부 양반까지도 동원되어야만 했던 모양이다. 게다가 더욱 놀라운 것은 여성들까지 징발되었다는 점이다. 김상헌은 "내가 알아보니 본주의 성안에 남정(男丁)은 500이고, 여정(女丁)은 800이다. '여정'이라고 하는 것은 제주 언어이다. 대개 남정이 매우 귀하여 만약 사변을 만나 성을 지키게 되면 민가의 건강한 부녀자를 골라 성 위에 내다 세워 여정이라고 하는데 세

읍이 모두 그렇게 한다"라는 기록을 남겼다. 여기에서 보는 것처럼 제주 지역에서는 여성들도 군복무에 나서야만 했던 것이다.

어려움은 또 있었다. 제주 사람들은 군역뿐만 아니라, 그 외에도 갖은 노역을 감당해야만 했다. 그중 특히 힘들었던 사람들은 진상을 위해 미역을 따던 잠녀(潛女), 전복을 잡던 포작(鮑作), 말을 기르던 목자(牧子), 귤을 재배하던 과원(果員), 이를 운반하던 뱃사람 곁군(格軍, 격군이 아니라 곁군이라고 읽는다) 그리고 관청의 땅을 경작해주던 답한(畓漢)이었다. 이 역들을 따로 '6고역'이라 일컬었을 정도였다.

적지 않은 제주 사람들이 이 6고역을 져야만 했다. 진상품을 마련하느라 허리가 휘었고, 또 그 진상품을 운반하다가 거센 풍랑 속에 물고기 밥이 되기도 했다. 이처럼 제주 사람들이 졌던 역은 군역만이 아니었다. 군역 자체만으로도 힘들었지만 그 외의 역도 결코 무시할 만한 게 아니었다. 그래서 흔히 1인당 평균 10개의 역을 졌다고도 말해진다.

제주의 방어시설, 3성 9진 25봉수 38연대

조선 시대 제주의 방어시설은 3성 9진 25봉수 38연대로 요약될 수 있다. 이런 시설은 무엇보다 왜구의 약탈을 대비한 것이라 이미 고려 말부터 설치되기 시작했다. 하지만 보다 본격적인 정비는 조선의 세종 21년(1439), 한승순(韓承舜) 목사 때부터 진행되었다. 그리고 이후 중종과 명종 때의 대대적인 왜구 침략과 임진왜란을 계기로 더욱 강화되었으며, 19세기 이양선이 출몰하던 때까지 계속 정비되어 왔다.

3성

3성(城)은 지방관이 파견되어 읍치가 이뤄졌던 제주도의 읍성을 말한다. 조선 시대 제주도는 제주목, 정의현, 대정현으로 3분되어 있었으며 각각의 중심지에는 행정적 기능과 군사적 기능을 겸한 읍성이 축조되었다. 읍성은 주민들이 많이 모여 사는 지역에 축조되는 까닭에 평지성인 경우가 대부분이다.

3성 중 먼저 제주읍성은 제주목사가 근무하던 제주목 관아와 그 주변을 둘러쌌던 성이다. 이곳에 성이 언제부터 있었는지는 정확하지 않다. 전해오는 이야기와 여러 기록을 참고할 때 탐라국 시대 아니면 적어도 고려 시대 때부터는 성이 존재했던 것으로 보인다. 이곳은 지금도 제주시의 중심가에 해당한다. 물론 신제주가 아니라 구제주 중심가이다. 남아 있는 성벽의 흔적은 제주대학교병원 서쪽에 있는 어느 카센터의 담장과 제주기상대 아래 그리고 오현단 옆 산지천 쪽으로 조금 남아 있다. 본래는 서쪽의 병문천과 동쪽의 산지천을 자연 해자로 삼아 축성한 것인데, 을묘왜변 이후 성의 취약함을 느끼고 10년 뒤인 1565년에 곽흘(郭屹) 목사가 동쪽 언덕까지 넓혔다.

대정현성은 현재 추사적거지(秋史謫居址)를 찾아가면 쉽게 볼 수 있다. 추사적거지가 대정현성 안에 있기 때문이다. 이 성이 만들어진 시기는 태종 18년(1418)으로 이곳에 현이 설치된 지 2년 뒤였다. 당시 현감은 초대 현감인 유신(兪信)이었으며 공사를 주도한 사람은 도안무사 겸 제주목사였던 이간(李暕)이었다. 공사를 시작한 지 한 달도 안 되어 완성했다는 기이한 이야기가 전해진다.

그동안 알려지지 않았던 북문의 흔적이 최근에 발굴된 점도 주목된다. 일반적으로 성에 북문이 있는 경우는 드물다. 대정현성의 북문도 규모가 매우 작은 것을 보면 정식 문은 아니었던 것 같다. 하지만 작은 규모에도 불구하고 옹성까지 갖추고 있었다는 게 특이하다.

대정현성과 마찬가지로 태종 16년(1416)에 축조된 정의현성은 현재 관광지로 널리 알려진 성읍민속마을을 두르고 있는 성이다. '성읍'이라는 이름 자체가 바로 이 정의현성이 있는 마을이라는 의미에서 나왔다.

그런데 처음 현이 설치될 당시에 현청이 있던 자리는 현재의 성읍민속마을이 아니라 성산 일출봉의 맞은편에 있는 성산읍 고성리다. 거기서 지금의 위치로 옮겨온 것이다. 성읍은 당시엔 진사리로 불렸는데 이곳 진사리로 옮겨와 성을 쌓은 건 세종 5년(1423)의 일이다. 정의현 전체를 놓고 볼 때 고성리는 너무 동쪽에 치우쳐 있어서 옮겨야만 했던 것이다. 바로 앞의 우도가 왜구의 근거지가 되기 쉽다는 요인도 현청 이전의 배경이었다. '고성리' 지명

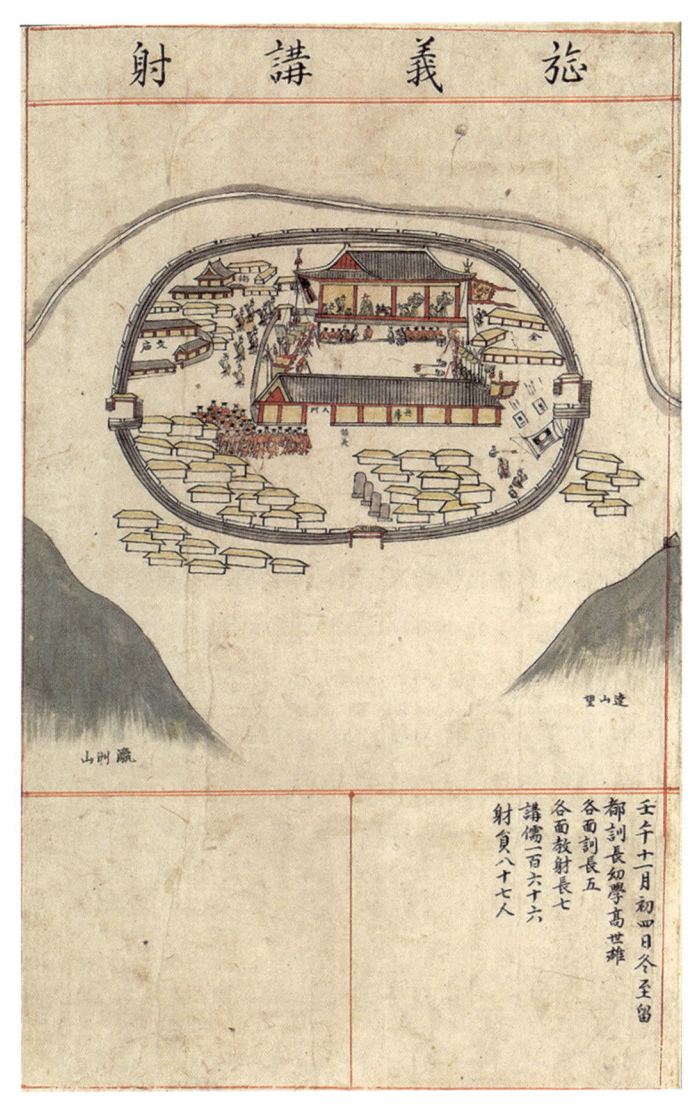

《탐라순력도》 중 〈정의강사(旌義講射)〉

당시의 정의현성이 묘사되어 있다.

도 그래서 나왔다. 예전에 성이 있던 마을이라는 뜻이다.

정의현의 성 쌓기 공사는 제주판관 최치렴(崔致廉)이 담당했다. 그런데 신기한 건 앞서 본 대정현성 축조 기간보다 훨씬 더 짧은 기간 안에 그 공사를 마쳤다는 점이다. 단 5일 만에 공사를 끝냈다고 한다. 이는 최치렴 판관이 정의현 사람만이 아니라 제주 3읍 전체에서 사람들을 동원했기 때문에 가능했다고 하는데 그래도 좀 황당하다. 옛사람들도 믿기 어려웠는지 "그 공(功)이 매우 신기하다"는 기록을 남겼다.

9진

9진(鎭)은 제주의 군사적 요충지에 설치된 화북진, 조천진, 별방진, 수산진, 서귀진, 모슬진, 차귀진, 명월진, 애월진을 말한다. 본래 진은 변방의 방어를 위해 북쪽 변방과 남부 해안 지대에 구축한 군사행정구역이다. 조선 시대에 와서는 특히 왜구를 방어하기 위해 주로 남부 해안 지대에 많이 설치하였다. 진은 달리 방호소라고도 부른다.

영조 40년(1764)에 그 책임자가 '만호(萬戶)'로 승격되었던 '명월진'만이 '진'이며, 나머지 8곳은 방호소라 불러야 옳다고 주장하는 사람도 있다. 방호소의 책임자는 종9품인 '조방장'이지만 명월진에는 종4품 격인 만호가 파견되었으므로 방호소와 진을 따로 구분해야 한다는 말이다. 하지만 보통은 이들을 모두 포괄하여 9진이라 부른다.

9진의 설치는 이미 태종 때에 이뤄졌던 것으로 보인다. 하지만 그곳에 성(城)이 축조된 것은 나중의 일이다. 맨 먼저 축조된 진성은 세종 21년(1439) 한승순 목사의 건의에 따라 만들어진 차귀진성과 수산진성이다. 이 두 진 앞에는 차귀도와 우도가 있다. 모두 왜구의 거점으로 활용될 우려가 큰 섬들이어서 서둘러 진을 설치했던 것 같다.

규모 면에서 가장 큰 진성은 명월진성이다. 비양도를 바라다보는 한림읍에 있으며 둘레가 1.36킬로미터가량이다. 둘레가 1.2킬로미터인 대정현성과 정의현성보다 크다. 일반 행정성보다도 크다는 얘기다. 다음으로 큰 성은 별방진성으로 앞의 명월진성과 같은 시기에 축조되었다. 두 성 모두 중종 5년(1510) 장림 목사가 축성한 것인데, 이처럼 커다란 두 진성을 그 시기에 함께 축조한 이유는 무엇일까? 성을 쌓은 1510년은 삼포왜란이 있었던 해다. 동래, 울산, 창원에서 교역하던 왜인들이 교역 조건에 불만을 품고 난동을 일으켰다는 삼포왜란 말이다. 아마도 이 사건 때문에 제주도에서도 갑자기 위기의식을 느꼈던 것 같다.

명월진성은 처음엔 목성(木城)이었다. 급박했던 정세 때문인지 그렇게 나무로 서둘러 만들었던 모양이다. 엄밀하게 말하면 통나무를 엮어 세운 담장, 즉 목책(木柵)이라고 하는 게 옳겠다. 이 목책은 임진왜란이 일어난 1592년에 석성(石城)으로 개축되는데, 제주에 부임했던 목사들 중 가장 오랜 기간 제주에서 근무했던 이경록(李慶綠)이 그 일을 맡았다.

《탐라순력도》 중 〈명월시사(明月試射)〉

당시의 명월진성이 묘사되어 있다.

영조 대에 이곳의 조방장을 만호로 승격시켰던 점도 명월진의 높은 위상을 보여준다. 명월만호 자리에는 제주 지방에서 추천된 유지 3명 중 한 사람이 임명되었다. 최근 명월진성 복원 공사가 진행되었는데, 그 과정에서 2002년 2월 남문지 앞에서 옹성의 기단이 거의 완전한 형태로 발굴되어 특별한 관심을 끌었다.

별방진성은 지금의 제주시 구좌읍 하도리에 있다. 명월진성과 마찬가지로 중종 5년(1510)에 장림 목사가 만든 것이다. 본래 이곳의 진성은 보다 서쪽인 김녕에 김녕진성으로 존재했다. 이것을 우도가 바라보이는 현재의 위치로 옮긴 것이다. 왜구 침략을 대비한 조치였다. 우도라는 섬이 그만큼 왜구에게는 좋은 발판이 되었던 모양이다. 그래서 진성의 이름도 특별 방어 진성인 '별방'진성이다. 그런데 그 축성 공사가 무척이나 힘들었던 모양이다. 기근이 겹쳐서 더욱 그랬다고 한다. 그래서인지 사람들이 똥을 먹으면서 성을 쌓았다는 이야기가 전해오고 있다.

모슬진성은 숙종 2년(1676) 현재의 회수 일대에 있었던 것으로 전해지는 동해진성을 폐하고서 옮겨온 것이다. 이처럼 몇몇 진성들은 위치를 이동했다. 마지막으로 축성된 진성은 화북진성이다. 숙종 4년(1678)에 와서야 만들어졌다. 화북은 조선 시대 제주 제1의 관문이었다. 그런데 그렇게 중요한 포구를 수비하는 진성이 그리도 늦게 축성되었다는 건 의문이다. 진성이 따로 필요 없을 정도로 번잡한 곳이어서 그랬던 걸까?

현재 흔적이 남아 있거나 복원이 이뤄지고 있는 진성은 화북진성, 조천진성, 별방진성, 수산진성, 명월진성, 애월진성이며 나머지 서귀진성, 모슬진성, 차귀진성은 그 흔적이 거의 남아 있지 않다.

봉수와 연대

봉수(烽燧)와 연대(煙臺)는 모두 연기와 횃불로 비상 상황을 알리던 중세의 통신 수단으로서 낮에는 연기, 밤에는 횃불을 썼다. 시기에 따라 조금씩 차이가 있지만 현재 조사된 조선 시대 제주의 통신 시설은 봉수 25기, 연대 38기로 알려져 있다. 그런데 봉수와 연대는 무엇이 다를까?

무엇보다 입지 조건이 다르다. 그것은 봉수와 연대의 기능 차이에서 나온 것이다. 먼저 봉수는 해안에서 조금 산 쪽으로 들어온 오름 위에 위치하는 것이 보편적이다. 높직한 곳에서 50리 밖의 먼 곳을 감시하던 시설이라 그렇다. 반면 연대는 주로 해안 가까운 언덕에 만들어졌다. 다가오는 배가 적선인지 혹은 표류선인지를 현장에서 확인해야 했기 때문이다. 이처럼 연대는 현장성이 강조되기 때문에 봉수보다 숫자 면에서도 많을 수밖에 없다. 비유하자면 망원경과 현미경의 차이다.

봉수는 오름 정상에서 위쪽으로 흙을 둥글게 쌓아올려 만들었다. 오름 위에 또 다른 언덕을 조성한 셈이다. 그 언덕 위에서 불을 피웠다. 그리고 밑에는 불의 번짐을 방지하기 위해 물을 채워 놓을 수 있는 이중의 도랑이 있는 구조였다.

연대는 해안 감시가 쉽고 전투하기에 유리한 공간에 만들었다.

협자연대(俠子煙臺)
횃불과 연기로 위급한 상황을 알렸던 조선 시대 제주의 방어 유적 중 하나다.

주로 네모지게 돌을 쌓아 올린 형태인데 제주의 해안도로를 따라 다니다 보면 간간이 마주치게 된다. 유명 관광지인 성산 섭지코지에 협자연대가 있어 그 모양을 쉽게 확인할 수 있다. 드라마 〈올인〉의 세트장이 남아 있어 더 유명해졌다.

정보 전달 방식은 봉수나 연대 모두 오거법(五擧法)을 따랐다. 이상이 없을 때는 한 개, 수상한 선박이 등장하면 2개, 그 선박이 다가오면 3개, 상륙하면 4개, 전투가 벌어지면 5개를 올린다.

그러나 막상 답사 현장에서 연대를 살펴보면 의아한 생각이 들수밖에 없다. 불을 피우는 연대의 면적이 아무리 커봐야 가로 10미터×세로 10미터 넓이를 넘어서지 않기 때문이다. 과연 이렇게 좁은 공간에서 여러 개의 불을 피웠을 때, 멀리서 그 개수를 구분할 수 있었을지 의문이다. 어떤 학자는 말린 여우 똥을 연료로 쓰면 연기가 흩어지지 않고 곧바로 올라가기 때문에 가능하다고 설명한다. 그래도 의문은 남는다. 과연 그렇게 해서 분간이 가능했겠는지, 또 제주도에 여우가 그렇게나 많았는지 등등.

비가 오는 날엔 군졸이 직접 달려가서 소식을 전했다고 한다. 이 점으로 미루어 보아 아마도 불과 연기는 일단 기본적인 정보 전달용에 그쳤을 것 같다. 그리고 상세한 내용 전달은 군졸의 바쁜 걸음으로 해결했을 것으로 생각된다.

이곳에서 근무하던 병력의 규모는 어느 정도였을까. 사료에 따르면 각각 별장 6명과 봉군(혹은 연군) 12~36명으로 구성되고, 6개 조로 나뉘어 매달 5일씩 교대로 근무했다고 한다. 그렇다면 하나의 연대에 항상 별장 1인과 봉군 2~6명이 함께 근무했다는 말이 된다. 결코 적지 않은 인원이다. 그런데도 사료에는 이 직역이 상당히 고된 역이라 다른 역은 지지 않았다고 적혀 있다.

봉수와 연대 주변의 100보 거리 안에서는 일체 불을 피울 수 없었다. 그건 당연한 규정이다. 헷갈리게 만드는 연기가 올라오면 안 되었기 때문이다. 이를 위해 무당의 굿이나 통속적인 잡신제도 금지되었다고 한다. 이걸 역으로 해석하면 민가에서 일정 정도 떨어진 곳에 봉수와 연대가 위치했다는 얘기가 된다. 따라서 오늘날 천미연대처럼 바로 곁에 민가가 있더라도 그것이 과거부터의 모습이라고 판단해서는 안 된다.

25기의 봉수는 현재 원형대로 남아 있는 것이 단 1기도 없다. 그래서 문화재로 지정받은 봉수가 전무한 실정이다. 반면 연대는 38기 중 보존상태가 좋은 7기가 제주도 기념물 23호로 지정되어 있다.

옹성, 해자, 치성, 여장

학생들을 데리고 역사 유적지 답사를 하다 보면 간혹 이 녀석들의 날카로운 시각에 놀라곤 한다. 연대 위로 올라간 연기의 숫자가 과연 몇 개인지 구분할 수 있었겠느냐는 앞의 의문도 사실은 학생들이 내게 물은 것이었다. 그때 나는 매우 당황했다. 말린 여우 똥 이야기를 끄집어내면서도 나 역시 석연치 않았던 게 사실이다.

또한 성벽 위에는 아무런 엄폐물이 없는데 이럴 경우 적의 화살이 날아오면 위험하지 않았겠느냐고 묻기도 한다. 다시 말해 왜 '여장(女墻)'이 없느냐는 질문이다. 여장이란 우리말로 '성가퀴'라고 하는데, 적의 화살이나 총탄으로부터 몸을 보호하기 위해 성 위에 낮게 쌓은 담을 말한다. 그 담에는 총이나 활을 쏠 수 있는 작은 틈새나 구멍만이 나 있다. 다행히 이 질문은 이미 예상했던 것이라 당황하지 않았다.

한 마디로 복원이 잘못된 것이다. 상식적으로도 성벽 위에는 당연히 엄폐물이 있어야 한다. 사료에도 분명히 나와 있다. 제주읍

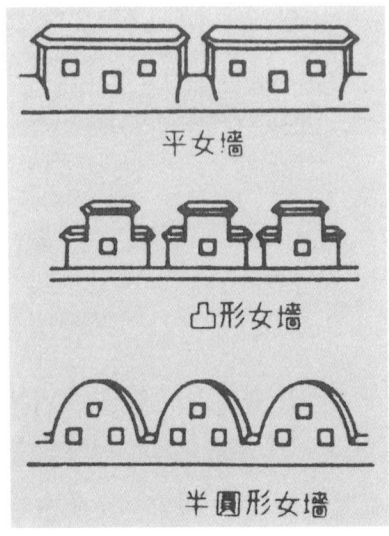

여장의 종류

성에 404개, 정의현성에 180개, 대정현성에 155~240개의 타첩(垛堞), 즉 여장이 있었다고 기록되어 있다. 뿐만 아니라 현재 제주읍성 중 과거의 모습이 많이 남아 있는 일부 구간에서는 많은 훼손에도 불구하고 길이 200센티미터, 높이 60~140센티미터의 여장들을 확인할 수 있다. 그러나 어처구니없게도 바로 옆의 복원된 구간에서는 여장을 전혀 찾아볼 수 없다. 조선 시대 제주의 병사들은 모두 성벽 위 바닥에 배를 깔고 납작 엎드려 전투에 임했다는 것인가. 어째서 상식적으로도 납득이 가질 않는 복원이 이뤄졌는지 모르겠다.

이 기회에 성곽과 관련해서 아주 기본적인 몇 가지 시설을 검토

제주읍성의 치성
성벽에 달라붙는 적을 제압하기 위한 시설이다.

하고 넘어가면 좋겠다. 옹성(甕城)은 성문 앞에 둥그렇게 다시 쌓은 성벽을 말한다. 성곽 시설물 중 가장 취약한 구간이 성문이다. 그러다 보니 성문에는 이중의 안전장치가 필요했다. 취약한 성문으로 몰려오는 적을 효과적으로 물리치기 위한 시설이 다시 필요했다는 말이다. 그래서 고안된 것이 성문 앞을 두르며 쌓은 옹성이다. 서울 동대문이나 수원 화성은 이 시설을 잘 보여준다. 반면 제주도 정의읍성의 남문 앞에 복원된 옹성은 그 길이가 너무 짧다. 성문의 상당 부분을 가려주어야 하는데 그렇지가 못한 것이다. 그래서 어떻게 옹성의 구실을 했다는 것인지 한심한 생각이 든다. 최근 발굴된 명월진성 남문 옹벽의 기단부를 보면 거의 완벽하게 성문을 가렸던 구조임을 확인할 수 있다.

해자(垓字)는 성벽 바깥을 둘러 구덩이를 파고 물을 채운 시설을 말한다. 비상시에는 이 해자 위에 놓인 다리를 치워버린다. 그러면 적병이 성문으로 접근할 수가 없게 된다. 성벽 이전에 적을 차단하는 시설을 미리 한 번 더 만든 것이다. 제주읍성은 처음 축조될 당시 병문천과 산지천 사이에 있었다. 다시 말해 병문천과 산지천을 자연 해자로 삼았다는 말이다. 그런데 제주도는 토양 조건상 해자에 물을 채워 넣기가 어려웠다. 화산재 토양이라 물이 대부분 지하로 스며들어 버리기 때문이다. 그래서 깊은 도랑을 파고 그곳에 물 대신 가시덤불을 채워 넣었다. 그렇게 해서라도 적의 접근을 일차적이나마 차단하려 했던 것이다. 제주읍성 외에 제주의 다른 성들에는 과연 해자가 없었는지 궁금하다. 어떤 형태로든 있기는 있었을 것 같다. 복원이 제대로 이루어져 실감 나게 당시의 현실을 전할 수 있었으면 좋겠다.

치성(雉城)은 흔히 격대(擊坮)라고도 불린다. 성벽에 달라붙는 적병을 효과적으로 제압하기 위해 측면에서 공격할 수 있게끔 성벽 일부 구간을 앞으로 돌출시킨 구조물이다. 돌출부는 기존 성벽에 덧대어 앞으로 쌓은 게 대부분이다. 조선 시대 세종 때 만든 규정에 따르면 치성과 치성 사이의 간격은 대략 70미터 정도이다. 한편 제주도의 여러 성에 남아 있는 치성 간의 거리는 42~180미터로 다양하며 평균 100미터 정도이다.

6

변방 제주 섬과
조선의 양반들

조선 양반들에게 제주도는 무엇이었나

 대학 시절, 내 고향이 제주도임을 알고 부러워하는 친구들이 있었다. 그중에는 방학이 가까워 올 때에만 유독 친근하게 접근하는 녀석들도 있었지만, 어쨌거나 그들 모두 제주도 여행을 고대했다. 더 말할 것도 없이 국내 최고의 관광지라고 하지 않는가.

 그런데 조선 시대에도 그랬을까? 그때도 지금처럼 제주도에 가고 싶어 안달하는 사람들이 많았을까? 아니다. 전혀 그렇지가 않았다. 조선 시대 중앙의 양반들에게 제주도는 그야말로 야만의 땅이요, 혼돈의 땅이었다.

> 이곳의 풍토와 인물은 아직 혼돈 상태가 깨쳐지지 않았으니, 그 우둔하고 무지함이 저 일본 북해도의 야만인과 무엇이 다르겠습니까?

우둔하고 무지한 야만인이라니, 누가 이따위 글을 남겼을까? 그 유명한 추사 김정희다. 위의 구절은 그가 제주 유배 시절 그의 벗 권돈인에게 보낸 편지 중 일부이다. 그런데 이런 인식은 비단 추사 김정희에게만 국한된 것이 아니었던 것 같다. 16세기에 유배 왔던 충암 김정의 글에서도 그런 내용이 보인다. 그의 책 《제주풍토록》에도 "글을 아는 자가 매우 적고, 인심이 거칠다"라거나 "염치와 정의가 무엇인지 알지 못하며" 등의 표현이 등장한다.

제주도를 비하하는 위의 표현들은 물론 중앙 지식인의 편견에서 나온 것이라 다소 과장이 있을지도 모른다. 그러나 다른 문헌이나 민속자료를 종합해 보더라도 유교 이데올로기를 중심에 놓고 생각한다면, 당시 제주도의 상황은 이들의 지적과 크게 다르지 않았던 것 같다. 비옥한 토지가 있었던 것도 아니고 서울 가까운 곳에 위치한 것도 아니었기에, 경제적 부나 선진 문물과는 거리가 멀었다. 따라서 중앙 양반들에게 제주는 그저 교화가 덜 된 변방의 미개 지역에 불과했을 것이다. 이처럼 조선 시대 제주도는 오늘날과는 많이 달랐다. 가보고 싶은 곳이 아니라 피하고 싶은 땅이었다. 하긴 관광지로 본격 개발되던 1970년대 초까지만 해도 이런 시각이 적지 않게 남아 있었던 점을 떠올리면 그리 놀랄 일도 아니다.

그럼에도 불구하고 조선 시대 내내 제주에는 중앙의 양반들이 들락거렸다. 어쩔 수 없이 제주도로 가야만 했던 사람들이 있었기 때문이다. 정부에서 파견한 지방관이 바로 그들이었다. 조선 정부는 제주도를 싫어하는 개개 양반들의 입장과는 무관하게 지방관을 파견할 수밖에 없었다. 말(馬)과 해산물 등 제주의 특산물을 거두어들여야만 했기 때문이다. 이것은 고려 의종 7년(1153) 제주에 지방관을 처음 파견한 이래 계속된 일이었다.

중앙의 양반들이 제주도를 꺼렸던 건 비단 빈약한 경제력이나 낙후된 문화 때문만은 아니었다. 무엇보다 그것을 좌천으로 받아들였기 때문이다. 제주에 부임하게 되면 중앙 정계의 실력자와 접촉할 기회가 그만큼 줄어들고 그것은 당연히 승진에 불리하게 작용했다. 게다가 바다를 건너는 일은 자칫 목숨까지 잃을지도 모르는 위험한 것이었기에 더더욱 회피의 대상이 되었다.

그래서 실제 박안신이나 정인인처럼 부인의 병 혹은 자신의 병을 핑계 삼아 부임하지 않은 경우도 더러 있었다. 또 원백규처럼 별 이유 없이 부임하지 않았다가 파직당하는 일도 발생했다. 그도 아니면 마지못해 부임했다가 얼마 후 병을 핑계로 사직하여 제주를 떠나는 일도 종종 있었다. 이처럼 제주목사 자리가 회피의 대상이 되다 보니 권력투쟁의 과정에서 반대파를 밀어내는 수단으로 이용되기까지 했다.

《중종실록》 중종 29년 7월 22일 조에는 "김안로가 송인수를 심히 미워하여 제주목사로 임명해 쫓아냈는데, 송인수가 그 고통을 참을 수 없어 고을을 버리고 올라왔다"라는 기사가 있다. 이런 기사를 보면 당시의 양반들이 제주도를 어떻게 생각했는지 알 수 있다. 즉 제주목사 자리는 좌천의 상징이었던 셈이다. 그런데 그보

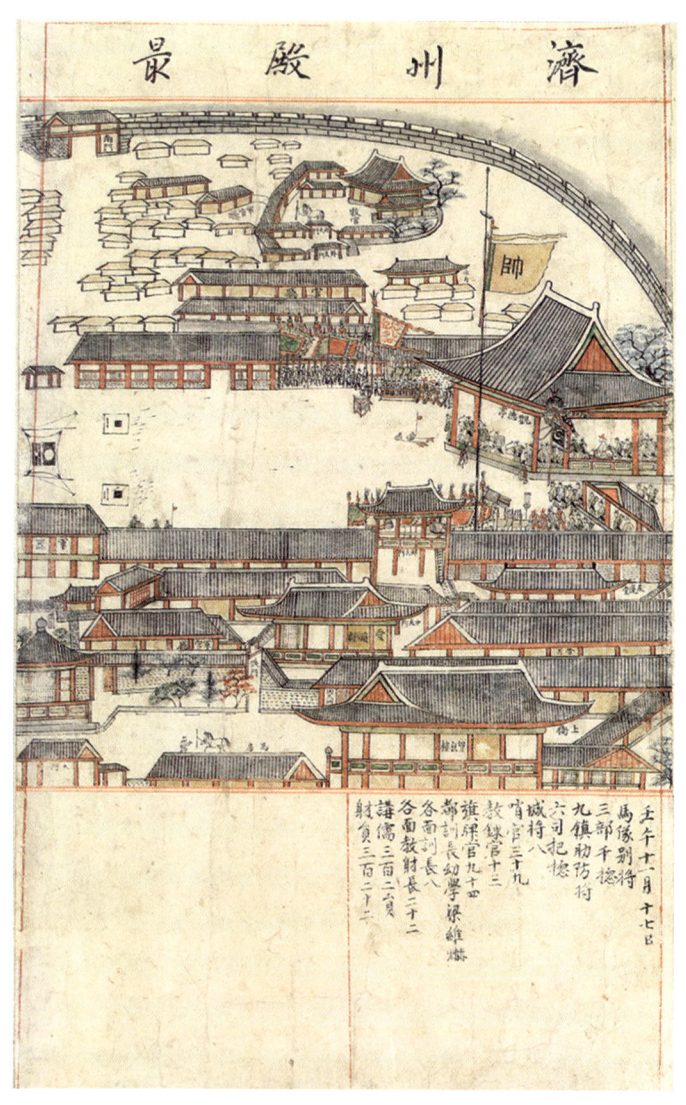

《탐라순력도》 중 〈제주전최(濟州殿最)〉

제주목의 관아 건물 중 가장 규모가 큰 것은 서울을 바라보는 누각인 '망경루'였다.

다 더욱 눈길을 끄는 것은 송인수가 정부의 명령도 없이 제주목사 직책을 가볍게 버리고 서울로 올라갔다는 점이다. 이것은 물론 권력 다툼에서 패한 송인수의 분노가 작지 않았음을 보여주기도 하지만, 제주도가 그들에게 얼마나 회피의 대상이었는지도 짐작하게 해준다.

그러다 보니 제주에 온 지방관들이 선정을 펴는 경우는 드물었다. 그저 서울로 돌아갈 궁리만을 하면서 북쪽 하늘만 쳐다보는 게 일상이었다. 제주목사가 근무한 관청에는 아예 '서울을 향해 바라보는 누각'이라는 뜻의 망경루(望京樓)가 있었을 정도다. 그것도 그저 간혹 생각날 때 오르는 건물이 아니었던 모양이다. 제주목의 관청 건물 중에서 가장 규모가 큰 것이 바로 '망경루'였으니 말이다. 조천에 있는 '북쪽을 사모하는 정자'라는 뜻의 연북정(戀北亭)도 마찬가지다. 여기서 사모의 대상이 되는 북쪽은 곧 서울에 있는 임금을 말한다. 그만큼 그들에게 제주도는 하루라도 빨리 떠나고 싶은 미개의 땅이었으며, 서울이야말로 반드시 돌아가야 할 정치적 고향이었다는 얘기다.

마음이 딴 데에 가 있으니 행정이 제대로 이루어질 리 없었다. 《명종실록》 명종 10년 정월 정미조의 "사헌부에서 아뢰기를 …… 근래 제주목사 자리에는 오로지 사람을 골라서 보내지 못하여 탐욕스러운 자의 손에 맡겨져서 침학(侵虐)이 극심합니다. 그곳 백성들이 원망하여 말하기를 '차라리 왜노(倭奴)에게 죽겠다'고 합니다. 이것을 보면 민생의 고통스러움을 가히 알 수 있습니다"라

연북정 현판
제주에 왔던 조선 시대 중앙 양반들의 심사를 가장 극명하게 보여주는 이름이다.

는 기사와, 《인조실록》 인조 12년 9월 정묘조의 "탐라 지역은 무부(武夫)의 이권 챙기기 소굴이 된 지가 오래입니다" 등의 기사는 제주도가 얼마나 지방관의 탐학에 시달려야 했는지를 보여주고 있다. 아마 전국에서 발생한 조선 후기 민란 중에 그 어느 곳보다 제주의 민란이 강렬하고 빈번했던 것도 이와 같은 사정과 무관하지 않을 것이다.

 내키진 않았지만 제주도에 가야만 했던 조선의 양반들은 지방관 외에도 또 있었다. 권력다툼의 결과 좌천보다 더 심한 처지로 밀려난 유배객들이었다. 유배형은 본래 종신형이어서 유배객은 이곳 제주에서 최후를 맞아야만 했다. 그러나 정국의 변화가 생기면 복권될 수 있었으므로 그들은 좌절 속에서도 항상 기대를 버리지 않고 살았다. 사실 이들이야말로 지방관들보다 더 목을 빼고 북쪽 하늘을 쳐다보았던 사람들이다. 그런 만큼 제주도는 이들 유배객들에게도 그리 달가운 땅이 될 수가 없었다.

물론 지방관이나 유배객 중에서 제주도를 아끼고 제주 사람들을 위해 힘썼던 인물들이 없었던 것은 아니다. 명색이 유교의 덕치를 표방한 조선의 사대부들이었기에 나름대로는 유교적 교화를 위해 힘을 쓰긴 했다. 그러나 자발적으로 제주도를 찾았던 사람들이 아닌 만큼 그들은 언제나 제주 섬을 떠나고 싶어 했다. 후세의 사가들이 '풍속 교화'니 '어진 정치'니 하면서 그들의 업적을 미화한다고 해도 바탕에 깔린 그들의 정서는 분명 '탈제주'였던 것이다.

그랬기에 소설가 현기영은 소설집 《순이 삼촌》에서 중앙의 양반들에게 냉대받던 당시 제주도의 상황을 이렇게 묘사했다.

육지 중앙정부가 돌보지 않던 머나먼 벽지, 귀양을 떠난 적객(謫客)들이 수륙 이천리를 가며 천신만고 끝에 도착하던 유배지, 목민(牧民)에는 뜻이 없고 오로지 국마를 살찌우는 목마(牧馬)에만 신경 썼던 역대 육지 목사들, 가뭄이 들어 목장의 초지가 마르면 지체 없이 말을 몰아 백성의 일 년 양식을 먹어치우게 하던 마정. 백성을 위한 행정은 없고 말을 위한 행정만 있던 천더기의 땅, 저주받은 땅, 천형의 땅…….

제주의 지방관

 조선 시대 제주의 지방관으로는 우선 제주목사와 정의현감, 대정현감을 들 수 있다. 고려와 달리 강력한 중앙집권 정책을 폈던 조선은 건국 초부터 지방을 확고하게 장악해 나갔다. 전국을 8도로 나누어 도마다 지금의 도지사격인 관찰사(감사)를 두었고, 그 밑으로는 오늘날의 시(市), 군(郡)과 유사하게 부(府)·목(牧)·군(郡)·현(縣)을 설치해 각각 부사, 목사, 군수, 현감을 파견했다.
 부·목·군·현은 고을의 크기나 중요도를 고려해 위계에 따라 정해졌다. 하지만 위계 상의 서열만 있었을 뿐 지배 종속의 관계는 아니었다. 서로 병렬적인 관계였다는 말이다. 때문에 오로지 상급 기관장인 관찰사의 명령에만 복종하면 되었다. 목사는 현감보다 위계가 높다 할지라도 현감의 업무를 간섭할 수 없었고 현감은 비록 목사보다 위계가 낮았지만 목사의 지시를 받지 않았던 것이다. 즉, 부·목·군·현의 책임자들은 모두 자기 고을에 대한 배타적인 통치권을 가지고 있었던 셈이다. 우리 귀에 익숙한 '사또' 혹은 고을 '수령'은 바로 이들을 통틀어 일컫던 말이다. 그것은 이들이 모두 병렬적 관계에 있었기에 가능했던 호칭이다.
 이 정도의 상식을 가지고 조선 시대 제주도를 들여다보면, 앞서 말한 대로 제주목사, 정의현감, 대정현감이 있었으니 당시에는 세 개의 행정구역이 있었음을 짐작할 수 있다. 우선 제주목은 제주도 북쪽 절반에 해당하며 중심지는 현재의 제주시이고 관청은 관덕정 주변에 있었다. 2002년 제주목 관아지 복원공사가 일단락되어 당시의 모습을 일부나마 그려보는 데에 도움을 준다. 물론 복원된 게 전체의 절반에도 이르지 않아 조선 시대 제주목 관아의 전체 모습을 그리기에 한참 역부족이긴 하다. 정의현은 제주도 동남부이며 그 중심지는 현재의 성읍민속마을이다. 그리고 대정현은 제주도 서남부이며 추사적거지가 있는 대정성이 그 중심지이다.

이들 3읍을 관장하던 지방관들의 지위는 어느 정도였을까? 목사는 본래 정3품이며 현감은 종6품이었다.

정3품의 지위는 조금 복잡하다. 같은 정3품이라도 당상관과 당하관으로 나누어지기 때문이다. 그런데 그 차이는 대단했다. 말 그대로 당상관은 건물의 위(上)에 올라와 임금과 함께 하는 어전회의에 참가할 수가 있었고, 당하관은 건물의 아래(下)에 있어야 했다. 구체적으로 당상관은 정3품의 통정대부(문관)나 절충장군(무관) 이상의 직책을 말하며, 당하관은 같은 정3품의 통훈대부(문관)나 어모장군(무관) 이하의 직책이었다. 때문에 통정대부와 통훈대부는 같은 정3품이면서도 그 차이가 매우 컸으며 절충장군과 어모장군의 관계도 마찬가지였다.

본래 목사의 자리에는 정3품에서도 당하관에 해당하는 통훈대부나 어모장군이 파견되는 것이 원칙이었다. 그러나 유독 제주목사만은 당상관인 통정대부나 절충장군이 파견되었는데, 이는 제주도의 특수한 사정을 고려했기 때문이다. 제주는 본토에서 멀리 떨어진 섬인 까닭에 전라도 관찰사가 제주목과 정의현, 대정현에 대해 본연의 임무를 수행할 수가 없었다. 따라서 그 업무 중 일부를 제주목사에게 위임했던 것이다. 그러다 보니 제주목사 자리에는 그만큼 높은 품계의 당상관이 파견될 수밖에 없었다. 결국 정3품 당상관인 제주목사가 종2품 전라도 관찰사를 대신하여 대정현과 정의현을 감독했다는 얘기다.

  조선 시대에는 이처럼 품계와 관직의 조합을 통해 제도가 융통성 있게 운용되었다. 이러한 방법을 '행수법(行守法)'이라고 한다. 품계가 높은 사람이 낮은 관직에 취임하게 되면 그 앞에 '行(행)' 자를 붙이고, 그 반대의 경우는 '守(수)' 자를 붙여서 구분했다. 제주목사의 명칭앞에 '行(행)' 자가 붙어 '행제주목사(行濟州牧使)'라고 표기한 것은 바로 이 행수법에 따른 결과였다.

  이것이 바로 통훈대부와 어모장군이 아닌, 통정대부와 절충장군이 제주목사로 파견되었던 까닭이다. 그렇다면 제주목사에는 통정대부가 많았을까, 아니면 절충장군이 많았을까? 다시 말해 문관과 무관 중 어느 쪽의 관료가 제주목사로 많이 왔을까 하는 질문이다. 원칙적으로는 문관과 무관을 번갈아 임용하게 되어 있었다. 왜구가 지나는 길목이라 문관만을 중시할 수가 없었기 때문이다. 문관 목사를 파견하게 될 때면 반드시 부관 격인 판관(종5품)에 무관을 임명했던 것도 같은 맥락에서 나온 조처였다.

  제주목사를 비롯한 이들 수령의 임기는 어느 정도였을까? 본래 수령의 임기는 60개월(5년)이 원칙이다. 그리고 부임할 때에는 가족을 동반하는 것이 통상적이었다. 그러나 이 역시 제주도의 경우는 달랐다. 제주도와 함께 북쪽 변방인 강계, 경원 등은 거리가 멀어 가족 동반이 어려웠고, 그런 만큼 이런 지역에 부임한 수령의 임기는 딱 절반인 30개월(2년 6개월)로 조정되어 있었다. 게다가 당상관이 파견되는 지역인 경우도 30개월로 맞춰져 있었다. 때문에 제주목사, 정의현감, 대정현감 모두 실제로 가족을 동반했던 경우는 거의 없었다.

그런데도 그나마 30개월의 임기를 채운 수령은 거의 없다시피 했다. 임진왜란 때문에 발이 묶여 6년 5개월이나 재임했던 이경록 목사를 제외하면 대부분 빨리 떠났다. 조선 시대 제주에 부임했던 제주목사는 모두 286명인데, 그들의 평균 재임 기간은 약 1년 10개월에 불과했다.

관아, 지방 정치의 중심지

수령이 파견된 지방행정의 중심지에는 보편적으로 읍성이 있었다. 군사적 목적도 있었지만 그보다는 행정적 목적이 우선시되었던 구조물이다. 그런 만큼 사람들이 많이 거주하는 중심지에 자리하고 있었다. 방어에 유리한 산성이 아니라 평지성이었던 것도 그 때문이다. 전남의 낙안읍성과 전북의 고창읍성은 현재까지도 비교적 옛 모습을 잘 간직하고 있는 대표적인 읍성이다. 제주도에서는 성읍민속마을로 지정된 정의현성이 그나마 옛 모습을 전하고 있다.

읍성 안에 들어가면 우선 눈에 띄는 것은 민가가 아니라 행정관청이다. 관의 권위를 상징하기 때문에 민가보다 건물이 크고 화려하다. 수령이 근무하던 정청인 동헌, 국왕의 위패를 모시고 공무의 여행자를 맞이하던 객사(客舍), 고을 세금징수에 관여하던 지방 양반들의 향청, 아전의 집무처인 질청(作廳, '작청'이 아니라 '질청'이라고 읽는다), 범죄자를 가두던 감옥 등으로 구성되는데 이는 제주 지역에서도 예외가 아니었다.

그런데 이들 건물의 배치는 아무렇게나 정해지는 게 아니었다. 유교적 위계질서와 풍수지리를 반영한 규정을 따라야 했던 것이다. 물론 모든 지역에서 이 규정이 지켜졌던 것은 아니다. 지역에 따라 그리고 현지 여건에 따라 변형되어 적용되기도 했다. 하지만 하나의 틀을 이해하고 보면 전체를 관통하는 맥락을 볼 수 있다.

우선 가장 격이 높은 건물은 무엇이었을까? 조선왕조가 개국하여 한양으로 도읍을 옮길 때 경복궁에 앞서 종묘와 사직을 먼저 지었던 점을 떠올린다면 쉽게 짐작할 수 있을 것이다. 그렇다. 국왕의 위패를 모신 객사다.

객사는 임금의 위패를 모신 곳으로 지방관이 매월 초하루와 보름에 여러 관속을 거느리고 예를 올리던 장소다. 즉 지방관이 국왕에 대해 충성을 맹세했던 장소이며 또 위패라는 상징을 통해 그 지방 역시 모두 국왕의 통치지역임을 현시했던 공간이다. 이처럼 객사는 국왕의 친정(親政)을 상징하는 건물인 바, 부임하는 지방관들은 제일 먼저 이곳에 찾아와 예를 올려야 했다. 또 왕명을 받고 내려온 관리들의 숙소이기도 해서 암행어사의 탐관오리 징치 장소로 활용되기도 했다.

객사는 왕의 위패를 모신 건물인 만큼 신성한 지역임을 알리는 홍살문을 앞에 두었고 다른 관아 건물과는 독립된 별도의 담장을 갖고 있었다. 그리고 위치는 모든 건물 중 가장 북쪽에 자리 잡고 있었다. 마치 궁궐에서 임금이 동·서쪽에 문무관을 거느리고 남향한 것과 같은 이치이다. 물론 공간이 허락하지 않아 동헌과 같은 선상에 놓일 경우도 있는데 이때에는 동헌의 동쪽에 놓인다. 서쪽보다 동쪽을 더 높이 여겼기 때문이다. 제주목의 객사는 동헌의 북동쪽인 현재의 제주북초등학교 자리에 있었다. 하지만 가장 중요한 건물임에도 불구하고 현지 여건상 복원 대상에서는 제외되었다.

객사의 당호(堂號)를 붙이는 데에도 일정한 규칙이 있었다. 보편적으로 그 고을의 옛 이름을 따서 붙이곤 했다. 광주의 객사는 광산관(光山館), 곡성의 객사는 곡성관, 옥과의 객사는 설산관(雪山館)이다. 제주목의 객사 역시 제주의 옛 이름을 따서 영주관(瀛洲館)이라고 했다. 영주는 《열자(列子)》〈탕문편(湯門篇)〉에 나오는 '신선들이 사는 섬'을 말하는데 조선 시대 문객들이 한라산을 '영주산'이라고 불렀던 데서 기인했다.

다음으로 중요한 건물은 수령이 집무하던 동헌이다. 동헌 마당은 사또가 재판을 하는 장소로 우리에게 익숙하다. 동헌은 보통

관아의 외대문과 내대문을 지나 안쪽 깊숙한 곳에 자리한다. 깊은 곳에 동헌을 둔 건 의도적인 설계에 따른 것이다. 대문을 통과하여 이곳에까지 이르다 보면 대개 사람들은 주눅이 들게 마련이다. 긴장을 조성하여 신성함을 강조하고 그것을 바탕으로 권위를 확보하고자 했던 지배층의 숨은 의도가 들어 있는 공간 구성이다. 대문에서 동헌에 이르는 길 또한 위압적인 직선으로 뽑아 놓았는데, 위압과 긴장을 통해 권위를 확보하려는 의도적인 배치다.

다른 건물보다 높게 지어진 것도 동헌의 특징이다. 뜰에 꿇어 엎드린 죄인이 수령을 우러러보게 하려는 의도가 숨어 있는 것이다. 재판이 이뤄지는 동헌의 공간은 뜰과 섬돌, 마루로 구성된다. 먼저 죄인은 가장 낮은 뜰에 꿇어 엎드리고, 섬돌에는 수령의 분부를 이행토록 재촉하는 하급관리가 선다. 그리고 가장 높은 마루에는 위엄을 갖춘 수령이 눈을 내리깔고 아래를 굽어다 보며 호령을 한다. 이쯤이면 별 권위 없는 화상들도 자연스레 위엄을 과시할 수 있게끔 된다. 서로 다른 눈높이를 이용한 권위 만들기 방법이다.

동헌의 당호를 짓는 데도 일정한 법도가 있었다. 지방관의 시정 지침을 담는 것이 가장 보편적인 방식이었다. 곡성의 동헌은 양민당(養民堂), 옥과의 동헌은 목애당(牧愛堂)으로서 모두 백성을 사랑하고 넉넉하게 부양하겠다는 지방관의 시정 방침을 담았다. 제주목 동헌의 당호는 '연희각(延曦閣)'이다. '햇빛, 즉 임금님의 성덕으로 인도하겠다'라는 뜻을 담고 있다. 연희각은 2002년에 새롭게 복원되어 직접 그 모습을 확인할 수 있다.

연희각
제주목사가 근무하던 곳으로 앞뜰에 재판을 거행할 때 사용하던 형구가 보인다.

    제주목사는 단순히 일반 행정업무뿐만 아니라 군사업무도 담당했다. 물론 그것은 제주목에만 국한된 게 아니라 제주 섬 전체를 방어하는 일이었다. 제주목사는 누구나 안무사 혹은 절제사나 방어사의 직책을 겸하고 있었다는 말이다. 군사업무만을 관장하던 건물이 별도로 마련되었던 것도 그 때문이며, '홍화각(弘化閣)'이 바로 그 건물이다. 여기서 '홍화'는 '왕의 어진 덕화가 백성들에게 두루 미친다'라는 의미다.

    홍화각은 관찰사가 근무하는 건물처럼 영청(營廳)이라고도 불렸다. 이것은 당연한 일이다. 제주목사가 관찰사의 업무를 위임받아 제주 섬 전체의 군사행정을 담당했기 때문이다. 제주목 관아의 외대 문이 포정문(布政門)으로 불렸던 것도 같은 맥락이다. 포정문도 관찰사가 근무하는 공간의 외대문에만 붙던 이름이다. 결국 제주목은 형식만 목(牧)이었을 뿐, 독자적으로 행정·군사적 기능을 실질적으로 수행한 실제적인 도(道) 행정단위였다.

다음은 향청이다. 향청은 본래 지방 양반들이 모여 지방행정에 적극적으로 개입하던 공간이다. 그런데 시대나 지역에 따라서 지방 양반들의 힘이 일정하지 않았기 때문에 이를 획일적으로 설명하기는 어렵다.

향청에서 직접 징세 업무를 담당했을 정도로 지방 양반들의 힘이 강했던 곳도 있었다. 그런 지방에서는 서울에서 파견된 수령도 향청의 협조에 의존하지 않을 수 없었기 때문에 이들의 우두머리 격인 좌수는 목사 못지않은 권세를 누리기도 했다. 목사의 동헌을 으뜸가는 관청이라 하여 '상아(上衙)'라 불렀는데, 지방 양반의 향청을 제2의 권력기관이라 하여 '이아(二衙)'라고 부를 정도였다.

그런데 제주도의 경우는 달랐다. 제주는 영남이나 호남, 경기 지방과는 달리 지방 양반 세력이 그리 크질 못했다. 고립된 섬인 까닭에 과거 시험을 칠 기회도 많지 않았으며 그에 따라 중앙 정계에 진출한 사람도 극히 적었다. 그러다 보니 본래 의미의 사족층 형성은 극히 미미한 형편이었다.

지방 양반층의 위세가 강했다면 당연히 향교나 서원이 활성화되었을 텐데 제주는 전혀 그렇질 못했다. 활성화는 고사하고 아예 버려져 있다시피 퇴락한 적도 있었다. 제주목사 이형상은 이를 한탄하며 《남환박물》(1704)에 글을 남기기도 했다. 제주향교에 배향된 위판은 파손되고 건물은 비가 새며 널빤지는 썩고 마당에는 풀만 무성해 있다면서, 이것은 "해괴하고 수치스러운" 일이어서 "이 섬의 사풍(土風)은 말할 만한 것이 없다"고 지적했을 정도다.

제주 토착 양반층의 위세가 별 게 아니었음을 말해주는 대목이다. 그렇다면 향청의 영향력도 마찬가지로 미약했을 것이다. 향청은 현재 '향사당(鄕社堂)'이라는 이름으로 관덕정 부근에 남아 있다. 하지만 숙종 때까지만 해도 관청가에서 거리가 먼 가락천 서쪽에 있었다고 한다. 한때는 관청 거리에 끼지도 못했다는 말이다. 이것 역시 제주 토착 양반층의 열악한 처지를 말해준다.

향청이 현재의 위치로 옮겨온 것은 숙종 때였다. 그나마 그것도 목사의 주선으로 이뤄진 일이었다. 그것은 향청이 지방관의 권한 아래로 완전히 편입되었음을 의미한다. 즉 지방 양반이 자생적으로 힘을 키워나갔던 것이 아니라, 지방관이 업무 협조를 위해 정책적으로 이들을 양성했다는 말이다. 그렇게 제주의 토착 양반들은 관제 유교 이데올로기에 교화되어 지방관의 하수인으로 키워져 나갔다. 서원이나 서당도 제주의 토착 양반이 아니라 지방관인 목사나 판관이 건립한 경우가 많았다. 모두가 같은 맥락에서 살필 사안이다.

상황이 그러다 보니 제주의 경우 타지와는 달리 '이아'도 향청이 아니라 목사의 부관 격인 종5품 판관의 집무처를 이르는 말로 쓰였다. 관덕정을 중심에 놓고 볼 때 남쪽, 즉 향사당 근처가 과거 판관의 집무처였던 이아 자리다. 한때 찰미헌(察眉軒), 찬주헌(贊籌

軒) 등의 건물이 그 역할을 담당했다.

질청은 아전들의 집무처를 말한다. 아전 조직은 중앙의 6조에 맞춘 이방, 호방, 예방, 병방, 형방, 공방 등 6방을 기본으로 하여 구성되었다. 그리고 그 외 허드렛일을 하는 몇몇 향리들도 포함되어 있었다.

아전은 본래 그 지방 토호 세력의 후손들로 충원되는 경우가 많았다. 그런 만큼 조선 전기까지만 해도 이들의 권한이 그리 작은 편은 아니었으나, 중앙집권화가 강화되면서 점차 세력을 잃어갔고 결국 지방관청의 하위 실무자로 전락한 채 명맥을 이어갔다. 하지만 이들의 역할과 역량은 매우 대단한 것이었다. 이들의 손을 빌리지 않고서는 지방행정 자체가 유지될 수 없었기 때문이다. 지방의 향토문화를 지금까지 전승해 올 수 있었던 데에도 이들의 역할은 절대적이었다. 최근에 '탐라 입춘굿 놀이'가 복원되었는데, 탐라국 시대부터 내려오던 이 민속놀이를 계승해 온 사람들도 바로 이들이었다.

제주에 아전들이 근무하던 질청은 두 군데로, 영질청(營作廳)과 목질청(牧作廳)이 있었다. 영질청은 섬 전체 군사업무를 담당하던 방어영에 딸린 아전들의 집무처로서 현재 복원된 외대문 동쪽에 있었다. 그리고 목질청은 제주목 소속의 아전들이 집무하던 곳으로서 이아 북쪽에 있었다.

《탐라순력도》에 '관청(官廳)'이라고 표기된 건물은 손님 접대용 음식을 마련하는 주방을 가리켰다. 이 관청, 즉 주방도 지방 양반의 위세가 강했던 지역에서는 향청이 통제권을 가지고 있었다. 하지만 제주의 경우는 아마도 질청에서 담당했던 것 같다.

감옥은 말 그대로 죄수를 감금하던 곳이다. 현재 제주북초등학교 앞의 문방구 일대가 제주목의 감옥터로 추정되고 있다.

유배의 섬

광주매일신문사의 남성숙 기자는 《그곳에 가면 마음이 열린다》라는 책에서 조선왕조 500년 동안 129명이 전남에서 유배 생활을 했다며, 유배인 수에 있어서 단연 전남이 으뜸이라 하였다.

그러나 제주 지역은 그보다 많은 200명가량의 유배객이 생활했던 것으로 조사되고 있다. 한말의 거물 유배자였던 김윤식이 《속음청사》에서 "제주목의 유배인들이 나날이 늘어나 마치 섬 전체에 가득 찬 것 같다"라고 기록한 것도 단순한 과장만은 아니었다. 아직 정확한 자료가 나오지 않아서 어디가 최고인지는 모르겠지만, 그래도 명색이 유배라면 바다 건너 고립된 섬인 제주가 더욱더 유배다운 맛을 낼 것만 같다. 괜한 자기 고장 자랑인가?

하긴 범죄자를 가장 많이 유치했던 게 무슨 자랑이냐고 나무랄지도 모르겠다. 하지만 그건 그렇지 않다. 조선 시대의 유배인은 단순한 범죄자가 아니라, 요새 표현으로 하면 정치범이었다. 그렇기 때문에 변방이면서도 항상 중앙 정계의 변화와 함께 호흡할 수 있었다는 점 그리고 거물급 중앙 정치인들이 들락거리며 많은 영향을 미쳤다는 점을 떠올린다면 제주도를 '조선 시대 최대의 유배지'라고 자랑하는 게 그리 촌스러운 짓만은 아님을 인정할 수 있을 것이다.

그렇다면 제주도가 유배지로 활용된 것은 언제부터였을까? 그것은 고려 시대 몽골 지배기였다. 원 제국은 그들이 정복한 타민족의 왕족 170명을 제주도로 유배 보냈는데, 그것이 시초였다. 그런데 원이 망하고 명나라가 들어서자 이번엔 거꾸로 원의 왕족들이 제주로 유배 오게 되었다. 원의 달달친왕 등 80호가 들어와 살았다는 기록이 있다. 또 쿠빌라이 칸의 다섯째 아들 양왕이 지배했던 운남 지역의 양왕 후손들도 이곳에 유배되었다. 재미있는 건 이들 원 제국의 왕족들이 유배 후 그대로 제주에 정착해 양, 안, 강, 대 등 성씨를 남겼다는 점이다.

조선조에 들어와서는 연산군 이후 계속된 사화가 유배객을 많이 만들어냈다. 하지만 유배객이 가장 많이 몰렸던 때는 아무래도 조선 후기다. 임진왜란과 함께 망해버렸어야 할 조선왕조가 시대의 변화를 따라가지 못하고 퇴행적인 정치 행태를 양산하고 있을 때, 즉 무의미한 당쟁이 계속되고 있을 때 제주도는 당쟁에서 밀려난 정객들의 유배지로 각광을 받게 되었다. 정적은 제거하는 게 상책이지만 차마 거기까지 힘을 쓸 수 없다면 가장 먼 제주도로 날려버리는 게 차선책이었다. 이것이 당시 조선 정가의 한심한 현실이었다.

본래 유배형은 사형 바로 전 단계의 형벌이다. 교과서에도 나와 있지만 조선 시대 형벌은 가는 매 50대 이하를 치는 태형(笞刑), 굵은 매 50대 이상을 치는 장형(杖刑), 감금하여 노역을 시키는 도형(徒刑), 먼 곳에 보내 격리하는 유형(流刑), 목숨을 끊어버리는 사형(死刑)으로 등급이 나뉘어 있었다.

이처럼 유배형은 상당히 가혹한 형벌로서 본래는 큰 죄를 지은 사람에게만 내려져야 했다. 게다가 "제주 3읍에는 죄명이 특히 중한 자가 아니면 유배시켜서는 안 된다"라고 법률로 못 박아 놓기까지 했다. 그러나 당쟁이 심화되면서 제주 유배형은 죄의 유무와 상관없이 정적 제거용으로 빈번하게 사용되었다.

그런데 유배형도 죄의 경중에 따라 몇 가지로 나누어진다. 정치적 배려로 고향에 내려보내 평생 그곳에서 살게 하는 '본향안치', 일단 먼 곳으로 정해놓고 중도에서 머물러 살게 하는 '중도부처', 유배인의 활동반경을 유배지 행정구역 안으로 허용하는 '주군안치', 먼 섬에 가둬버리는 '절도안치', 집의 울타리 안으로만 행동반경을 제한하는 '위리안치(혹은 '가극안치')' 등이다. 그중 절도안치와 위리안치가 가장 혹독한 경우인데, 제주도 유배는 대부분 이에 해당했다.

물론 위리안치형을 받았다고 해서 항상 집 울타리 안에만 갇혀 있었던 것은 아니다. 그것은 원칙일 뿐이다. 지방관에 따라서는 적절히 울타리 밖을 나다니게 허락하는 경우가 있었다. 정국 변화에 따라 유배인들이 복권될 가능성이 있었기 때문이다. 그러다 보니 유배인의 생활은 천차만별이었다. 물론 이형상 목사처럼 유배인의 뒤를 봐주다가 발각되어 파면을 당한 예도 없지는 않았다. 그러나 이 역시 중앙의 실력자가 이형상 목사와는 다른 당파에 속했던 데에서 기인한 것으로 보인다.

중앙 정계의 거물일수록 대접은 달랐다. 여기에는 제주 지역의 토호들도 가세했다. 연줄을 만들어두자는 심사에서였다. 마치 미국으로 망명한 김대중을 박지원이 극진히 모셨던 결과, 후에 박지원이 출세가도를 달렸던 것과 유사하다. 한말의 거물 김윤식도 제주에서 호화롭게 유배 생활을 했던 모양이다. 그가 지은 《속음청사》에는 "주인은 (나를) 각별히 잘 대접해주며 음식도 풍부하고 정갈하여 입에 맞다. 죄다 번화한 서울의 재미와 다를 게 없어 …… 너무 분에 넘치는 것 같다"라는 대목이 나온다. 고종의 사위 박영효가 제주에서 유배 생활을 할 때도 그랬다. 《최후의 계엄령》을 쓴 소설가 고원정의 증조부가 박영효를 극진히 모셨던 모양이다. 그 때문에 고원정의 조부 고자환이 박영효의 양자와 같은 대접을 받으며 서울 유학 생활을 했다는 말이 있다.

제주도가 유배지로 많이 활용된 데에는 법률의 모순에서 기인한 바도 컸다. 조선의 기본 법전인 《경국대전》은 사실 상당 부분 명나라의 《대명률》과 《대명령》에서 영향을 받았다. 그러다 보니 중국 법전을 흉내낸 '삼천리 밖' 유배 규정은 실현되기 어려웠다. 삼천리 금수강산인 조선은 북쪽 끝에서 남쪽 끝까지를 헤아려 봐도 3,000리밖에 안 되기 때문이다. 서울에서 출발하면 가장 멀어 봐야 1,500리에 불과하다는 말이다. 그래서 편법으로 동원된 게 곡행(曲行)이다. 구불구불 길을 돌아 3,000리를 채워 유배지로 가는 방식이다. 이건 눈 가리고 아웅 하는 짓이다. 그래서 곡행보다는 제주도를 주로 활용했다. 제주도에서도 가장 먼 남쪽 대정현이 주로 선택되었던 건 그 때문이다.

한편, 원칙적으로 종신형이었던 유배형은 갑오개혁 직후인 1895년부터 거리 대신 기간을 중심으로 바뀌었다가 1909년에 이르러 공식적으로 폐지되었다. 하지만 1911년 안악 사건의 여파로 남강 이승훈이 제주에 유배 왔던 걸 보면, 법이 그대로 현실에 적용되지는 않았던 모양이다. 어쨌든 제주도는 원 제국에서 보낸 타민족의 왕족 170명을 시작으로 하여 1911년 마지막 유배객 남강 이승훈에 이르기까지 수많은 유배객을 받아들였던 최대의 유배지였다.

서울에서 출발하여 유배지 제주까지 오는 데 걸리는 시간은 어느 정도였을까? 빠르면 20일, 늦으면 약 두 달 가까이 걸렸던 것 같다. 유배인들은 대개 육로를 이용하여 전라도의 해남, 강진, 영암까지 온 후 그곳에서 배를 타고 제주도로 향했다. 그런데 그곳에서 지체하는 시간이 길었던 모양이다. 바다를 건너려면 일기가 맞아야 했기 때문이다. 추사 김정희는 예외적으로 단 하루 만에 바다를 건넜으나 대부분은 3, 4일 걸렸고 날씨가 아주 좋지 않을 때는 일주일 이상을 소요되기도 했다.

유배인들에게 가족 동반은 허용되었을까? 위리안치가 아닌 경우 원칙적으로 허용은 되어 있었다. 그러나 부양할 비용이 만만치 않았으므로 혼자 오는 경우가 많았다. 물론 머슴들이 따라오는 경우는 종종 있었다.

제주의 유배객들

　조선 시대 제주도에 워낙 많은 사람이 유배를 오다 보니 신분이나 나이도 제각각이었다. 가장 나이가 많은 사람은 84세의 신임이었으며, 최연소 유배자는 당시 4세로 소현세자의 3남인 석견이었다. 유배자는 대부분 양반 사대부였으나 문정왕후의 비호를 받던 승려 보우라든가, 인조반정으로 밀려난 광해군의 예에서 보듯이 신분 면에서도 다양했음을 알 수 있다. 누구나 알 만한 사람만 몇 소개해 보자.
　먼저 탁월한 외교가였으나 서인 정권에 의해 왕위에서 쫓겨난 광해군이다. 그는 명과 청이 교체되던 국제 정세 속에서 중립외교를 펼침으로써 조선의 안위를 보존하고자 했던 걸출한 임금이다. 그러나 서인 세력은 그를 곱게 보지 않았다. 특히 그들이 지지한 영창대군이 죽고 영창의 어머니 인목대비가 폐위되자 유교적 명분을 앞세우며 쿠데타를 일으켰다. 인조반정이 그것이다. 서인 세력이 내세운 광해군의 죄명은 명에 대한 배신과 패륜이었는데, 이건 권력을 장악하기 위해 내세운 구실에 불과했다.

왕위에서 쫓겨나자마자 광해군이 곧바로 제주도로 유배를 왔던 건 아니다. 본래 왕족의 유배지는 서울에서 가까운 강화도였다. 그래서 그도 처음엔 강화도에서 유배 생활을 했다. 그런 그가 강화도에서 다시 더 멀리 쫓겨나 제주도로 오게 된 건 병자호란 때문이었다.

병자호란은 광해군을 몰아낸 서인 정권이 국제관계의 현실을 무시하고 친명반청 정책을 고수하다가 청나라의 침입을 자초한 사건이다. 이때 청에게 굴복한 서인정권은 청에게 온건정책을 폈던 광해군이 혹시 청의 입김에 의해 다시 복권되지 않을까 하고 경계를 했다. 강화도에 유배되어 있던 광해군을 제주도로 보낸 건 바로 그 때문이다. 청에게서 가급적 멀리 떼어놓자는 의도로서, 병자호란 1년 뒤인 1637년의 일이었다. 광해군은 이곳 제주도에서 약 4년 동안 살다가 숨을 거뒀다. 그가 유배 생활을 했던 곳은 망경루 서쪽, 즉 최근 복원이 이뤄진 제주목 관아지 바로 북서쪽의 어느 지점으로 추정되고 있다.

다음으로 서인 세력이 '자(子)' 자를 붙여가면서까지 '송자'로 존숭했던 우암 송시열을 들 수 있다. 공자, 맹자에 비견될 수준이라는 게 '자' 자를 붙인 연유다. 송시열은 일반적으로 서인 노론의 영수 정도로만 알려져 있는데 사실은 그 이상이었다. 왕권이 미약했던 효종, 현종, 숙종 연간에는 왕권을 능가할 정도의 실제적 권한을 가지고 뒤에서 정국을 조정할 정도였다. 어찌 보면 '밤의 대통령'으로 불리며 막강한 권력을 휘두른 《조선일보》와 거의 비슷하다. 전국에 걸쳐 추종자를 갖고 있으면서 하는 짓이라곤 당리당략과 기득권 사수에만 열을 올렸다는 점에서 그렇다. 때문에 결국 숙종은 그를 제거해야만 했다.

인조반정 이후 사실상 정권을 장악했던 서인 세력이 무소불위의 권력을 휘두르자 숙종은 관제 야당 격인 남인을 등용하여 서인을 견제하고자 했다. 흔히 궁중 여인들의 암투로만 묘사되는 '장희빈 스토리'가 사실은 숙종의 서인 세력 견제책이었다. 장희빈은 남인의 지지 속에 왕실 깊숙이 진출한 여인이었다.

장희빈의 득세로 그렇지 않아도 불안해진 서인들을 자극한 건, 장희빈의 어린 아들을 왕세자로 책봉한 사건이었다. 중전 민씨가 아직 20대의 어린 나이인지라 왕자를 생산할 가능성이 충분히 있었음에도 숙종은 장희빈의 아들을 왕세자로 책봉했던 것이다. 이것은 곧 차기 국왕이 남인 세력에 의해 조종될 가능성이 커졌다는 의미가 되기 때문에 서인들로서는 용납하기 힘든 일이었다. 이처럼 위기가 닥치자 서인의 영수 송시열이 직접 나섰다. 그러나 이번만큼은 숙종도 주저하지 않고 과감하게 송시열을 제주도로 유배를 보내버렸다. 서인에 대한 견제를 늦추지 않겠다는 의도였다.

송시열은 제주에서 꼭 111일을 머물렀다. 그 짧은 기간 동안 그가 살았던 곳은 산지골 김환심의 집이었다. 물론 지금은 그 위치를 정확히 찾아내기가 쉽지 않다. 한때는 그곳에 그의 유배를 기념하는 유허비가 있었다고 하는데, 언제인가 옮겨져 지금은 오현단 경내에 세워져 있다.

그의 유배형은 '위리안치'라 원칙적으로는 가족 동반이 불가능했다. 그럼에도 두 아우와 손자가 동행했다. 당대 최고의 실권자라 감히 지방 수령이 간섭하지 못했던 모양이다. 그 후 얼마 지나지 않아 그는 서울로 돌아오라는 명을 받았는데, 사실 이것은 그의 최후를 뜻했다. 서울로 향하는 도중 정읍에서 사사되어 83세로 삶을 마감했다.

마음이 변해 다시 서인을 등용한 숙종은 이번엔 남인 세력을 축출했다. 장희빈이 사약을 받았던 것도 같은 맥락이다. 이때는 아이러니하게도 희빈의 오빠 장희재가 제주로 유배를 오게 되었다. 6년 만에 송시열과 입장이 뒤바뀐 것이다.

'황사영 백서사건' 관련자도 제주도로 유배를 왔다. 처형당한 황사영의 부인 정난주가 그 주인공으로 유배지는 남제주군 대정현이었다. 현재 천주교에서는 그녀의 묘역을 성역화해 놓았다. 역사의 평가가 종교의 힘에 의해 헷갈려버린 경우다.

추사 김정희의 유배는 너무나 유명한 일이라 아예 다음 한 장을 그의 이야기로 할애했다. 그리고 임술민란이 일어났던 1862년에는 백낙신이란 자가 유배를 왔는데, 그는 임술년 진주민란의 원인을 제공했던, 조선 시대 탐관오리의 대명사라 할 수 있는 인물이다.

또 꼬장꼬장한 유림의 대표로 구한말에 의병까지 일으킨 최익현도 역시 한때 제주에서 유배 생활을 했다. 대원군 집권 10년이 되던 해에 대원군을 성토하며 이제 실권을 고종에게 넘기라고 감

최익현의 흔적
최익현은 한라산 등반을 기념해 방선문 바위에 이름을 새겨 놓았다.

히(?) 상소했다가 벌을 받았던 것이다. 그러나 최익현의 상소로 대원군은 권력을 고종에게 넘길 수밖에 없었으니 어쨌거나 그의 말발이 먹힌 셈이다.

그는 현재 제주시 중심가인 칠성통에서 1년 3개월의 유배 기간을 보냈다. 유배가 풀려 서울로 돌아가기 전에 그는 방선문과 죽성마을을 거치는 등산로를 따라 한라산 등반을 했다. 현재까지도 그의 〈유한라산기(遊漢拏山記)〉가 남아 있어 당시의 모습을 전해 준다. 그리고 지금도 방선문에는 최익현과 그의 길 안내를 맡았던 제주의 양반 이기온의 이름이 바위에 새겨져 있다.

다음은 운양 김윤식이다. 명성왕후 시해의 음모를 사전에 알고 있었으면서도 이를 방조했다는 것이 그의 죄목이다. 그러나 사실은 아관파천으로 권력을 잡은 친러파가 그를 몰아내기 위해 조작해낸 죄명이 아닌가 싶다. 청나라에 영선사를 이끌고 갔던 인물로 교과서에 소개되어 있는 김윤식은 제주 유배 기간에 꾸준히 일기를 썼는데 그 글이 《속음청사》에 남아 있다. 이 책을 바탕으로 소설가 현기영의 《변방에 우짖는 새》가 나왔고 또 현기영의 소설을 바탕으로 영화 〈이재수의 난〉이 만들어졌다. 김윤식이 머물렀던 집은 제주시 한복판 중앙로 은행가 자리로 추정되고 있다. 그는 예전의 유배객들처럼 육로를 이용하지 않고 제물포에서 화륜선인 창룡호를 타고 제주시 산지항으로 들어왔다. 화륜선으로 대표되는 구한말의 분위기가 느껴지는 대목이다.

태극기를 처음 만들었다고 하는 박영효는 고종 퇴위 반대와 친일 내각의 암살 음모에 연루되어 제주에 유배 왔다. 갑신정변의 주역으로, 철종의 사위로도 알려진 그는 제주에서 유배 생활을 하면서 학교를 설립하고 원예 농업을 보급하는 등 많은 일을 했다고 전해진다.

제주의 다섯 현인?

제주도의 명문(?) 고등학교 중에 오현고등학교가 있다. 조선 후기에 다섯 현인이 배향되었던 귤림서원(橘林書院) 옛터, 즉 지금의 오현단(五賢壇) 자리에 이 학교가 세워졌기에 이름을 그렇게 지은 것 같다. 오현단은 귤림서원이 사라지고 난 후대에 다섯 현인의 위패를 모신 제단을 만들었던 데서 붙여진 이름이다. 그렇다면 여기서 우리는 먼저 지금의 오현단이 아닌, 본래 있었던 귤림서원부터 주목해야 할 것 같다.

기록에 의하면 귤림서원은 현종 6년(1665)에서 현종 8년(1667) 사이에 최진남(崔鎭南) 판관이 세웠다고 한다. 그런데 더 깊이 들여다보면 이보다 앞서 몇 차례의 과정이 더 있었음을 알 수 있다.

서원은 기본적으로 성현을 봉향하는 사당과 학생들이 공부하는 재(齋)로 구성되어 있다. 귤림서원도 마찬가지이다. 그런데 귤림서원은 사실 처음부터 그렇게 계획적으로 만들어진 것은 아니었다. 독자적으로 운영되던 사당과 학사가 나중에야 합쳐져 서원이 되었다. 선조 11년(1578)에 조인후(趙仁後) 판관이 만든 충암묘(冲菴廟)와 효종 10년(1659) 이괴(李禬) 목사가 만든 장수당(藏修堂)이 합쳐진 것이다. 장수당의 '장수(藏修)'란 '책을 읽고 배움에 힘쓴다'라는 뜻으로, 이곳에 충암묘가 옮겨져 귤림서원이 되었다.

먼저 건립된 충암묘는 중종 14년(1519) 기묘사화 때 조광조와 함께 투옥되었다가 제주에 유배되어 사사된 충암 김정을 봉향하기 위한 사당이다. 그리고 장수당은 한성판윤(지금의 서울시장)을 지낸 고득종의 옛 집터에 이괴 목사가 세운 학사다. 그렇게 해서 만들어진 귤림서원의 위치는 현재 오현단 아래(북쪽) 옛 중앙시장 자리로 추정되고 있다.

오현 조두석
다섯 성현의 영정을 상징하는 돌로, 오현단 경내에 있다.

그 뒤 현종 10년(1669)에 청음 김상헌과 동계 정온이 배향되었고, 숙종 4년(1678)에는 규암 송인수가 배향되었다. 그리고 얼마 뒤인 숙종 8년(1682)에는 국가 공인의 사액서원으로 승격되었으며, 마지막으로 숙종 21년(1695년)에 우암 송시열이 배향됨으로써 다섯 명 성현의 위패가 모셔졌다.

그런데 제주의 귤림서원을 보면 한반도의 서원과 확연히 다른 점이 있다. 서원은 본래 사학이므로 국가가 아니라 그 지역 양반들이 건립하는 게 상식이다. 하지만 귤림서원을 세운 사람들은 판관 조인후와 목사 이괴, 판관 최진남 등 모두 지방관이다. 중앙 양반들이 국가권력을 빌려 만들었다는 얘기다.

그만큼 제주는 향반 세력이 미미한 지역이었음을 말해준다. 그런 까닭에 정부가 직접 나서서 유교적 교화에 매달렸다는 말이다. 중앙에서 파견된 지방관의 눈에 제주도가 미개의 땅으로 보였던 건 바로 이 때문이다. 그들의 판단 기준은 민중의 역동성이 아니라 오로지 유교적 신분질서일 뿐이었다. 그러니 그렇게 판단했던 것도 무리는 아니다.

제주 민중의 활발한 움직임과는 대조적으로 제주 양반의 힘이 미약해 보였던 정황은 서울서 내려온 양반들에겐 그저 우둔하고 무지한 풍속으로만 비쳤을 것이다. 꼴이 이 모양이니 어쩔 수 있었겠는가. 지방관들이 직접 나설 수밖에. 무너지는 조선을 꽉 붙들어 매기 위해서는 오늘도 내일도 오로지 유교적 교화만이 복음이었을 테니까.

오현단에 배향된 인물들의 면모를 보면 지방관들의 의도를 더욱 확연히 알 수 있다. 먼저 충암 김정이다. 조선 후기의 양반이라면 누구나 그를 추앙했는데, 그것은 조선 후기 사회를 장악한 사림의 뿌리 중 하나가 바로 그였기 때문이다. 특히 김정은 조선 전기 사림의 최전선에서 활동하다가 훈구파에게 희생된 사람이다. 그랬으니 당파에 관계 없이 사림이 그를 추앙했던 건 당연한 일이다.

다음은 병자호란 뒤 청나라로 끌려가면서 지은 "가노라 삼각산아, 다시 보자 한강수야"라는 시조로 우리에게 잘 알려져 있는 청음 김상헌이다. 그는 1601년 제주도에서 '소덕유·길운절 역모사건'이 일어나자 그 뒷수습을 위해 파견되었던 어사다. 그는 어사로서의 직분에 맞게 제주도 곳곳을 순회하며 민폐 시정을 위해 노력했는데, 이때《남사록》이라는 기행문을 남겨 현재 제주 향토사 연구에 큰 도움이 되고 있다. 그는 철저한 반청 노선을 견지했던 사람인지라 당연히 서인 세력에게는 귀감이 되었다. 훗날 송시열이 그를 대의의 종주(宗主)로 칭송했을 정도다.

세 번째는 동계 정온이다. 그는 광해군 시절 영창대군 살해 책임자의 처벌을 요구하다가 제주도로 유배당한 인물이다. 정온은 본래 광해군의 북인 정권에 속했다. 그런 그가 반 광해군, 친 영창대군 입장을 표명했던 것이다. 그의 스승 정인홍은 노발대발 분노한 반면 서인들은 쌍수를 들고 반가워했다. 북인이 서인의 입장을 옹호해 앞장서 나섰으니 서인들로서야 얼마나 좋았겠는가. 훗날 노론 세력의 후손인 추사 김정희가 제주에 유배 왔을 때, 근처에 있는 정온의 유배지를 둘러보고 제주목사 이원조에게 그곳에 기념비를 세우라고 요청했던 일도 역시 당파적 이해가 계속되어 왔음을 말해준다.

네 번째는 규암 송인수다. 그가 과연 이곳에 배향될 자격이 있는가를 생각해보면 답은 대단히 부정적이다. 제주도와의 인연이 별 게 아니기 때문이다. 아니 제주도를 심히 기피했던 인물이기 때문이다.

송인수가 처음 사직서를 바쳤을 때 바다 가운데로 가는 것이 싫어서 그러는 것으로 여겼기 때문에 …… 지금 듣자니 부임 장소[제주]를 제 마음대로 버리고 청주에 왔다고 하니 빨리 신문하도록 하라.

《중종실록》중종 29년(1534) 7월 4일 기사에 있는 내용이다. 이 기록을 보면 그는 애초부터 제주도 부임 그 자체를 기피했으며 나중엔 조정의 허락도 없이 임지를 버리고 떠났던 사람임을 알 수 있다. 그런 그가 제주 사람들의 정신적 스승으로 받들어진다는 것은 아무래도 문제가 있다. 게다가 김상헌이나 정온보다 훨씬 앞 시대의 인물이면서도 숙종 4년(1678)에 와서야 배향된 점 역시 어딘가 석연치 않게 느껴진다.

그의 배향은 정치적 역학관계의 산물이다. 여기서 우리는 배향 당시의 실권자가 송시열이었다는 점을 기억할 필요가 있다. 그가 배향되던 숙종 4년 무렵은 송시열이 공자, 맹자처럼 송자라고 불리면서 서인 집단의 정신적 지주로 추앙받던 때다. 이쯤이면 그 위치에 어울리는 가문 미화 작업도 필요했다. 그 과정에서 선택된 인물이 송인수다. 족보 추적 결과 송인수 외에는 달리 내세울 만한 유력자가 없었다. 송시열의 집안은 증조부인 송구수 때만 해도 별다른 주목을 받지 못했다. 유력한 벼슬에 이름을 올린 건 인종대에 대사헌을 역임했던 송인수가 처음이었다. 송인수는 송시열의 종증조(從曾祖)다. 그랬기에 송시열의 권력 강화를 위해 때늦은 숙종 대에 와서 송인수가 부활했던 것이다. 후손 잘 둔 덕분에 가

송시열 적려 유허비
오현단 경내에 있다.

문의 위인에서 국가 차원의 성현으로 승격하게 되었으니 송인수 그도 흐뭇했을까 모르겠다.

끝으로 우암 송시열이다. 그는 장희빈의 아들을 세자로 책봉한 것에 이의를 제기하다가 제주에 유배되었다. 그는 111일 동안 제주에 있으면서 제주 사회에 좋은 영향을 많이 끼쳤다고 한다. 그의 짧은 유배 기간에 유교적 교화가 융성해졌다고 하니 말이다. 물론 이것은 양반 중심의 시각, 중앙 중심의 시각에서 나온 평가다. 반면 노론 세력이 조선 사회의 발전을 가로막았다고 하는 관점에서 보면 평가는 달라질 수 있다. 어쨌거나 그의 거대한 상징성 자체만으로도 제주 지역 양반들에게는 커다란 문화적 충격이 있었을 것 같다.

하지만 그런 거대한 인물도 역사의 운명을 피해갈 순 없었다. 남인 세력을 키워 노론 세력을 견제하려 했던 숙종이 그를 제거해 버린 것이다. 하지만 그 후 불과 6년 뒤인 숙종 21년(1695), 이곳 귤림서원에 배향됨으로써 그는 다시 살아날 수 있었다. 정국이 또다시 바뀐 것이다. 이처럼 그는 죽어서도 죽지 않고 조선이 망할 때까지, 아니 어쩌면 오늘날까지 기득권층의 정신적 지주로 살아 있는지도 모른다.

조선 후기 강화되는 유교 교육

✥

　1999년에 '공자가 죽어야 나라가 산다'라는 다소 선정적인 제목의 책이 나와 주목을 받았다. 물론 논리에 아주 오류가 없는 것은 아니지만 많은 사람이 그 내용에 공감을 표명했다.

　그런데 진짜로 나라가 살려면 그 책은 400년 전에 나왔어야 했다. 임진·병자의 양난이 끝났을 때 이미 우리에겐 그 구호가 필요했다. 두 차례의 전쟁을 통해 조선왕조의 지배체제와 사대부 계급의 지배 능력이 이미 한계에 이르렀음이 드러났기 때문이다. 임진왜란을 계기로 중국에서는 왕조의 교체가, 일본에서는 정권의 교체가 이뤄졌음에도 불구하고 정작 전쟁터였던 한반도에서는 아무런 변화가 일어나지 않았다. 아니 역사의 탄력성을 잃은 조선왕조의 지배체제는 오히려 체제 유지를 위해 보수적인 사상교육이나 강요하고 있었다.

　그에 따라 그때 이미 죽었어야 할 공자가 오히려 더 활개를 치기 시작했고 그것이 왕조가 망할 때까지 이어져 우리는 결국 식민지를 경험해야만 했다. 근대 사회를 준비했어야 할 조선 후기가 이처럼 기득권 수호를 위한 보수체제 강화로 일관되어 버렸던 건 바로 인조반정으로 정권을 장악한 서인 세력의 집요한 권력욕에서 비롯되었다. 우암 송시열은 서인 노론 세력의 영수로서 이 무렵 보수체제 강화의 중심에 서 있었다.

　물론 유교 사상 그 자체가 나쁜 건 아니다. 성리학 역시 처음엔 모순으로 뒤범벅된 고려 사회를 개혁하기 위해 수용되었다. 그래서 조선의 건국 사상으로 참신하게 피어났던 것이다.

그러나 임진왜란 후의 성리학은 전기의 도학(道學)과는 달리 예학(禮學)이 중심이 되었다. 예학이란 무엇인가? 예의범절을 가장 중심에 놓는 학문이다. 조선 후기가 되면서 관혼상제와 관련된 여러 격식이 복잡해지고 까다로워진 것은 그 때문이었다. 그러나 당대의 요구는 그것이 아니었다. 전쟁의 피해를 복구하고 근대 사회로의 전환을 준비했어야만 했다. 백성들은 그렇게 움직였다. 낡은 신분제에 구멍을 내기 시작했고 양반들이 금지하던 모내기 방법을 적극 활용하면서 근대 사회를 향해 한 걸음씩 내딛고 있었다.

백성들의 이러한 요구를 누르고 기득권을 옹호하기 위해 필요했던 것이 바로 예학으로서, 신분질서를 강조하는 것이 그 핵심이었다. 상복을 1년 입는가, 3년 입는가 하는 예학 논쟁은 이 과정에서 주도권을 잡기 위해 내세운 명분에 불과했다.

신분질서를 백성들 머릿속에 깊이 심기 위해선 무엇이 필요했을까? 그것은 노골적으로 말하면 '세뇌 공작'이고, 양반들의 세련된 언어로 말하자면 '유교적 교화'였으며 교육기관은 이를 위한 제도적 장치였다. 훌륭한 성현, 다시 말해 유교 이데올로기를 정당화해 줄 몇몇 인물의 사당을 지어 떠받드는 게 필요했다. 사당에서 진행되는 반복적인 의례는 백성들에게 유교 이데올로기를 내면화시켜 주었기 때문이다.

양반들은 누구나 할 것 없이 자발적으로 이 일에 매달렸다. 백성들을 잘 교화해야만 자신의 이권을 지킬 수 있었기 때문이다. 향촌 양반 세력이 강했던 지역에서는 이들 스스로가 앞장섰다. 조선 후기 지방마다 서원이 급격히 증가했던 것은 바로 이러한 현실의 반영이다. 서원은 선현에 대한 제사와 후진 양성을 목적으로 하는 기관이다. 서원은 성현을 받들어 제사를 지내는 사당인 사(祠) 혹은 묘(廟)와 후진 교육을 담당하는 재(齋)로 구성되었는데, 이것이야말로 유교적 교화를 완벽하게 수행해낼 수 있는 양반들의 세련된 도구였다.

그러나 그렇다고 해서 양반들은 이 일에만 매달릴 순 없었다. 백성들의 불만을 잠재우는 일 외에도 절박하게 신경을 써야 할 일이 또 있었다. 양반 내부의 권력 쟁탈전이 그것이다. 급증하는 양반 수에 비해 관직 수가 제한되어 있다 보니 그들 내부의 쟁투는 필연적일 수밖에 없었다. 그게 바로 당쟁이다. 처음엔 여당인 서인 노론과 관제 야당인 남인 세력이 상호 공존과 부침을 거듭하는 양상으로 나타났다. 그러나 결국 최종적인 승부는 노론만의 일당 독재로 귀결되었고 그것은 나라가 망할 때까지 이어졌다.

파벌이 다르다 보니 당파마다 조금씩 배향하는 성현과 교육 내용을 달리하며 서원을 운용했다. 이황을 모시는 서원이 있었던 반면, 이이를 모시던 서원이 있었다. 자기 당파의 정당성을 강화하는 방향으로 커리큘럼을 짰기 때문이다. 향교를 관학, 서원을 사학이라고 부른 것은 그 때문이다. 이처럼 조선 후기에 설립된 서원은 대부분 애초의 순수한 목적과는 달리 당파적 이익 수호를 위해 이용되는 경우가 많았다. 대원군이 47개 서원만 남기고 전국 600여 개 서원을 모두 철폐했던 건 바로 이 때문이다.

무너져 가는 양반 지배체제, 그러나 끝까지 기득권을 지키기 위해 유교 이데올로기를 강화하던 조선의 양반, 그 때문에 급증했던 서원. 인정하고 싶진 않겠지만 이것이 식민지를 코앞에 둔 조선 후기 사회의 진짜 모습이었다.

7

제주의 칼바람이 완성한 추사체

제주인과 '육짓것'

이상하게 들릴지 모르겠지만, 제주도 사람들의 욕 중에 '육짓놈' 혹은 '육짓것'이란 게 있다. 제주 토박이가 아닌, 한반도에서 온 사람을 경멸하여 부르는 말이다. 어느 지역인들 텃세가 없을까만은 이런 욕은 제주도의 강한 배타성을 보여준다. 그렇다고 해서 제주 사람들의 심성에 문제가 있다는 건 아니다. 극과 극은 통한다고, 일단 경계심이 사라지면 강한 배타성은 더 없는 유대감으로 변한다. 바탕에 순박한 마음이 진하게 깔려 있기 때문이다.

이와 같은 이중성은 외부 세력에게 많은 시달림을 당했던 사회적 약자들이 보편적으로 갖는 심리구조다. 제주 사람들도 그렇다. 과거에는 섬사람들끼리 오순도순 살았다. 하지만 외부 세력이 개입되면서부터 이들은 많은 피해를 겪어야 했다. 외지인에 대한 본능적 경계심은 그러한 과정에서 생겨났으며, 특히 현대사에서 그 현상은 심화되었다. 4·3이 대표적인 경우이다. 당시 제주 사람들을 학살했던 건 대부분 외지에서 온 토벌대였다. 개발 바람이 불면서 땅 투기로 이권을 챙겨간 사람들도 외지인이었다. 순박하기만 하던 제주 사람들이 잔뜩 움츠러들면서 외지인을 경계했던 건 결코 이상한 일이 아니다. 이유 없이 옆 사람을 한 대 때렸는데 맞은 사람이 화를 내자, "그놈 참 성질 더럽네"라고 말하면 안 된다. 때린 놈이 나쁜 놈이지 맞고 화를 낸 사람이 잘못한 건 아니기 때문이다.

하지만 제주 사람 모두가 외지인을 못마땅하게 보는 것은 아니다. 오히려 적극적으로 결탁하여 그들로부터 현실적 이익을 챙긴 사람들도 있다. 토착 지배 세력은 외지인과 대립하기보다 결탁을 택하는 경우가 많았다. 단지 자신의 기득권에 손상을 입을 때만 그들과 대립했을 뿐이다. 그러므로 흔히 제주 사람이라고 뭉뚱그려 표현될 때에는 제주 사회의 참모습이 가려지기 쉽다. 한국 근현대사의 민족 담론이 민족 내부의 모순을 은폐했듯이, 제주 사람이라는 용어도 자칫 제주 내부의 모순을 숨겨버릴 우려가 있다는 말이다. 외지인이 가한 충격에 대해서 토착 지배층은 그것을 자기 상승의 기회로 삼은 반면, 일반 서민층은 그 폐해를 고스란히 떠안는 경우가 많았다.

그런 만큼 외지인에 대한 경계 심리는 토착 지배층에서보다 서민들에게서 강하게 나타난다. 물론 토호들도 함께 육짓것을 욕해대긴 한다. 아니 앞장서서 배타 심리를 부추기기도 한다. 그러나 그것은 대부분 쇼다. 뒤에선 실속을 챙기면서 앞에서만 도민의 정서를 대표하는 척하는 눈속임일 뿐이다. 그리고 그것은 어쩌면 육짓것들만큼 더 많은 권력을, 더 많은 부를 가지고 싶어하는 마음이 역으로 표출된 것이기도 하다. 그 배타성은 변방 권력자가 중앙 권력자를 보면서 느끼는 콤플렉스라는 얘기다.

그러나 그렇다고 해서 외지인 배타 심리를 제주인의 자존심이라고 옹호하자는 것은 아니다. 나는 그것을 아주 경멸한다. 과거 역사 속에서 우리 제주 사람들이 외지인에게 당했던 일이 아무리 많다 하더라도, 그리하여 그 억울함이 여태껏 풀리지 않았다 하더라도 외지인 혐오감이나 표출하며 제주다움을 강변하는 행위는 한심한 일이다. 이건 정말 시대착오적인 행동이며 속 좁은 국수주의자의 엽기적 행각일 뿐이다. 오히려 그럴수록 대등한 공존을 모색함이 옳다. 더구나 이제 관광산업이 제주 경제의 생명줄이 된 이상, 외지인을 육짓것이라고 배타했다간 밥만 굶을 뿐이다. 물론 입을 헤 벌리고 외지인에게 다 내어주자는 이야기도 절대 아니다. 당당하고 대등하게 그들과 공존하자는 말이다.

그리고 현재에는 육짓것을 따지는 구별 자체가 비난받을 일이 되었다. 제주도민 구성 중 40퍼센트 가까이가 바로 육지에서 들어온 사람 들이기 때문이다. 먼 조선 시대에 들어왔던 사람들이 아니라, 그리 오래지 않은 1970년대 이후에 들어온 사람들만 해도 그 정도에 이른다. 그들이 능숙하게 제주 사투리를 구사하지 못한다고 해서 여전히 육짓것인가? 아니다. 제주인과 육짓것의 구별은 제주에 거주한 지 몇 년이 되었는가가 아니라, 제주의 아름다운 자연과 역사를 얼마나 사랑하느냐에 달려 있다. 제주의 어느 언론인이 남긴 유명한 말이 있다. "조상 대대로 제주도에서 살았다고 하더라도 제주의 자연을 자신의 돈벌이로만 생각하는 사람은 육짓것이며, 비록 어제부터 제주에서 살게 되었다고 하더라도 제주의 자연을 생명처럼 아낀다면 그는 제주인이다."

제주의 역사를 논함에 있어서도 마찬가지다. 외지인이 제주 사람들에게 끼친 영향을 한 가지로만 해석해선 안 된다. 4·3이나 토지 투기의 경우처럼 부정적인 경우도 있었지만 선진 문물의 보급 등은 역으로 긍정적인 평가를 받을 부분이다.

자꾸 육짓것 옹호하는 걸 보니 글 쓴 네놈도 육짓것 아니냐고 넘겨짚지 않길 바란다. 나는 전주 이씨 효령대군파 제주 입도 12대손이다.

제주 역사에서 외지인의 역할

고립은 곧 죽음을 뜻하기에 육지와의 연결은 제주인의 삶에 있어서 필수였다. 그러기에 탐라 시대 이후 지금까지 줄곧 제주인은 거센 바다를 건너야만 했다. 그런데 거꾸로 육지에서 제주를 찾아온 사람들도 있었다. 조선 시대에는 지방관과 유배인이 그러했다.

그런데 이들은 대부분 중앙의 시각으로 변방을 얕잡아 봤다. 유럽인이 아메리카 대륙에 상륙했을 때 원주민을 대하던 것만큼은 아닐지라도 제주 사람들을 미개한 인간으로 취급했던 건 사실이다.

제주가 중앙 권력의 감시가 소홀한 변방인 데다 제주 사람들을 우습게 보던 중앙의 우월감 같은 요인들이, 육지 양반들이 제주 사람들을 함부로 대하게 만들었다. 때문에 제주 사람들은 지방관의 착취에 등골이 휘었고, 거물급 유배 정객의 뒷바라지에 많은 공력을 들여야만 했다.

하지만 이른바 외지인이 제주에 미친 긍정적인 역할도 무시할 건 아니다. 그래서 혹자는 그들의 영향을 제주 발전의 원동력으로 보기도 한다. 선진 문물을 전해주었다는 것이다. 지방관 혹은 유배인 신분으로 제주에 왔던 사람 중 특히 다섯 사람을 추앙해 '오현'이라 칭하고 그들의 위패를 모신 것이 대표적인 예가 된다. 추사 김정희의 제주 유배를 계기로 그의 제자가 되어 서울까지 올라가 공부했던 제주 사람 이시형, 박혜백(박계첨)의 경우도 같은 맥락에서 볼 수 있다.

《최후의 계엄령》으로 유명한 소설가 고원정의 집안 이야기도 같은 부류다. 그의 조부 고자환은 구한말 정계의 거물 박영효가 제주에 유배왔던 시기에 키워낸 인물이다. 나중에 고자환은 박영효의 양자와 같은 대접을 받으며 서울 유학을 했다고 한다.

이런 현상은 비단 조선 시대에만 국한되었던 게 아니다. 한국전쟁 때도 그랬다. 박목월, 이중섭, 계용묵 등과 같은 유명한 문인들과 지식인들이 제주로 피난을 오자 제주의 많은 젊은이가 이들의 가르침을 받았다고 한다. "저 푸른 물결 헤치며 거센 바다로 떠나는 배"로 시작되는 가곡 〈떠나가는 배〉도 이 과정에서 나왔다. 전쟁이 끝나 제주를 떠나게 된 피난민 스승과의 이별을 아쉬워하던 제주의 어느 청년이 지은 시다. 제주문화원장을 역임한 바 있는 양중해가 바로 그 청년이다. 이 일화는 육지에서 온 지식인들을 추종했던 제주 청년들의 열기를 단적으로 보여준다.

반면 외지인의 영향은 별 게 아니었다며 낮춰보는 연구자들도 있다. 제주 고유문화의 근본적인 힘을 무시하고 외지인의 영향만을 강조하는 건 사대주의라는 주장이다. 옳은 이야기다. 바탕이 있고 그 위에 외부의 자극이 있었을 것이다. 물론 그렇다고 하더라도 외부의 자극을 애써 무시하며 우리 것만이 최고라고 강조하는 용감한 애향심 역시 옳은 건 아니다.

그런데 중앙에서 온 지방관과 유배인이 제주 사람들에게 일방적으로 영향을 끼치기만 했을까? 그건 아니다. 세상 모든 사물은 끊임없이 상호작용을 한다. 거꾸로 그들 역시 제주의 영향을 받기도 했다는 이야기다. 구한말 제주에 유배 왔던 사람들 중 일부가 민란에 가담한 일이 있었다. 이건 제주의 정치 상황이 그들의 삶에 영향을 끼쳤던 대표적인 사례다. 방성칠 난, 이재수 난에 등장하는 최형순, 김낙영 등이 그런 경우이다.

제주도에서 자신의 예술 세계를 완성했던 추사 김정희도 같은 예에 해당한다. 유배지 제주의 혹독한 환경이 없었다면 아마 그의 추사체는 완성되지 못했을 것이다.

추사체, made in 제주

　대부분의 제주 관광안내서에는 추사 김정희가 유배 생활을 했던 대정의 '추사적거지'가 소개되어 있다. 그런 까닭에 그가 제주에서 유배 생활을 했다는 것을 모르는 사람은 별로 없다. 하지만 추사체가 제주에서 완성됐다는 것을 아는 사람은 드물다. 제주도 자랑을 하려고 내가 아전인수의 억지를 부리는 게 아니다. 이건 내가 지어낸 말도 아니고 또 제주의 어떤 사람이 꾸며낸 말도 아니다.

　추사와 같은 시대에 살았던 박규수(朴珪壽)가 내린 평가다. 실학자 연암 박지원의 손자이며, 미국 배 제너럴셔먼호가 대동강을 침범했을 때 그 배를 홀라당 태워버렸던 평양감사가 바로 박규수였다. 교과서에서는 김옥균 등 갑신정변의 주역인 개화당 인물들에게 영향을 끼친 인물로 소개되고 있다.

　그런 박규수가 평하기를 "추사의 글씨는 여러 차례 변화했는데, 제주도 귀양 시절에 완성되었다"라거나 "그의 글씨는 본래 중국 고대의 비문 글씨와 옹방강(翁方綱)의 글씨를 닮아 지나치게 기름졌으나 유배 후에는 특정 글씨체에 구속됨이 없이 스스로 일가(一家)를 이루었다"라고 했다. 이처럼 추사체는 당대에 이미 제주도산(産)이라고 평가를 받았다. 박규수의 평가 중에 특히 '지나치게 기름졌으나'라는 구절을 잘 기억해두기 바란다. 추사체는 바로 이 중국풍의 기름기가 빠지면서 완성된 것이기 때문이다.

김정희가 제주 유배 기간에 기거했던 집
추사 김정희를 대표하는 추사체는 제주 유배 중 완성되었다.

   그런데 어쩐 일로 제주도에서 이 기름기가 빠졌던 것일까? 유배의 혹독한 고통을 겪은 이후에야 비로소 그는 사람이 되었고, 그 결과 그 기름기가 빠질 수 있었다고 한다. 최고의 가문에서 출생하여 권력의 양지만을 밟아갔던 천재 김정희. 생각해 보라. 이쯤이면 평소 눈에 뵈는 게 있었겠는가? 실제로 그는 대단히 오만했다고 한다. 천재 예술가였기에 그 '끼'를 주체하지 못했을 것이다. 미술사학자 유홍준이 "우리나라에서 태어난 사람으로 단군 이래 세계 무대에서 일등을 한 사람은 정확하게 추사 김정희밖에 없다"라고 평가한 것도 괜한 일은 아닐 것이다.
   최고의 코스만을 밟던 그가 변방 중에서도 변방인 제주에 와서

9년 가까이 고생을 했으니, 인간 자체가 바뀌게 되었다는 이야기도 궤변은 아니다. 그가 제주 유배지에서 아내에게 보낸 편지에는 거의 매번 생활의 고통을 호소하는 내용이 들어 있다. 여기 아프다, 저기 아프다, 반찬 좀 제대로 마련해서 보내 달라, 옷을 제 때에 보내 달라 등등 지극히 인간적인 호소가 빠지질 않는다. 일상의 쪼잔한 일에 얽매이게 될 것이라고 언제 한번 생각이나 해보았을까. 그렇게 하여 추사는 고통 속에서 서서히 깨달음을 얻어갔던 것 같다.

그에게 그런 고통을 가져다준 건 단순히 유배 그 자체만은 아니었다. 유배도 유배 나름이며 유배지의 특성도 중요하다. 제주도에서도 그가 유배 생활을 했던 대정 지역은 유별나게 바람이 드세고 척박한 지역이다. 그 지역 포구인 모슬포를 흔히 '못살포'라고 부를 정도다. 겨울에 이곳에서 제주의 칼바람을 한번 경험해 본다면 실감이 날 것이다.

실제 제주의 낯선 풍토, 입에 맞지 않는 음식 등은 그를 몹시도 괴롭혔던 모양이다. 그의 편지에는 '독우(毒雨), 독열(毒熱), 독풍(毒風)'이 심하여 질병이 떠나지 않는다고 호소하는 내용이 많다. 여기서의 독풍(毒風)은 곧 제주의 그 매서운 바람을 말한다. 그 칼바람이 결국 추사로 하여금 오만한 마음을 내려놓게 했던 것 같다. 굵은 모래 날리는 제주의 칼바람 속에 그는 고독과 고통을 이겨내며 자신의 내면을 들여다볼 줄 알게 되었고, 그 결과 마침내 불필요한 기름기를 제거하고 스스로 일가를 이루었던 것이다. 결국 추사체를 완성 시켜 준 건 유배지 제주의 혹독한 환경이었다는 얘기다.

기구한 운명의 천재

추사는 서인 노론 계열의 경주 김씨 집안에서 태어났다. 특히 그의 증조부 김한신은 영조대왕의 사위였기 때문에 엄청난 권세를 형성할 수 있었다. 아주 빵빵한 집안에서 태어났고 그런 만큼 애당초 그의 출세는 보장된 것이었다.

물론 그가 조선 후기 예술계의 거장으로 성장할 수 있었던 게 단순히 그의 집안 배경 때문만은 아니다. 근본적으로 엄청난 노력이 있었다. 친구 권돈인에게 보낸 편지에서 김정희는 "평생 벼루 10개를 구멍 냈고 붓 1,000자루를 몽당붓으로 만들었다"고 했을 정도다. 이런 걸 보면 천재는 단순히 타고난 재능만으로 만들어지는 것은 아닌 모양이다.

하지만 아무래도 그의 타고난 천재성을 언급하지 않고선 이야기가 되지 않을 것 같다. 위대한 인물의 탄생과 관련해서는 신비한 말들이 함께 전해지는 게 일반적이다. 그가 태어나기 직전, 주변의 모든 우물이 마르고 뒷산 팔봉산의 나무들이 시들었는데, 그가 태어나자마자 모든 것이 다시 재생되었다고 한다. 그가 태어난 충남 예산의 정기가 모두 그에게 모였기 때문에 나타난 현상이라

추사 김정희의 초상화

고 한다. 또 그의 어머니 기계 유씨는 24개월 동안이나 그를 뱃속에 품고 있다가 낳았다고 하는데, 회임 기간이 보통사람의 2배 이상이었다는 얘기다. 황당한 이야기들이다. 하지만 우리가 주목하는 건 사실 여부가 아니라 그런 이야기가 만들어진 당시 사람들의 의식이다.

그는 세 살 때 붓을 처음 잡았다고 하는데 이 또한 과장 섞인 이야기다. 일곱 살에는 입춘대길(立春大吉) 첩을 써서 대문에 붙였다고 한다. 추사의 이야기는 본격적으로 여기서부터 시작된다. 그때부터 이미 세상 사람들의 주목을 받았기 때문이다. 그리고 어쩌면 그때부터 그의 운명이 어느 정도 결정지어졌는지도 모른다.

먼저 그 글씨에 관심을 가졌던 사람은 북학파 실학자로 유명한 박제가(朴齊家)다. 그 글씨를 인연으로 하여 추사는 박제가의 제자가 되었다. 추사의 학문은 청나라의 학문을 수용하고 다시 그것을 넘어선 것이었는데, 그가 청나라의 학문을 빠르게 흡수할 수 있었던 데는 스승 박제가의 역할이 컸다. 북학파의 '북'은 청나라의 선진 문물을 상징한다. 당시 만주족의 청나라를 경멸하던 고리타분한 유생들과 달리 박제가는 오히려 청나라의 선진 문물을 적극적으로 수용해야 한다고 역설했다. 지금 표현으로 하면 실용주의 노선이다. 이와 같은 박제가의 실사구시 학풍이 그대로 추사에게 전달되었던 것이다.

당시 영의정이었던 채제공(蔡濟恭)도 일곱 살 추사의 입춘대길 첩을 보고 감탄했다. 채제공은 정조의 개혁정치를 총괄하여 진행했던 인물로 교과서에도 나온다. 금난전권 폐지 등의 정책을 밀어붙인 바로 그 사람이다. 그는 추사의 집안과는 반대쪽 파당에 속했음에도 추사의 글씨를 보고 추사의 아버지를 찾아와 칭찬을 아끼지 않았다. 그러면서 한편으로는 "아드님이 장차 학문의 길을 걸으면 귀하게 될 것이나, 혹 글씨(예술)의 길을 간다면 기구한 운명이 될 것"이라는 예언까지 했다고 한다.

그 예언은 적중했다. 제주 유배 9년, 북청 유배 1년을 생각하면 그렇다. 그것도 젊은 시절이 아니라 생의 말년에 당한 수난이었기에 더더욱 기구한 운명이라고 할 만하다. 그런데 어째서 채제공은 그런 예언을 할 수 있었던 것일까? 그냥 떠도는 신비한 이야기에 불과할 수도 있지만, 어쩌면 채제공은 일곱 살 추사의 글씨에서 그의 예술적 '끼'를 본 것인지도 모른다. 주체못하는 끼, '튀는 끼' 말이다. 이런 끼는 주변 사람의 시선을 의식하지 않는다. 그러다 보면 적을 많이 만들기 마련인데 운명이 기구해지는 건 그 때문이다.

추사에서 완당으로

추사에게 있어서 인생의 전환점이 된 사건은 그가 24세 되던 해인 1809년 중국을 방문했던 일이다. 당시 호조참판이던 아버지 김노경이 동지부사로 중국에 가게 되자 추사도 자제군관의 자격으로 이 사행길에 합류했다. 이때 그는 중국에서 완전히 다른 세상을 접하고는 커다란 문화 충격을 받게 된다. 우물 안 개구리가 국제무대를 처음 밟았던 것이다.

그는 청나라의 여러 학자와 교분을 나눴다. 당시 78세의 옹방강은 추사를 만나고 나서 '경술문장 해동제일(經術文章 海東第一)', '해동제일통유(海東第一通儒)' 등의 표현을 써가며 추사를 치켜세웠다. 그리하여 추사는 곧바로 옹방강의 제자가 되었다.

추사는 여기서 또 한 사람을 만났다. 당시 47세의 완원(阮元)이라는 학자로 추사보다는 23세나 많았다. 그런 완원이었지만 추사를 지극 정성으로 환대했다. 최고급 차라는 승연차까지 내놓았을 정도다. 이때 추사는 완원의 제자라는 의미로 '완당(阮堂)'이라는 호를 받았고 이후부터는 추사보다 완당이라는 호를 더 즐겨 썼다. 물론 그의 호가 그것만은 아니다. 그의 호는 100개가 넘는다. 예술가의 넘치는 끼가 만든 즉석 호가 워낙 많았기 때문이다(이 글에서도 여기부터는 '완당'이라는 호로 이어가겠다. 완당이라는 호를 받은 북경 방문 시점이 그의 인생에 있어 전환점이었기 때문이다).

60일간의 북경 생활을 접을 무렵, 완당은 청나라의 친구들에게 "나는 중국을 심히 사모한다. 조선엔 사귈 친구가 없다"라거나 "내 낳은 곳은 미개한 땅, 진실로 촌스러우니 중국의 선비들과 사귐에 부끄럼이 있네" 등의 발언으로 속내를 드러냈다.

그의 중국 지향은 그것만이 아니었다. 귀국 후 학문적 논쟁이 일 때마다 그는 항상 "중국 석묵서루에 있는 원전에 따르면……" 하는 식으로 국내파를 기죽였다. 하지만 이런 식의 태도 때문에 그는 주변으로부터 많은 미움을 사게 되었다. "잘났어, 정말"이라는 표현의 당시 버전이 분명 있었을 것이다.

어쨌거나 중국 방문 이후 완당의 시야는 국제적 수준으로 높아졌으며 그의 글씨는 중국풍의 느끼한 분위기를 더욱 강하게 풍겼다. 유홍준은 그것을 '란자완스체'라고 표현했다. 완당의 작품 중 획이 유난히 굵고 기름지며 부드러운 풍의 글씨들은 대부분 이런 영향 속에 쓰인 것으로 보면 된다. 해남 대흥사에 걸려 있는 현판 '무량수각'을 보면 조금은 느낌이 올 것이다.

완당은 서체에서 중국풍을 따랐지만 그중에서도 한나라 시대의 비문 글씨를 특히 좋아했다. 그런 까닭에 그는 오랜 세월 비바람에 마모된 비문을 연구하는 금석학에도 조예가 깊었다. 북한산 정상에 있는 진흥왕 순수비를 찾아낸 것도 그의 업적이다. 완당이 이를 신라 진흥왕의 비석이라고 밝히기 전까지만 해도, 그 비는 도선국사의 비 혹은 무학대사의 비로 잘못 알려져 있었다.

　서예뿐만 아니라 금석학 분야에서도 이름이 높았던 완당은 경학, 불교, 고증학 등에서도 탁월한 경지를 보여줬다. 그림 또한 빼놓을 수 없는데 특히 난을 잘 치기로도 유명했다. 훗날 흥선대원군이 된 석파 이하응도 한때 완당에게서 난 공부를 했을 정도다. 벼슬도 병조참판, 오늘날로 치면 국방부 차관 자리에까지 올랐다. 한마디로 완당은 거의 모든 분야에 걸쳐 최고의 자리를 차지했던 것이다.

　하지만 역사를 공부하는 내 입장에서 추사의 그러한 면은 그다지 중요하지 않다. 내가 주목하는 건 시대적 배경과 지식인의 책무다. 그가 살았던 시대가 어떤 시대인가. 최악의 부패 시대로 알려진 순조·헌종·철종 대의 세도정치 시기이지 않은가. 이런 어지러운 시절에 그가 한 일이 도대체 뭔가. 예술가이기에 정치에는 무관심해도 괜찮다는 것인가. 아니다. 예술가 이전에 그는 정부의 고위 관료, 즉 정치가였다. 그리고 예술이라는 건 그 사람의 사상과 철학의 표현이다. 그렇다면 그의 예술도 결코 정치와 무관할 순 없다. 게다가 그는 예술뿐만 아니라 경학에도 밝았다. 그럼에도 그가 내세운 민생 개혁안이라는 것은 들어보질 못했다.

　나는 지금도 예술지상주의자들을 별로 신뢰하지 않는다. 시대의 책무를 다하지 못하는 예술은 왠지 피하고 싶다. 예술가는 시대를 앞서가는 사람이기에 그만큼 역사에 대한 책임이 강해야 한다. 하물며 지식인이 곧 정치가였던 그 시절이야 더 말해 뭐하겠는가.

유배의 고통과 고독

그렇게 잘 나가던 완당의 삶에 시련이 닥쳐왔다. 그의 나이 45세이던 1830년의 일이다. 안동심씨 세력에게 밀려 그의 아버지 김노경이 터무니없는 죄목으로 유배를 갔던 것이다. 다행인지 불행인지 그때까지는 완당에게 화가 미치지는 않았다.

하지만 그로부터 딱 10년 뒤인 1840년, 그의 나이 55세가 되던 해부터 기구한 운명은 시작되었다. 그것도 하필이면 중국 사신으로 행장을 꾸리던 시점이었다. 그는 억울한 누명을 쓰고 제주 유배의 명을 받았는데, 그것은 소위 '윤상도 옥사 사건'에 연루되었기 때문이다. 윤상도 옥사 사건이란 정말 유치할 정도로 말도 안 되는 권력 다툼에 불과했다. 예나 지금이나 정치하는 사람들의 수준은 고만고만한 모양이다. 어쨌거나 완당의 입장에서는 희망의 중국행이 순식간에 절망의 제주행으로 바뀐 꼴이 되었으니 절망감도 이만저만이 아니었을 것 같다.

완당은 1840년 9월 2일에 제주 대정현으로 유배 명령을 받았다.

유배의 종류는 위리안치였다. 조선 시대 서울서 제주까지는 대략 20일에서 두 달 정도가 소요되었다. 특히 배를 타려면 날씨가 좋아야 하는데, 바람이 세면 무한정 기다릴 수밖에 없었다.

완당이 제주로 유배 오는 길에 있었던 유명한 일화가 몇 가지 있다. 먼저 전주를 지날 때 그곳의 이름난 서예가 창암 이삼만을 욕보였던 사건이다. 이삼만의 글씨를 보고 "노인장께선 지방에서 글씨로 밥은 먹겠습니다" 하며 모욕을 줬다. 역시 완당다운 자신감과 오만함이 엿보이는 대목이다.

그의 친구 초의선사가 주지로 있던 해남 대흥사 현판 사건은 더욱 유명하다. 지금도 그곳 대흥사에는 원교 이광사(圓嶠 李匡師)가 쓴 대웅보전 현판이 있다. 완당은 그 글씨를 보고 촌스럽다며 "글씨를 안다는 사람이 어떻게 저런 것을 걸고 있는가" 하고는 초의를 다그쳐 그 현판을 내리게 했다. 그러고는 자신이 새로 써서 그것을 붙이게 했다. 대단한 자신감이다.

이처럼 오만했던 완당이었지만 결국 제주에서 그는 고독과 고통 속에 자신을 되돌아보게 된 것이다. 그리하여 유배를 마치고 서울로 가는 길에 다시 대흥사에 들러, "여보게 초의, 이 현판을 다시 달고 내 글씨를 떼어내게. 그때는 내가 잘못 보았네" 하고는 떼어놓았던 원교의 글씨를 다시 걸게 했다는 이야기가 전해진다. 다행히 지금 대흥사를 찾으면 원교 이광사의 '대웅보전' 글씨와 완당의 '무량수각' 글씨를 비교해 볼 수 있다.

제주로 향하는 뱃길은 험하다. 남해안 다도해 사이를 빠져나갈

전남 해남 대흥사의 대웅보전 현판
원교 이광사가 쓴 이 현판을 오만했던 완당은 떼어내라고 주지 초의선사를 다그쳤다.

때는 별문제가 없지만 일단 거기를 나와 제주해협에 들어서면 파도가 난리를 친다. 페리호라는 큰 배가 다니기 전까지만 해도 나 역시 매번 먹은 걸 다 게워내야 이 바다를 건널 수 있었다. 하지만 완당은 뱃멀미를 하지 않았던 모양이다. 그가 남긴 편지를 보면, 모두 다 뱃멀미로 나자빠져 있지만 자신은 뱃머리에 의연하게 앉아 있다고 했다. 게다가 보통 2~3일 걸리는 뱃길을 그는 단 하루 만에 달려왔다고 한다. 신이 도운 것일지도 모르겠다.

그가 닿은 곳은 지금의 제주시 화북포구이다. 조선 시대 제주의 2대 관문 중 하나였다. 송시열과 최익현도 이 포구로 유배를 왔다. 완당은 이곳 화북에서 하루를 묵고 다음 날 제주목으로 들어갔다.

그러고는 다시 제주도 서남부 끝인 대정현으로 길을 떠나야 했다. 하지만 바람이 거세어 바로 떠나지 못하고 하루를 더 지체했다. 뱃길이 아닌 육로인데도 바람 때문에 길을 떠나지 못할 정도였다. 양력으로 10월 말이나 11월 초쯤인데, 벌써 제주에는 매서운 겨울바람이 불고 있었던 모양이다.

대정현으로 향할 때는 해안선을 따라간 것이 아니라 현재의 평화로인 '웃한질'을 타고 갔다. 하지만 지금과는 상황이 전혀 달랐던 모양이다. "대정으로 가는 길의 절반은 순전히 돌길이어서 인마(人馬)가 발을 붙이기 어려웠으나", "밀림의 그늘 속으로 가게 되어 하늘빛이 겨우 실낱만큼만 통하였는데" 등의 구절이 그의 편지에 등장한다.

대정현에 도착한 그는 포교 송계순의 집에서 잠시 머무르다가 나중에 강도순의 집으로 옮겨 오래 묵었다. 그리고 유배 끝 무렵에 한 차례 더 거처를 옮겨 창천리에서도 살았다. 현재 추사적거지로 복원된 곳은 그가 오랫동안 머물렀던 강도순의 집이다.

8년 3개월간의 유배는 고통 그 자체였다. 고귀한 신분으로 살다가 그런 험한 일을 당했으니 고생이 말이 아니었을 것이다. 특히 낯선 풍토, 입에 맞지 않는 음식, 방안을 기어다니는 벌레, 잦은 질병 등은 유배 생활 내내 그를 괴롭혔다. 그러한 내용은 그가 가족들에게 보낸 편지에 자세히 묘사되어 있다.

여기서 문제 하나를 내보자. 그가 부인에게 편지를 보낼 때 한글로 썼을까 아니면 한자로 썼을까? 답은 한글이다. 제주도 유배 시절 그가 아내에게 보낸 한글 편지가 13편 남아 있는데, 이걸 보면 조선 시대 유학자들도 한글을 사용하고 있었음을 알 수 있다. 한글을 습득하지 않은 건 아니고 다만 양반의 체면 과시를 위해 대외적으로 사용하지 않았을 뿐이다.

어쨌든 이 편지들을 훑어보면 너무도 재미있다. 먼저 음식 타령이다. "서울서 내려온 장은 소금 꽃이 피어 쓰고 짜서", "민어를 연하고 무름한 것으로 사서 보내게 하십시오", "겨자는 맛난 것이 있을 것이니 넉넉히 얻어 보내십시오", "좋은 곶감이 거기서는 얻기 어렵지 않을 듯하오니", "올해도 김치와 젓무를 부치게 하십시오" 등의 구절을 찾을 수 있다.

옷에 대한 이야기도 있다. "과히 더럽고 헤어져 입기 어려우나" 등의 표현을 보면 호사 속에 살던 그가 옷 문제로도 고생하고 있었음을 알 수 있다. 그리고 질병에 대한 호소는 거의 모든 편지에 빠지지 않았다. 막냇동생 상희에게 보낸 다섯 번째 편지에는 아예 "더는 견딜 수 없을 듯하네"라는 절망적인 표현도 들어 있다.

어쨌든 그의 편지를 보면서 고생 참 많이 했다는 생각 이전에 '그 도도하던 양반들도 이처럼 누구나 똑같은 인간이로구나' 하는 생각이 먼저 들었다. 가엽게 보이기도 하지만 그 이전에 인간적인 면모가 숨김없이 드러나 친근하게 느껴져 좋았다. 영웅호걸도 결국 나와 다를 게 없음을 확인한 뒤에 오는 편안함이랄까.

그에게는 고통스러운 나날이었으나 제주의 선비들은 완당의 유배를 좋은 기회로 삼았다. 하루가 멀다 하고 밀려드는 학생들로 인해 아예 거처를 개조해 간이서당을 개설해야 할 정도였다. 당시 제주 선비들의 독서 수준은 기껏 《통감》과 《맹자》를 읽는 정도에 불과했다. 그런 마당에 서울에서 대학자가 왔으니 이들에게는 더 없이 좋은 기회가 아닐 수 없었다. 완당 밑에서 공부했던 제주 사람으로는 강사공, 박혜백, 허숙, 이시형, 김여추, 이한우, 김구오, 강도순, 강기석, 김좌겸, 홍석호 등을 꼽을 수 있는데, 그중 이시형과 박혜백은 이후 서울까지 올라가 공부를 더 했다. 특히 박혜백은 붓을 만드는 필장으로도 이름이 높았다.

완당은 처음엔 제주 선비들의 무식함을 보고 비웃었지만, 시간이 지나면서 칭찬을 아끼지 않았다. 서울로 올려보내 공부를 더 시켰을 정도다. 제주의 제자들은 완당의 고독을 달래주었다. 물론 사람만이 그의 고독을 달래줬던 건 아니다. 제주에 지천으로 피는 수선화도 한몫했는데, 완당은 수선화의 청초한 이미지를 매우 좋아했다.

하지만 땅에 코를 박고 살던 제주 사람들에게 수선화는 아름답기보다 귀찮은 존재였다. 농사에 방해가 되었기 때문에 보는 즉시 뽑아버려야 하는 것이었다. 완당은 이게 몹시도 거슬렸던 모양이다. "보리밭에 많이 나기 때문에 시골의 장정들이나 아이들이 한결같이 호미로 파내어 버리는데, 파내도 다시 나곤 해서 이것을 원수 보듯 하니, 물(物)이 제자리를 얻지 못함이 이와 같습니다"라며 진가를 인정받지 못해 뽑힌 수선화와 자신의 처지를 대비하기도 했다. 예술과 생존의 간극, 귀족과 서민의 입장이 대비 되는 광경이다. 완당은 역시 치열한 생활인이 아니라 고고한 예술가일 수밖에 없었던 것이다.

완당의 한계를 보여주는 사건이 또 있다. 유배 6년째였던 1845년, 영국 군함 사마랑호가 제주도 정의현 우도에 정박한 일이 있었다. 이른바 이양선의 출현이다. 그 때문에 제주도 전체가 떠들썩했다. 그러나 청나라까지 다녀온 완당은 "두려워하고 겁내는 것이 가소로운 일이다. 그 배 한 척으로 어떻게 몇만 리를 넘어와 타국 땅에 와서 소란을 피울 수 있겠는가"라며 국제 정세에 밝지 못함을 드러냈다.

어쨌든 완당은 8년 3개월을 제주도에서 고생하며 지냈다. 그 과정에 추사체도 완성하고 그 유명한 〈세한도〉를 그리기도 했다. 그리고 유배가 풀려 돌아가던 길에 해남 대흥사에 들러 원교 이광사가 쓴 대웅보전 현판을 다시 붙이게 했다는 이야기는 앞에서 했다. 그만큼 그는 달라졌다. 그가 면박을 주었던 전주의 노인 창암 이삼만에게도 찾아가 사과하려 했으나 이삼만은 이미 이 세상 사람이 아니었다.

서울로 돌아온 완당은 줄곧 한강 변 용산 근처에서 살았다. 강 옆에 살았다 하여 이 시기를 흔히 '강상시절'이라고 부른다. 강변에 앉아 관용과 겸손 속에서 세상을 관조하며 살았을 것이다. 제주에서 환갑도 지냈으니 이미 그는 인생 말년이었던 셈이다.

그러나 그 시절의 작품으로 알려진 그림 〈불이선난(不二禪蘭)〉은 여전히 그의 본성이 남아 있음을 보여준다. 극단적 파격으로

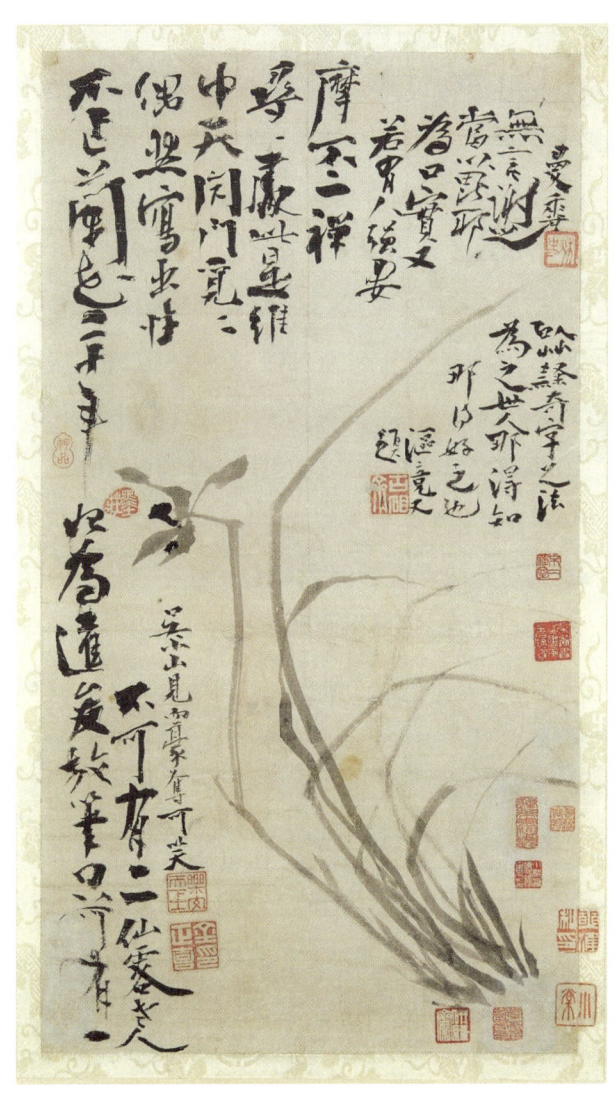

김정희의 〈불이선란도〉

제주 유배 생활 이후에 그렸으나 추사의 오만한 자신감이 여전히 배어 있다.

난을 친 작품인데 그림도 그렇지만 옆에 써놓은 문장은 더욱 가관이다. '역시 완당이구나'를 연발하게 된다. 글은 "난초를 안 그린 지 스무 해 만에, 우연히 그렸더니 천연의 본성이 드러났네. 문 닫고서 찾고 또 찾은 곳, 이게 바로 유마거사의 불이선이라네"라는 내용이다. 그리고 오른쪽 옆에 가서는 "초서와 예서의 기자(奇字)의 법으로 그렸으니 세상 사람들이 어찌 이를 알아보며, 어찌 이를 좋아할 수 있으랴"라고 써 놓았다. 오랜만에 그린 그림이지만 너무도 훌륭한데 과연 세상 그 누가 이 작품의 진가를 알겠느냐는 오만이 그대로 드러나 있다. 조선에는 사귈 벗이 없다던 20대의 치기는 여전했던 것이다. 아무리 제주도에서 인간이 되어 돌아왔다고 해도 천성은 어찌할 수 없는 것인가 보다.

그런데 그의 기구한 운명은 여기서 끝나지 않았다. 제주에서 돌아온 지 2년이 조금 지났을 무렵, 그의 나이 66세에 역시 터무니없는 죄명으로 북청 유배길에 오르게 되었다. 물론 북청 유배는 1년으로 빨리 끝났지만 고령이었기에 고생은 더 심했을 것이다.

완당은 북청에서 돌아온 후 과천에서 살았다. 불교가 그의 삶에 더욱 가까이 왔던 건 이 시기다. 근처 봉은사는 그의 말년을 함께 해준 사찰이다. 그러다 1856년 10월 10일, 그는 71세 나이로 생을 마감했다. 그는 운명하기 3일 전 봉은사의 어느 건물에 〈판전(版殿)〉이라는 현판을 써주었다. 새로 조성한 불경 판각들을 보관하기 위한 건물이었다. 옆에는 71세에 과천에서 병든 상태로 썼다는 뜻의 '칠십일과병중작(七十一果病中作)'이라는 작은 글자가 쓰

김정희의 마지막 작품 〈판전〉
호기로움과 세련미가 아닌 어린아이의 글씨 같이 순박함을 풍긴다.

여 있다. 바로 이 〈판전〉이 그의 마지막 작품이다. 글자 하나가 어린애 키만큼이나 크고, 세련미보다는 어딘가 아이의 글씨처럼 순박하고 고졸한 맛을 풍긴다.

유홍준은 이 글씨가 완당이 여덟 살 때 아버지에게 보낸 편지의 글씨와 비슷하다며 "인간은 그렇게 원초로 돌아가는 것인가" 하고 감상을 적어 놓았다. 정말 그런 것 같다. 이보다 바로 하나 앞선 서예 작품으로 거론되는 〈대팽두부과강채 고회부처아녀손(大烹豆腐瓜薑菜 高會夫妻兒女孫)〉을 떠올리면 더욱 그 느낌이 강해진다. 이 글은 '세상에서 가장 훌륭한 모임은 두부찌개 보글보글 끓여놓고 아들, 며느리, 손자와 다 함께 둘러앉는 것'이라는 뜻이다. 최고의 지위에서 밑바닥까지 경험했던 완당이 말년에 깨달은 인생의 참 의미가 바로 이것이었던 모양이다. 글 내용 못지않게 글씨 역시 그저 소박하고 꾸밈없는 순박한 모양새다. 이런 글을 쓰면서 그는 서서히 삶의 마지막을 준비하고 있었는지도 모른다.

추운 겨울이 지나야 푸르름을 알지니

완당의 〈세한도(歲寒圖)〉는 국보 제180호다. 예술 작품을 감상할 줄 모르는 나 같은 사람은 국보라는 딱지가 붙어 있기에 그냥 그것이 대단한 것인가 하고 받아들이게 된다. 워낙 유명한 명품이라지만 사실 난 도통 모르겠다. 감동이 오지 않는다는 얘기다. 명작의 유명세에 주눅이 든 것일까? 솔직히 말하면 나도 저만큼은 그릴 것 같은데 하는 생각까지 해본다. 대충 죽죽 줄을 긋듯이 집 한 채를 그리고 소나무 몇 그루 옆에 그려 놓은 게 뭐 그리 대단하다고 떠드는지 모르겠다.

예술적 감각이 부족한 것이야 어쩔 수 없는 것이므로 접어두기로 하고, 이 작품과 관계된 사연이라도 찾아보는 일이 옳을 듯싶다. 사실 어쩌면 이게 더 중요한 것일지도 모른다. 이 작품은 현실의 모습을 그대로 옮겨 그린 것이 아니라 관념 속의 세상을 그린 것이기 때문이다. 그러니 작품의 배경만 제대로 이해한다면 그나마 반쯤은 소화한 것이 아니겠는가.

이 작품은 1844년, 그러니까 완당이 제주에서 유배 생활한 지 5년째 되던 해에 그린 그림이다. '세한(歲寒)'은 본래 《논어》 자한(子罕) 편의 '세한연후지송백지후조(歲寒然後知松栢之後凋)'라는 구절에서 취한 것이다. 추운 겨울이 되어 대부분의 낙엽송이 잎을 떨구었지만, 소나무와 잣나무는 여전히 푸르러 가장 늦게 시들더라는 말이다. 이것은 비단 자연 현상만을 이야기한 것이 아니다. 인간 세계의 신의를 말한 것이다. 권력을 잃고 비참한 신세가 되었다 할지라도 여전히 그를 배신하지 않은 진정한 벗을 의미한다.

완당에게 그 사람은 누구였을까? 작품 오른쪽 위 '세한도' 글귀 다음에 답이 나와 있다. '우선시상(藕船是賞)', 즉 '우선이, 이것을 보게'라는 말이다. 우선은 완당의 제자 이상적(李尙迪)을 가리킨다. 그는 역관 신분으로 중국을 여러 차례 드나들면서 책을 구해 완당에게 부쳐주곤 했다. 특히 완당이 유배를 가서 현실의 권력을 모두 잃었음에도 불구하고 그를 배신하지 않고 계속해서 중국의 신간 서적을 보내주었다. 이에 감격한 완당이 이상적에게 고마움의 선물로 그려준 게 바로 〈세한도〉다.

그림 옆에 쓰여 있는 완당의 글에 이 사연이 자세히 나와 있다.

> 지난해에 《만학》, 《대운》 두 책을 부쳐왔고, 올해에는 또 《우경문편》을 부쳐왔는데, 이는 모두 세상에 흔히 있는 것이 아니고 머나먼 천만리 밖에서 구한 것이며, 여러 해가 걸려서 얻은 것이요 일시에 일어난 일이 아니다.

김정희의 〈세한도〉

권력 잃은 스승을 잊지 않고 찾아준 제자 이상적에게 준 그림이다.

더구나 세상은 물밀 듯이 권력만을 좇는데, 이와 같이 심력을 들여 얻은 것을 권력가에게 돌리지 아니하고 바다 건너 초췌하고 고고(枯槁)한 사람에게 주다니. 세상은 모두 권력가를 추세하니, 태사공이 이르기를 "권력으로 합한 자는 권력이 다하면 교분이 성글어진다" 하였는데, 군(君)은 어찌 이 세상 사람으로서 초연히 권력에 추세하는 테두리 밖으로 떠나서 권력으로 나를 대하지 않는단 말인가.

공자가 말씀하시기를 "세한(歲寒, 한겨울 심한 추위) 후에야 송백(松柏, 소나무와 잣나무)이 늦게 시듦을 안다" 하였다. 송백은 사철 시들

지 않으니 세한 전에도 같은 송백이요, 세한 후에도 같은 송백인데, 공자께서는 특히 세한 이후를 칭찬하였다. 지금 군은 나에 대해 전이라고 더한 것도 없고 후라고 덜한 바도 없으니, 세한 이전의 군은 칭찬할 것이 없더라도 세한 이후의 군은 성인에게 칭찬을 받을 만하지 않겠는가.

위의 글에 나오는 태사공은 《사기》를 쓴 사마천이다. 사마천이 유배 생활에서 대작을 남긴 것을 상기시키는 한편, 완당 역시 자신을 사마천에 비유함으로써 자위와 자기 합리화를 하고 있다.

이런 사연을 알고 〈세한도〉를 다시 보면 처음과는 달리 그래도 뭔가 느낌이 오는 것 같다. 단순한 구도, 거친 붓 자국, 버쩍 마른 먹의 흔적은 유배객의 쓸쓸하고 처연한 심정이 그대로 나타나 있는 듯하다. 감정을 절제한 채 간략하게 처리하고 여백을 둔 것은 고독한 유배 생활의 비애를 고결한 감정으로 승화시킨 결과가 아닐까.

그런데 나는 여기서도 완당의 사대주의를 본다. 건물에 달린 둥근 창은 분명 조선의 것이 아니라 청나라의 창이다. 완당의 정신세계는 이처럼 항상 중국의 사부(師父)들을 향하고 있었던 것 같다. 완당의 어찌할 수 없는 사대 근성이다. 뭐 그렇다고 해서 내가 이걸 꼭 나쁘게 보는 것은 아니다. 선진 문물에 관심이 가는 건 너무도 자연스러운 현상이므로 탓할 일이 아니다. 억지 애국심으로 사대주의니 뭐니 윽박지르는 것보다는 차라리 이게 더 현실적인 자세가 아닌가 싶다.

완당과 초의선사

완당의 주변 인물 중엔 우리에게 알려진 사람들도 적지 않다. 다산 정약용과 그의 아들 정학연, 정학유 그리고 흥선대원군 이하응, 역관 오경석 등 교과서에 등장하는 인물들도 여럿 된다. 그러나 완당은 권돈인, 조인영, 초의선사를 그 누구보다 평생의 친구로 생각했던 것 같다. 그중 우리에게 익숙한 이름은 초의선사다. 한국 다도(茶道)의 원조라고 불리기 때문이다.

그는 완당과 동갑내기 친구였다. 완당은 그에게서 차(茶)를 배웠는데 초의가 보내주는 차를 그렇게도 좋아했다. 완당이 초의에게 차를 부탁하는 편지 중에는 투정이 묻어나는 것도 있다. 그만큼 막역한 사이였다는 증거다.

편지를 보냈는데 한 번도 답은 보지 못했습니다. 산중엔 특별히 바쁜 일이 없을 줄로 생각되는데 그렇다면 나 같은 세속 사람과는 어울리고 싶지 않아서 나처럼 간절한 처지도 외면하는 것입니까. …… 나는 스님을 보고 싶지도 않고 또 스님의 편지도 보고 싶지 않으나 다만 차와의 인연만은 차마 끊어버리지 못하고 쉽사리 부수어 버리지도 못하여 또 차를 재촉하니, 편지도 필요 없고 다만 두 해의 쌓인 빚을 한꺼번에 챙겨 보내되 다시는 지체하거나 빗나감이 없도록 하는 것이 좋을 거요.

초의가 보내준 차를 받으면 완당은 정성껏 글씨를 써서 보답했다. 추사기념관에도 걸려 있는 〈명선(茗禪)〉은 모조품이긴 하나 그 대표적인 작품이다. '명선'은 "차를 마시며 참선에 든다"라는 뜻이다. 옆에 작은 글씨로 쓰인 내력을 보면 작품에 대한 이해가 더 깊어진다.

초의가 스스로 만든 차를 보내왔는데, 몽정차(蒙頂茶)와 로아차(露芽茶)보다 덜하지 않다. 이 글을 써서 보답하는바, 백석신군비(白石神君碑)의 필의(筆意)로 쓴다. 병거사(病居士)의 예서.

여기서 완당이 초의의 차와 비교한 '몽정'과 '로아'는 당대 명성을 떨치던 중국 차의 이름이다. 그 유명한 중국 차보다 초의의 것이 뛰어나다고 칭찬한 것이다. 그리고 '백석신군비'는 후한 시대의 비석으로, 그 비석 글씨의 필의(筆意)로 썼다는 말이다. 마지막의 '병거사'는 완당이 즉석에서 지은 자신의 호로, 병든 자신의 모습을 그렇게 표현한 것이나.

우리나라의 웬만한 전통 찻집에는 모조품이긴 하나 완당의 〈일로향실(一爐香室)〉 편액이 걸려 있다. '화로 하나 있는 차 향내가 나는 방'이라는 뜻이다. 본래 이 편액도 완당이 초의에게 선물로 준 것이었다. 완당의 글씨와 초의의 차 문화가 결합하여 오늘날까지 전해지고 있는 것이다. 비록 모조품일지언정 시골 동네의 찻집에서라도 이 편액을 보게 되면 괜히 반갑다.

그들은 기쁨만을 함께 나눈 게 아니었다. 완당의 제주 유배 시절, 부인 이씨가 사망하자 완당은 넋을 놓고 있었는데, 그때 달려와 무려 6개월 동안이나 함께 생활하며 위로해준 사람이 초의였다. 그리고 초의는 제주를 떠나면서 제주목사를 만나 완당의 빠른 석방을 기원하는 시를 지어 전하면서 완당을 잘 보살펴 달라고 부탁까지 했다.

차 맛을 아는 평생 친구, 이런 친구 하나만 가져도 인생은 행복한 게 아닐까.

〈세한도〉의 유전(流傳)

❖

 이상적이 간직하고 있던 〈세한도〉는 이후 당대의 세력가 민영휘, 민규식에게로 넘어갔고, 그다음에는 어떤 연유에서인지 일본인 연구가 후지쓰카 치카시(藤塚鄰)에게 넘어갔다. 그 후 〈세한도〉를 손에 넣은 건 서예가였던 소전 손재형이다. 그는 완당 작품의 최고 수집가로 알려져 있다. 그런데 그가 〈세한도〉를 얻기 위해 무던히 노력했던 일화가 있다.
 손재형이 후지쓰카를 찾아갔던 1943년의 일이다. 예의를 갖추어 인사를 하고는 값은 얼마든지 매겨드릴 터이니 작품을 넘겨달라고 부탁했다. 그러나 후지쓰카는 단호히 거절했다. 다음 해인 1944년 후지쓰카는 일본의 패전을 예상하고 본국으로 돌아가 버렸다. 다급해진 건 손재형이었다. 도쿄로 따라가는 수밖에 없었다. 그러고는 두 달간 매일같이 후지쓰카를 방문하며 문안 인사를 올렸다. 마침내 그해 12월 후지쓰카는 손재형의 정성에 감복하여 맏아들을 부르고는 자신이 죽으면 〈세한도〉를 반드시 손재형에게 넘겨주라고 유언을 했다. 그럼에도 손재형은 그 자리에서 아무런 대답도 않고 그저 묵묵히 〈세한도〉만을 응시했다. 버틴 것이다. 그 결과 후지쓰카는 값으로 따질 수 있는 것이 아니니 그저 잘 보존만 해달라며 작품을 넘겨주었다.
 그런데 그 이후의 이야기가 더욱 흥미진진하다. 1945년 도쿄대공습 때 후지쓰카의 서재가 폭격을 당해 두 방에 가득 찼던 완당의 작품이 모두 소실되었다. 후지쓰카는 1948년에 숨을 거두었는데, 만약 손재형이 후지쓰카가 사망한 뒤에 〈세한도〉를 받겠다고 중간에 마음을 접었더라면 이미 〈세한도〉는 이 세상 물건이 아니었을 것이다.

하지만 손재형은 후지쓰카와의 약속을 제대로 지키지 못했다. 1958년 민의원(국회의원) 선거에 출마하면서 그만 저당을 잡혔다가 결국 돌려받지 못했던 것이다. 그 후 〈세한도〉는 돈을 빌려준 사채업자 이근태의 손에서 개성 출신 실업가이자 문화재 수집가였던 손세기에게 넘어갔고, 그의 아들 손창근이 소장하고 있다가 2020년 국립중앙박물관에 기증했다.

8

1만 8천 신들의
고향

쓰이지 않은 역사

조선 시대 국왕이 똥을 누고 나면 무엇으로 뒤를 닦았을까? 종이로 혹은 비단으로? 아니면 물로 씻었을까? 왕이 살던 궁궐에 화장실은 어디 있었을까? 그때 먹던 김치가 오늘날의 김치와 같을까 다를까? 서민들의 삶은 또 어떠했을까?

하루하루를 살아가는 일상의 삶이 소중한 만큼 이런 문제가 관심의 대상으로 떠오르는 것은 당연하다. 하지만 학교에서는 이런 걸 가르쳐 주지 않는다. 시험에도 안 나오고 교과서에도 없기 때문이다. 국가 간의 전쟁 이야기, 정치 제도 이야기 그리고 왜 중요한지는 모르겠지만 어쨌든 값비싸 보이는 국가 보물 이야기 등등, 뭐 이런 게 지금까지 역사 교육의 주류를 이루어 왔다.

하지만 1990년대부터 '○○시대 사람들은 어떻게 살았을까' 혹은 '○○시대 생활사' 같은 역사책들이 출간되면서 구체적인 삶의 이야기가 조금씩 드러나게 되었다. 시대가 변한 것이다. 민족이나 영웅 같은 큰 이야기보다 개별 인간의 소중한 삶을 보듬고자 하는 작은 이야기가 더 큰 관심사가 되었다. 이건 작아 보이지만 결코 작지 않은 이야기다. 국가를 위해 항상 개인의 권리를 제한했던 과거에는 나타날 수 없었던 현상이다. 이제 소위 거대 담론의 시대는 가고 일상의 삶을 소중히 여기는 민권 신장의 시대가 온 것이라 하겠다.

물론 큰 이야기가 불필요하다는 것은 아니다. 정치 구조, 경제 구조 등 이런 큰 이야기가 바탕이 되어야 역사를 제대로 이해할 수 있다. 그러나 그것만으로는 부족하다. 한 걸음 더 나아가 일상의 모습까지 통찰할 수 있어야 한다는 얘기다.

그러나 이게 말처럼 쉬운 건 아니다. 늘 반복되는 일이라 시시하게 여겼기 때문인지 기록으로 남긴 게 많지가 않다. 게다가 일반 서민들의 삶의 모습은 더욱 파악하기 힘들다. 역사의 기록이라는 게 지배층에 의해 이뤄지다 보니 서민들의 일상은 배제되기 일쑤였다.

그렇다고 좌절할 필요는 없다. 지배층이 남긴 기록을 뒤집어 해석하는 것도 하나의 방법이다. 인접 학문인 민속학이나 인류학, 국문학의 성과도 빌려와야 한다. 이때 구전(口傳)설화는 중요한 사료가 된다.

어차피 공식 기록인 역사책도 지배층의 편향된 인식의 산물이다. 그러기에 그것이 그대로 진실일 수는 없다. 반면 민중 사이에 전해져 온 이야기도 때론 황당하다 하더라도 마구 무시될 성질의 것은 아니다. 비록 체계적이진 못하나 땀내 나는 구체적인 삶의 모습은 오히려 그 속에 더 풍부히 남아 있을 가능성이 높다. 그러기에 어쩌면 민중의 이야기가 더욱 진실에 근접한 것인지도 모른다. 제대로 해석만 해낸다면 말이다.

이런 점에서 제주도는 참으로 복 받은 섬이다. 섬이라는 고립된 지리적 여건으로 인해 타지역에 비해 고유의 민속 문화가 적지 않게 남아 있다. 특히 '1만 8천 신들의 고향'이라고 불릴 만큼 풍부한 신화와 무속신앙 관련 생활 자료가 도처에 널려 있다.

그중에서도 심방(무당을 일컫는 제주어)이 늘어놓는 무가(巫歌)는 과거의 삶을 추적할 수 있는 중요한 단서가 된다. 삶과 죽음, 신앙과 관련된 문화는 쉽게 변하지 않기 때문이다. 그런 만큼 제주 무속신앙의 현장을 들여다보는 일은 쓰이지 않은, 그러면서도 소중한 삶의 역사를 복원하는 중요한 발걸음이 될 수 있을 것이다.

미신인가, 전통문화인가?

제주 옛사람들의 생생한 삶의 모습을 엿보기 위해 무속신앙의 현장을 찾아 나선다고 하니 벌써 딴죽을 거는 사람들이 있다. 미신이란다. 이럴 땐 그저 "그래, 너는 천당 가라"라고 말할 도리밖에 없다. 하긴 학창 시절에 굿을 미신 행위라고 배웠으니 이해 못할 바도 아니다.

그런데 최근에 제주의 수많은 신당이 때아닌 수난을 당하고 있다. 아주 심각할 정도다. 어떤 수난이냐고? 십자가 세례다. 시뻘건 페인트로 신목(神木)에 십자가를 그려 넣는 짓에서부터, 못과 같은 뾰족한 도구로 십자 홈을 내는 행위들이 종종 발생하고 있다. 오 주여, '아멘'이로소이다.

다른 나라의 기독교인들도 이런 모습일까. 예수 가르침의 첫째가 사랑인데, 사랑은 포용을 전제로 할 때 가능한 일이거늘 어째 이 모양일까. 나는 간혹 이런 광기에 섬뜩함을 느낀다. 아집과 독선, 신이 내린 사명이라고 생각하기에 더욱 배타적인 모습으로 나타나는 깃인지도 모르겠다. 종교가 없었더라면 전쟁이 일어나지 않았거나 혹 일어나도 그처럼 잔인하지는 않았을 것이라는 리영희 선생님의 지적이 헛된 말이 아님을 실감하게 된다.

그런데 이런 배타적 행위는 권력을 가진 종교일 때 가능하다. 권력이 없다면 남을 이단이라고 몰아붙일 힘도 없다. 결국 가진 자의 종교가 못 가진 자의 종교를 억누를 수 있다는 말이다.

이걸 뒤집어 보면 소위 미신이라고 몰리는 무속신앙은 오히려 배타적일 수 없다는 얘기가 된다. 권력이 없기 때문이다. 이처럼 무속신앙은 애당초 민중적일 수밖에 없었다. 권력 밖에서, 하지만 늘 민중 속에서 슬픔과 기쁨을 함께 하며 그들의 고통을 어루만져 주었던 것이다. 그런데도 이게 미신으로서 타파되어야 할 악습인가.

물론 무속신앙은 고등 종교의 교리처럼 체계적이거나 이성적이지는 못하다. 욕망을 자제하고 남을 먼저 생각하는 등의 고상한 가치관도 심어주기 어렵다. 우선 나 자신과 내 가족의 건강과 복을 비는 게 급선무이다. 하지만 이걸 무조건 비난할 수만도 없다. 과연 이런 원초적 종교의 심성에서 벗어난 사람이 몇이나 될까. 아무리 고등 종교라고 해도 이런 현상에서 과연 자유로울 수 있을까.

세계 최대의 개신교 교단 10개 중 5개를 가지고 있는 한국의 개신교는 어떤가. 한국 개신교의 급성장을 연구하러 왔던 서양의 종교학자들은 대부분 한국 개신교를 '예수의 외피를 뒤집어쓴 샤머니즘'이라고 평가한다. 쉽게 말해 예수의 이름을 앞에 내세웠을 뿐, 그 종교적 심성은 무속신앙과 같다는 것이다. 당연하다. 일부 개신교인들의 구호인 "예수 천당, 불신 지옥"이나 "신을 잘 모시면 복을 받고 잘못 대접하면 해를 입는다"라는 무속신앙의 기본 원리가 전혀 다르지 않기 때문이다.

결국 무속신앙은 원초적 종교이다. 그 때문에 아무리 과학이 발달하고 고등 종교가 득세한 세상이 된다고 하더라도 사람들의 마음속에는 영원히 무속신앙이 남아 있기 마련이다. 물론 껍질은 다를 수 있다. 십자가나 금불상일 수도 있고 지폐처럼 노골적인 대상물일 수도 있다. 그런 만큼 하나의 문화 현상으로 인정하고 접근하는 게 현명한 자세다. 그러니 제발 신당에 가서 십자가 새기는 일일랑 삼가길 바란다.

이웃 일본이나 중국을 보라. 미신이라고 파괴하기는커녕 이걸 관광자원으로 활용하고 있지 않은가. 일본의 신사라는 게 사실은 제주의 신당과 같은 것이다. 중국의 도교 사원도 마찬가지다. 결코 고등 종교가 아니다. 동네마다 세워져 주민들의 애환을 해결해 주는 소위 미신일 뿐이다. 그럼에도 불구하고 제주의 신당만이 푸대접을 받아 왔다.

자신의 전통문화를 보존하고 키워가는 문화 선진국과 거꾸로 그것을 탄압하고 부정하며 스스로 문화 식민지를 자처해 온 우리의 모습이 여기서도 선명히 대비를 이룬다. 뿌리를 망각하면 정녕 모든 것을 잃어버릴 수도 있을 텐데, 그런데도 미신이라니.

제주 무속신앙의 변천

아득한 옛날, 인간의 삶이 처음 시작된 이후로 무속신앙은 늘 함께 해왔다. 제주 사람들도 마찬가지다. 물론 그 시초에 관한 기록은 없지만 고구려의 동맹이나 동예의 무천 등과 비슷한 형태였을 것이다.

제주의 무속은 한반도의 그것과 비슷한 점도 있었지만 나름의 독특한 면도 많은 것 같다. 제주의 신화 속에는 바다를 통해 떠밀려 온 상자나, 뱀, 용왕 이야기 등이 유난히도 자주 등장한다. 이것은 제주도의 지리적 특성이 반영된 결과로 한반도 북부지방과는 분명 다른 모습이다. 제주 섬을 만들었다는 거대한 체구의 설문대할망 신화처럼 여러 신화에서 여신(女神)이 주인공으로 등장하는 것도 제주 신화의 특징이다. 여성 노동력이 남성 못지않게 중요한 몫을 담당하게 했던 척박한 자연환경이 반영된 결과다.

그런데 제주도 내 곳곳에서 들을 수 있는 설문대할망 이야기가 이상하게도 심방들의 무가 속에는 등장하지 않는다. 어쩌면 이것은 모계 사회에서 부계 사회로의 전환이라는 제주 역사의 큰 변동을 의미하는 것일지도 모른다. 무가 속에 처음 등장하는 신들은 설문대할망이 아니라 '소천국'이라고 불리는 한라산신이기 때문이다. 소천국은 사냥을 업으로 하는 남신(男神)이다.

그러다가 또 한 번의 변화가 나타난다. 한라산신들이 외지에서 들어온 농경신들과 결혼하면서부터다. 여기서의 결혼은 물론 실제의 결혼이 아니라 두 문화의 결합으로 보는 게 옳다. 그리고 그 과정에서 선진 문물의 수입이 항상 뒤따른다. '백주또' 혹은 '금백조'라고 하는 유입된 신들의 출신지가 강남천자국 혹은 서울로 묘사되는데 아마도 이것은 한반도 중앙 권력의 영향력을 의미하는 것 같다. 어쨌든 이를 계기로 제주도는 수렵 사회에서 농경 사회로 전환하고 정착 마을을 형성하였으며 그에 따라 신화 역시 안정적인 틀을 만들어간 것으로 보인다. 아주 단순하게 정리한다면 신화 속의 주인공은 여신 설문대에서 남신 소천국으로, 이것이 다시 여신 백주또로 변화해갔다고 말할 수 있겠다.

불교가 제주의 무속신앙에 깊숙이 결합해 온 것도 중요한 특징이다. 물론 이런 점은 한반도에서도 흔한 일이긴 하다. 그러나 그

양상은 아주 다르다. 한반도는 무속과 결합하면서도 불교가 본연의 모습을 그대로 유지해 왔다. 대웅전이 큰 법당이고 산신각이나 칠성각은 부차적인 가람일 뿐이다. 반면 제주의 경우는 거꾸로 불교가 무속 안으로 완전히 들어와 있었다. 조선 후기에 와서 제주의 불교 사찰은 모두 폐쇄되었고, 그 결과 불교는 독자적인 신앙체제를 유지하지 못한 채 단지 무속에 그 흔적만을 남겼을 뿐이다.

본성적으로 중앙 권력은 지방의 무속신앙과 대립할 수밖에 없다. 지방의 무속신앙이 강할수록 중앙 권력의 영향력은 작아지기 때문이다. 그러나 그렇다고 해서 막무가내로 탄압만 할 수도 없었다. 때론 회유하여 중앙의 체제 내로 포섭하는 게 상책이기도 했다. 고려 시대 제주의 광양당을 국가 차원의 호국신사로 대접했던 것도 바로 그런 이유에서였다.

그러나 중앙집권화가 한층 강화되고 유교 이데올로기가 기승을 떨치는 조선 시대에 오면 제주의 무속신앙은 적지 않은 시련을 겪어야만 했다. 그리고 서양의 천주교가 전래되던 때에도 제주의 무속신앙은 또 한 번의 시련을 겪었다. 미신 타파라는 명분으로 신당이 파괴되고 신목이 잘려나갔던 것이다. 1901년 이재수의 난은 바로 이와 같은 횡포에 대한 제주 민중의 저항이었다.

일제강점기의 총독부 역시 미신 타파를 명분으로 신당을 파괴했다. 일제는 자신들의 신사는 고스란히 보존하면서 유독 남의 나라 미신 타파에 열을 올렸다. 이것만 보더라도 그들이 내세운 미

송당본향당 입구 표석
무속신앙은 여러 시련을 겪다가 마침내 무형문화재로 지정받아 시민권을 얻기에 이르렀다.

신 타파 명분은 거짓이었음을 알 수 있다. 그렇다면 무엇을 노린 것일까? 공동체 문화의 파괴다. 본래 정당성 없는 권력은 민중의 단결을 싫어한다. 총독부는 이것을 깨야만 했던 것이다.

박정희 정권 때 새마을운동을 한답시고 신당을 파괴했던 역사도 있다. 천박한 문화정책의 산물이다. 그런데 흥미롭게도 새마을운동에도 불구하고 신당이 전혀 줄어들지 않았다. 정부의 탄압 속에서도 은밀히 할 일은 다 했다는 이야기다. 본래 민중의 종교적 심성은 권력 나부랭이를 가지고 함부로 누를 수 있는 게 아니다.

이처럼 꿋꿋하게 제주의 무속신앙은 살아남았다. 그리하여 결국 오늘날에는 시민권을 얻기에 이르렀다. '칠머리당굿'이 국가지정 중요무형문화재 제71호로, 구좌읍의 '송당마을제'가 제주도 무형문화재 5호로 지정되어 국가권력의 보호를 받게 된 것이다. 늦었지만 다행스러운 일이다.

물론 한편에서는 굿이 문화재 지정을 받은 이후로 굿 본연의 신명을 잃고 박제화되어 버렸다는 비판이 일고 있다. 옳은 지적이다. 이 지적을 올바로 수용하고 긴장을 늦추지 않는다면 더욱 살아 있는 신앙 행위이자 전통문화가 될 수 있을 것이다.

신당과 당굿

제주의 당굿이 박제화되었다는 지적은 어쩌면 이젠 제주의 무속이 신앙으로서의 기능을 상실했다는 의미로 해석될 수도 있다. 과연 오늘날에는 당신앙(堂信仰)이 자취를 감춘 것인가?

그렇지 않다. 초고속 정보통신의 시대에도 제주 사람들은 신당을 찾아간다. 물론 과장되게 말할 건 없다. 실제로 신당을 자주 찾는 단골(신앙민)은 50대 이상의 사람들이긴 하다. 하지만 젊은이들 가운데서도 특히 운수업 관련자 가족 중에는 여전히 당을 찾는 사람이 적지 않다. 제주도 내에서 보면 전통적으로 동부 지역이 우세하다. 이곳은 제주도 안에서도 자연환경이 가장 척박해서 예로부터 무속신앙이 활발했던 곳이다. 동촌 여자가 드세다는 이야기도 열악한 생존 조건 때문에 나온 말이다.

그렇다면 현재 제주에는 신당이 몇 곳이나 있을까? 놀라지 마시라. 조그만 제주 섬에 아직까지도 무려 346개의 신당이 살아 있다. 그렇다고 해서 일본의 신사처럼 거대한 규모로 운영되는 것은 아니다. 소박한 모습이다. 아주 소박해서 어떤 당은 주의 깊게 보지 않으면 당인지 아닌지 구별하기도 어렵다. 그저 소박한 제주 사람들의 심성을 닮았다. 때문에 거창한 유물·유적을 기대하는 사람에겐 실망만을 안겨줄 수도 있다. 그러니 내면의 정신세계를 보지 못하고 겉의 화려함만을 쫓는 사람들은 아예 신당을 찾아나서지 않는 게 좋다.

학자들은 흔히 본향당, 일뤠당, 여드레당, 해신당으로 제주의 신당을 분류한다. 내용과 기능, 기원 등에 따른 분류이다. 물론 모든 당이 이처럼 두부 자르듯 나뉘는 것은 아니다. 하나의 당이 여러 기능을 겸하는 경우도 있다.

본향당(本鄉堂)은 마을 공동체 신을 모시는 신당으로서 마을굿이 이뤄지는 성소이다. 본향당의 신은 마을 공동체의 신이므로 마을 사람 전체의 생명과 건강, 산업 번창 등 모든 부분을 관장한다. 그러기에 본래는 마을이 형성되면서부터 함께 있었을 것으로 추정된다. 지금은 많이 통합되거나 소멸되었지만, 제주의 전체 신당 중 약 44퍼센트가 이 본향당으로 여전히 가장 많다.

반면 나머지 셋은 개별 신앙의 성소이다. 즉 본향당이 중심적인 신앙의 장소라면 나머지 셋은 주변적인 신앙의 장소라고 할 수 있다. 물론 앞서 말한 것처럼 본향당이면서 다른 당의 기능을 겸한

와흘본향당
본향당이자 일뤠당의 기
능을 겸하고 있다.

경우도 있긴 하다.

　개별적인 신앙 성소 중 많은 것은 전체의 약 33퍼센트를 차지하는 일뤠당이다. 일뤠당이라는 이름은 매월 7일, 17일, 27일에 제를 올리기 때문에 붙은 것이다. 일뤠당의 신들은 공통적으로 아이를 낳고 기르는 일 그리고 병을 고쳐주는 일, 즉 산육(産育)·치병(治病)의 역할을 맡고 있다. 본래는 농경신의 기능도 갖고 있었다. 농경 역할이 박탈되고 산육·치병의 신으로 분화한 것은 돼지고기를 먹은 부정한 행위 때문에 남편 신으로부터 쫓겨난 이후의 일이라고 한다. 사회 발전에 따른 기능 분화가 신화 속에 그렇게 반영된 것 같다. 어쨌거나 일뤠당이 많다는 것은 그만큼 신앙민의 관심이

종달리 생겟납돈지당
대표적인 해신당이다.

산육과 치병에 집중되어 있음을 말해주는 것이기도 하다.

다음은 전체의 약 13퍼센트를 차지하는 해신당으로서 해촌 마을의 신당이다. 포구 전체의 수호신인 '개당(浦堂)', 배를 매는 선창에 모시는 '돈지당' 등이 모두 같은 계열이다. 본향을 겸하는 곳도 있고, 본향과는 별도로 존재하는 경우도 있다. 또 해녀와 어부가 공통으로 모시는 신당이 있는가 하면, 해녀들의 신당과 뱃사람의 신당이 별개로 나뉘어진 경우도 있다. 하지만 어떤 경우이거나 이곳에 모셔진 신들은 기본적으로 풍어와 해상 안전을 관장한다.

다음으로는 전체의 약 10퍼센트에도 못 미치는 여드레당이다.

그 이름은 매월 8일, 18일, 28일에 제를 지낸다 해서 붙은 것으로 일뤠당의 이름 짓는 방식과 같다. 이 당의 가장 큰 특징은 뱀 신을 숭배한다는 점이다. 뱀 신은 재부(財富)를 관장하는 신으로서 잘 모시면 부를 주지만 잘못 모시면 해를 입히기도 한다. 그 외에 신앙이 어머니로부터 딸에게로 이어지는 여성 계승성을 가지고 있다는 것도 하나의 특징이다. 흔히 이 신앙의 근원지가 서귀포시 표선면 토산리로 알려져 있는데, 이상하리만치 현재 이곳에선 뱀 신앙을 찾기가 어렵다.

그런데 이와 같은 분류가 모두 들어맞는 건 아니다. 치병신이면서 일뤠당과는 선혀 관계가 없는 경우도 있다. 미륵당의 경우도 그렇다. 조선 후기 미륵신앙이 번지면서 제주도 북동부 해안 마을에 집중적으로 등장했던 미륵당은 위의 네 가지 분류 틀에 들어가기 어렵다. 그렇지만 넉넉하게 이해하는 것도 좋겠다. 민중신앙 자체가 본래 지배층의 정신처럼 그렇게 논리적으로 딱 떨어지지 않는다는 점을 염두에 두면서 말이다.

한편, 당에서 이뤄지는 의례는 크게 '비념'과 '당굿'으로 나눌 수 있다. 비념은 일정한 날짜에 구애됨이 없이 신앙인 개인이 심방을 대동하거나 혹은 홀로 당에 가서 간단히 의례를 올리는 것을 말한다.

반면에 마을 당굿은 매년 1~4회 공동의 행사로 이뤄진다. 초기에는 남녀 구분 없이 마을 사람 모두가 참여하는 형태였다. 그러나 유교 문화가 확산된 뒤부터는 주로 여성만의 제의로 변해버렸다. 물론 와흘본향당처럼 여전히 남녀 마을 신앙민 모두가 참여하는 원초적 형태가 남아 있는 경우도 있다. 와흘본향당을 포함하여 현재 마을굿이 이뤄지는 동네는 총 33개소로 조사되었다.

제주의 마을 당굿으로는 신과세제, 영등제, 마불림제, 시만국대제가 있다. 하지만 최근에는 이들 중 겨우 하나나 둘만 이뤄질 뿐이다. 신과세제는 마을의 신년제로서 정초에서 대보름 사이에 진행된다. 그 당의 의례를 공식으로 맡은 '매인심방'을 중심으로 약 4~5명의 심방이 굿을 주제하며 가호 별로 가정의 안녕과 사업의 번창을 빈다. 주로 아침부터 저녁까지 굿이 진행되며 다른 어느 굿보다 가장 중요하다.

영등제는 바람의 신 영등신을 맞이하고 보내는 의례이다. 영등신은 음력 2월 초하루에 한림읍 귀덕 복덕개로 들어와서 2월 15일 우도를 통해 제주를 빠져나간다고 한다. 이때 들어온 영등신은 각종 곡식의 씨와 바다의 소라, 전복, 미역의 씨를 뿌려주고 떠난다. 사람들은 이 기간에 농사도 해산물 채취도 고기잡이도 하지 않는다. 실제 이때는 꽃샘추위의 매서운 바람이 불어 작업하기도 어렵다. 영등신이 나가고 나서야 본격적인 봄이 시작되고 이때부터 제주 사람들의 생업은 다시금 활기를 띤다.

마불림제는 음력 7월 13일, 14일에 지내는 것인데 흔히 백중제라고도 한다. 마불림의 뜻은 두 가지로 이야기된다. 하나는 마, 즉 곰팡이를 날려버린다는 의미다. 시기적으로 볼 때 장마가 끝난 후인데 장마 동안 생긴 곰팡이를 모두 없앤다는 의례다. 이때는 신당에 보관했던 신의 옷을 모두 꺼내어 말리는 행사를 한다. 가을 수확을 앞두고 모든 것을 점검하면서 청결하게 만드는 중간 시기의 문안 의례라고 볼 수 있다. 둘째로는 말을 증식시키기 위해 지내는 의례라는 설명도 있다. '마(馬)를 불린다'라는 데에서 이름이 붙었다는 설명이다. 이 설명이 보다 옳아 보인다. 백중은 목축신의 날인데 마불림제를 백중제라고 부르는 것을 보면 그렇다. 다만 최근 축산업이 쇠퇴하다 보니 이 의미는 많이 사라진 것 같다.

마지막으로 9월 혹은 10월 13일, 14일에 주로 지내는 시만국대제다. 이것은 본래 신만곡대제(新萬穀大祭)에서 나온 말로, '신만곡'이라는 단어만 봐도 이 의례가 추수감사제임을 짐작할 수 있다. 그러나 현재 이 제를 지내는 당은 별로 없다. 거의 소멸 단계에 있는 의례다.

신당에서 이뤄지는 굿 외에 가정에서 이뤄지는 것으로는 재수굿이나 치병굿도 있다. 이는 한반도의 다른 지역에서 행하는 것들과 목적은 같지만, 내용과 형식은 매우 다르다.

당신 본풀이, 신의 내역을 노래하다

제주도의 무속신앙은 한반도와는 많이 다르다. 사용되는 언어부터 달라서 무당을 제주에서는 '심방'이라고 부른다. 본래 무(巫)라는 한자어는 '하늘과 땅을 연결하는 인간', 즉 '巫'의 위의 선은 하늘을, 아래의 선은 땅을, 가운데 이를 연결하는 수직선은 하늘과 땅의 중개자를 나타내며 옆의 사람(人) 둘은 춤추는 인간을 의미한다. 즉 무당이 불러들인 신으로 인해 망아지경에 들어간 신앙민을 뜻하는 것이다.

이런 탁월한 기호가 있음에도 불구하고 제주 사람들은 '무당'보다 '심방'이란 용어를 쓴다. 심방을 신방(神房)에서 온 것으로 추정하는 학자들도 있으나 사실 그 정확한 어원을 밝히기는 어렵다. 어원을 설명한 기록이 없기 때문이다. 다만《능엄경언해》나《월인석보》에 '심방'이 등장하는 것을 보면 그것이 15세기 이래의 고어이며 또 한반도에서도 한때 쓰였던 용어임을 알 수 있다.

'본풀이'란 말도 제주에서만 쓰이는 독특한 용어이다. 본풀이는 심방이 굿을 할 때 풀어내는 서사무가, 즉 무속 신화를 뜻한다. 말 그대로 해석하면 "신의 근본을 푼다"라는 의미다.

신의 내력담, 즉 본풀이는 심방이 굿을 할 때마다 항상 반복되어 구송된다. 물론 그 본풀이도 굿에 따라 각각 다른 내용이 등장한다. 당굿을 할 때면 그 당의 내력을 푸는 '당신 본풀이'가, 그 외 일반적인 굿을 할 때는 '일반신 본풀이'가, 가문이나 가업의 수호신에 대해 굿을 할 때는 '조상신 본풀이'가 구송된다.

당신 본풀이는 현재 약 70~80편 정도가 전해지는데, 기본적인 구조를 보면 일정한 틀이 있어 흥미를 끈다. 대표적인 것이 흔히 제주 신당의 원조라고 알려진 송당본향당의 본풀이다. 먼저 수렵신인 남신, 즉 한라산신인 소천국이 땅속에서 솟아난다. 그다

소천국과 백주또
송당 당신 본풀이의 주인공들이다.

음 농경 문화를 가진 여신, 즉 백주또가 바다를 통해 들어온다. 그리고 이 둘이 결혼을 하는데 여기까지는 탐라국 건국신화, 즉 고·양·부 삼성신화와 그 구조가 유사하다. 사실 삼성신화도 무속신화에서 출발했기에 같은 구조를 보이는 것이 당연하다.

그런데 삼성신화와는 달리 이들 부부 신은 이혼을 한다. 소를 잡아먹은 남편 신이 아내 신에게 쫓겨난 것이다. 이것은 아마 수렵 생활의 티를 못 벗은 토착민과 농경에 사활을 건 이주민 사이의 갈등을 표현한 것 같다. 지배층의 기록인 삼성신화는 이들 두 집단의 결합을 완전한 것으로 묘사한 반면, 민중의 구전은 두 집단의 결합이 결코 순탄치만은 않았음을 말해주고 있는 것이다. 또 부인이 남편을 쫓아내는 방식으로 구성된 점 역시 흥미롭다. 그만큼 제주도에선 여성의 경제력과 발언권이 강했음을 보여주는 대목이다.

비록 이혼은 했을망정 이 부부 신에게는 자식이 참으로 많았다. 아들이 18명, 딸이 28명, 손자가 무려 378명이었다. 그 많은 자손이 제주의 여러 지역으로 퍼져나가서 곳곳에 신당이 생겨났다고 한다. 그 때문에 보편적으로 송당본향당을 제주도 신당의 원조라고 말한다. 그러나 이는 오류다. 제주도가 아니라 제주도 동부 지역 신당의 원조라고 해야 옳다. 송당본향당에 뿌리를 둔 당들은 구좌, 조천 등 제주의 동부 지역에만 국한되기 때문이다.

뱀을 섬기는 사람들

제주의 무속신앙이 지닌 큰 특징 중 하나는 뱀 신앙이다. 1521년 기록인 충암 김정의 《제주풍토록》에는 "이곳 풍속은 뱀을 몹시 두려워하여 신이라 받들면서 뱀을 보면 주문을 외고 술을 뿌리며 감히 죽이거나 쫓아내지 않는다"라는 구절이 있다. 또 《동국여지승람》에는 "이곳은 뱀과 지네가 많은데, 그중에서도 회색 뱀만 나타나면 차귀신(遮歸神)이라 하여 이를 죽이지 않는다", "차귀당에서는 사신(蛇神)을 모신다", "차귀는 사귀(蛇鬼)의 잘못된 기록이다"

등의 기사가 등장한다.

옛 기록에 뱀 이야기가 특별히 남아 있는 것을 보면, 조선 전기 때부터 한반도 사람들의 눈에는 제주의 뱀 신앙이 특이하게 보였던 모양이다. 김녕사굴의 뱀을 잡아 죽였다는 서련 판관 이야기도 같은 맥락이다. 특별히 뱀 신을 모시는 여드레당이 섬의 남쪽 지역에 널리 분포한 것만 보아도 제주도는 타지역보다 뱀 신앙이 성행했던 게 틀림없다.

그런데 제주의 뱀 신앙과 관련하여 몇 가지 오해가 있는 건 안타까운 일이다. 먼저 뱀 신앙을 무조건 이상한 눈으로 보는 태도다. 서양 기독교가 확산되면서 생긴 풍조가 아닌가 싶다. 어드레당의 본산으로 알려진 표선면 토산리에 살던 여자들은 한때 시집가기조차 어려울 정도로 배척을 당했다고 한다. 참으로 어처구니없는 일이다. 섬 전체에 걸쳐 뱀 신앙은 풍부하다. 토산리에만 뱀 신앙이 있었던 것도 아니다. 제주 사람들은 가정마다 '안칠성'과 '밧칠성'이라는 뱀 신을 섬겼다. 그런데도 토산 여자들만 배척당했다. 희생양 하나를 따돌리는 방식으로 위기에서 벗어나는 처세술 같아 보인다.

본래 뱀은 지혜의 상징이며 풍요와 다산의 상징이기도 하다. 그리고 서양에서는 의술의 신으로 뱀을 형상화하기도 했다. 그럼에도 불구하고 마치 악의 화신인 양 대접받는 건 분명 부당한 일이다.

풍요의 상징인 뱀 신은 현실의 세계에서도 제주 사람들에게 큰 도움을 주었는데, 생태인류학적으로 보면 이 사실은 명백히 드러

밧칠성
제주의 가정마다 모셨던 뱀 신앙 성소이다.

난다. 제주 사람들은 모든 가정마다 뱀 신인 안칠성과 밧칠성을 모셨다. 안칠성은 고팡(庫房), 즉 식량창고의 신이고 밧칠성은 주부만의 공간인 뒤뜰의 신이다. 그러고 보면 뱀 신은 단순히 상징만이 아니라 쥐가 얼씬 못하게 하여 식량을 보호해준다는 점에서 경제적 부(富)와 연결된다. 그랬기에 뱀이 재물의 신으로 숭배되었던 것이다.

그리고 뱀은 용의 또 다른 모습으로도 받아들여져 왔다. 용은 비를 내리는 영물로서 풍년을 약속한다. 그러기에 풍요의 신으로서 용과 뱀이 거론되는 것이다. 뱀과 비, 여기서 제주 사람 중에는 어쩌면 초등학교 시절 운동회를 떠올릴지도 모른다. 소풍이나 유동회가 있는 날이면 정말 신통하리만치 어김없이 비가 왔다. 그러면 어른들은 학교의 소사(허드레 일하는 아저씨)가 뱀을 죽였기 때문에 비가 온다고 말하곤 했다. 본래 비가 많은 지역이라 비가 왔을 뿐인데도 애꿎게 소사 아저씨에게 죄를 뒤집어 씌웠다. 이것도 권력 관계에서 파생된 억울한 누명이다.

어쨌든 제주에는 뱀 신앙이 발달한 게 사실이다. 무엇보다 뱀이 서식하기 좋은 고온다습의 기후 풍토에서 그 원인을 찾는 게 옳다. 그리고 뱀이 제주 사람들에게 많은 이로움을 준 점도 중요하게 봐야 한다. 모든 현상에는 반드시 그것을 일으킬만한 조건이 있기 마련이다. 제주에 뱀 신앙이 성행한 것은 위와 같은 이유들 때문이다.

신화 속의 주인공은 여성

제주 여성의 강한 생활력은 전국적으로 이름이 높다. 달리 말할 것도 없이 해녀들만 봐도 안다. 애를 낳고 7일 이내에 바다로 나가 물질을 했다고 하니 그저 놀라울 뿐이다.

이런 현실은 그대로 신화에도 반영되어 있다. 제주의 346개 신당 중에 약 68퍼센트가 여신을 모신 당이다. 그리고 제주 사람들이 당에 갈 때면 으레 "할망당에 간다"라고 한다. 제주 사회의 여성 중심적 신앙을 보여주는 사례다.

신화 속의 주인공도 대부분 여신이다. 물론 나중에 유교 이데올로기에 오염되어 변질된 모습으로 전해지는 경우도 있다. 주인공이 본래는 남아였는데 부모의 죄 때문에 여아로 태어났다는 몇몇 설화가 그런 경우이다. 하지만 원형의 신화는 분명 여아, 즉 여신의 출생을 이야기하는 경우가 훨씬 많다. 이것은 제주 사람들의 여아선호 경향을 말해주는 것이기도 하다. 실제 문헌 기록도 이와 일치한다. 이원진의 《탐라지》(1653)에는 "바닷길이 험하고 멀어 표류 침몰하는 사고가 자주 일어난다. 그런고로 여자 낳기를 중히 여긴다"라는 구절이 있다.

여신은 자주 등장할 뿐만 아니라 아주 당당하다. 그 당당함은 때로는 독자들을 당혹하게 만들 정도이다. 삼공본풀이에 등장하는 감은장 아기는 "누구 덕에 사느냐"라는 부모의 질문에 "자신의 배꼽 아래 선 그릇" 덕에 산다고 말한다. 여성 자신의 주체적 삶을 강조하는 발언이다.

송당본풀이에 등장하는 백주또 역시 당당하기는 매한가지다. 그녀는 밭 가는 소를 잡아먹은 남편에게 거침없이 "땅 가르고 물 갈라 살림 분산합시다"라며 이혼을 요구한다. 어정쩡하게 남편 눈치나 보는 여신이 아닌 것이다. 물론 여신이 부정한 돼지고기를 먹은 죄로 남편 신에게 쫓겨나는 이야기도 있긴 하다. 하지만 임신 중에 건강한 아기의 출산을 위해, 그리고 자신의 식욕에 충실했다는 점에서 돼지고기 금기를 파기하는 것 역시 여성의 주체적 행동으로 해석될 수도 있다.

자유분방하게 능동적으로 사랑을 찾아 나서는 농경신 자청비 역시 마찬가지다. 주체적인 모습으로 자신의 삶을 당당하게 꾸려 나가는 제주 여성의 기질을 보여준다.

신화는 현실의 반영이다. 신화 속 여성의 당당함은 전통 시대 제주 여성의 사회적 역할과 지위를 상징한다. 무엇이 제주 여성을 이처럼 당당하고 주체적인 인간으로 만들었던 것일까. 사람들은 제주의 척박한 자연환경에서 그 답을 찾는다. 영양가라곤 조금도 없는 화산재의 땅, 월드컵 경기장 지붕을 날려버릴 정도의 태풍, 물을 모아 놓을 수 없는 지질 구조, 이런 자연환경에서 생존을 유지하는 건 무척 어려운 일이다. 양반이나 어린이마저 노동에서 제외될 순 없었다. 그런 현실이었으니 여성이야 말해 무엇 하랴. 때론 여성이 남성보다 더 많은 노동을 감당하기도 했다. 벼농사와 달리 밭농사는 여성 노동력에 적합하기 때문이다. 거기다가 물때가 되면 바다로, 또 해가 지면 가사 노동으로, 허리 한번 펴고 한가로이 쉴 수가 없었던 게 전통 시대 제주 여성의 현실이었다. 유교적 가부장 사회와 달리 제주 여성의 권리가 비교적 강했던 건 그 때문이다. 이것이 신화와 신당에서 표현된 것이다.

절집을 뛰쳐나온 미륵불

미륵은 본래 불교에서 나온 것이다. 미륵은 석가모니 열반 후 56

억 7,000만 년 뒤에 세상에 출현하여 모든 중생을 구제한다는 부처다. 그런데 그 메시아적 요소 때문에 불교와 무관하게 민중신앙의 큰 줄기로 자리 잡아 왔다. 미륵불이 절집을 뛰쳐나와 민중 속으로 들어온 것이다.

제주의 신당에도 미륵의 요소가 종종 등장한다. 주로 제주도 북동부의 해안 마을에 많이 나타난다. 제주시와 화북, 신촌, 함덕, 김녕 등이 대표적인 지역이다. 제주도 중에서도 한반도와 가장 가까운 지역들이다. 이는 미륵신앙이 한반도에서 전파된 것임을 보여주는 증거다.

전해지는 이야기는 어느 마을이나 비슷하다. 한 어부가 바다에서 고기를 잡고 있었는데 고기는 한 마리도 걸리지 않고 이상하게 생긴 돌덩이만 계속해서 올라왔다. 별생각 없이 버리고 왔는데 꿈에 백발의 노인이 나타나 그 돌을 잘 모시면 복을 준다고 했다. 다음 날에도 그 돌이 또 걸려 올라오자 그 후부터 미륵으로 모셨다는 줄거리다. 도중에 제대로 모시지 않았다가 피부병 같은 질병으로 마을 주민이 고생했다는 이야기도 빠지지 않는다.

제주의 미륵신앙은 공통적으로 기자신앙(祈子信仰)의 특성을 가지고 있다. 미륵불에게 정성을 다하면 아들을 얻는다는 것이다. 조선 전기까지 여아를 선호했던 제주 사회의 특성을 염두에 둔다면 얼른 납득하기가 힘든 신앙이다. 그러고 보면 조선 후기에 와서야 새롭게 등장한 신앙으로 생각된다. 전국적으로 미륵신앙이 유행했던 것도, 유교 이데올로기가 제주에 확산된 것도 조선 후기

서자복미륵
조선 후기에 뒤늦게 제주도에 형성된 남아선호사상을 보여준다.

다. 이런 정황으로 미루어 볼 때 남아선호의 유교적 냄새가 진하게 묻어 있는 '바다에서 올라온' 돌미륵은 조선 후기의 산물임이 틀림없어 보인다.

어쨌거나 제주의 미륵신앙이 불교와는 전혀 무관한 채 무속신앙에 포섭된 점은 주목할 만하다. 그리고 개개 돌미륵의 민중적 조형성 역시 눈길을 끈다. 투박한 돌하르방도 나름의 멋이 있지만 제주의 돌 미륵은 돌하르방과는 또 다른 독특한 분위기를 연출한다. 기교를 전혀 부리지 않은, 민중의 소박함이 그대로 남아 있기 때문이다.

유교 근본주의 VS 민중 신앙

민중 종교인 무속은 지배층의 이데올로기와 충돌할 수밖에 없다. 예를 들어 무속신앙으로 무장한 지방민들이 신앙 문제를 내세우면서 국왕의 명령을 거부한다면 중앙 지배층은 난감한 상황에 빠지고 말 것이다. 그것도 논리적으로 타당한 이유를 댄다면 모르겠지만, 황당무계한 귀신 이야기로 억지를 부린다면, 이건 정말 환장할 노릇이 아닐 수 없을 것이다.

물론 현명한 지배층이라면 비록 황당하고 우스운 이야기라 할지라도 지방민의 신앙을 어느 정도는 존중해 줄 것이다. 괜히 그들의 심사를 건드려 민심을 잃을 이유가 없기 때문이다. 하지만 그 도가 지나친다면 지배층으로서도 어떤 조치를 할 수밖에 없게 된다.

조선 시대에 제주의 무속신앙과 중앙의 유교 이데올로기가 충돌했음을 보여주는 몇 가지 사례가 있다. 김녕사굴의 뱀을 퇴치했다는 중종 때의 서련(徐憐)이라는 판관과 제주의 많은 신당을 파괴한 숙종 때의 이형상 목사가 대표적인 경우다.

물론 서련 판관의 뱀 귀신 퇴치 이야기는 전설일 뿐이어서 사실 여부를 확인할 수는 없다. 하지만 서련은 1513년 분명 제주에 부임했고 1515년에 제주에서 죽었으므로 이 이야기는 무조건 외면할 것만도 아니다.

전설은 대략 이렇다. 만장굴 옆 김녕사굴에는 어마어마하게 큰

김녕에 있는 서련 판관 공덕비
제주의 무속신앙과 중앙정부의 유교 이데올로기가 충돌하는 지점이다.

뱀이 살면서 매년 초마다 15세 이하의 처녀를 공물로 잡아먹었다. 새로 부임한 판관 서련이 이 이야기를 듣고서는 그같이 부당한 처사는 용납할 수 없다며 그 뱀을 잡아 죽였다. 그런데 뱀을 죽이고 돌아오는 길에 그는 그만 뱀의 흉험으로 인해 말에서 떨어져 죽고 말았다.

 물론 말도 안 되는 이야기다. 그런데도 이 전설은 실감 나게 민중 속으로 전파되어 갔다. 실제로 서련이 제주에서 근무하던 도중에 사망했던 까닭에 더 그랬던 것 같다. 이야기 구성의 그럴듯한 모양새가 갖춰졌기 때문이다. 이야기를 만들고 전파했던 제주 민중은 귀신의 영발이 조선 정부의 유교 이데올로기보다 훨씬 더 세다고 자위했을 것이다. 현실에서의 패배를 그런 방식으로 위안하며 합리화했을 것이라는 분석이다.

한편 1702년 부임했던 이형상 목사의 경우는 여러 사료에 자세히 기록되어 있다. 《탐라순력도》에는 〈건포배은(巾浦拜恩)〉이라는 그림으로도 남아 있을 정도다. 그는 부임한 지 얼마 지나지 않아 제주의 신당 129개소와 사찰 2곳을 불사르고 심방들을 모두 귀농시켰다.

그런데 재미있는 건 이런 조치를 강제적으로 시행한 것이 아니라, 이형상의 선정(善政)에 감동한 제주 사람들이 스스로 나서 파괴했다고 기술한 점이다. 물론 이것은 이형상 자신의 저서인 《남환박물》에 실린 기록이기에 사실과는 다를 수도 있겠다. 실제로는 강제적 조치였을 것으로 짐작된다.

하긴 지역 민중의 정서를 두려워하여 평소에는 별 힘을 못 쓰던 제주의 일부 유생들이 이형상의 권위를 믿고 자발적으로 나섰던 면도 있었을 것이다. 그런 행위를 통해 지역 사회에서 자신의 권력을 과시할 필요가 있었을 테니까. 하지만 제주 민중은 이 조치를 자신의 정체성에 대한 심각한 도전으로 받아들였다. 깡패이자 살인마로 이형상이 묘사되는 심방의 구술은 민중들의 분노가 어떠했는지를 보여주는 자료이다.

이와는 반대로 유교 근본주의자였던 이형상은 제주의 무속을 공권력에 대한 도전으로 해석했다. "귀신의 재앙만 있음을 알지,

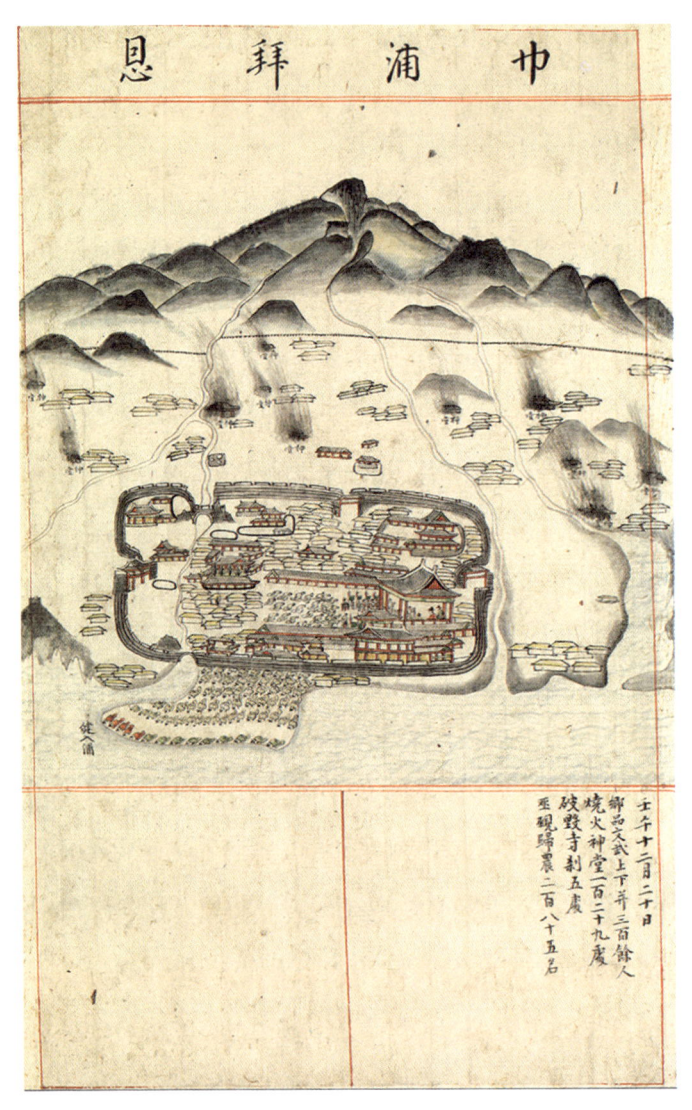

《탐라순력도》 중 〈건포배은(巾浦拜恩)〉

불타고 있는 제주의 신당들이 잘 그려져 있다.

관가의 명령이 있음을 알지 못"한다거나 "무격배들의 속이는 습속은 천하 만고에 공통으로 존재하는 고질적인 폐단임은 말해보아야 무의미합니다. 이 섬에 이르면 더욱 특별합니다. 이미 위아래의 명분도 없고 의리도 알지 못합니다. 집집마다 위(位)를 세우고 곳곳에 사(祠)를 세워 숭상하는 버릇이 내륙 지방에 비해 100배나" 된다고 기술한 점은 그의 위기의식을 잘 보여준다.

과장이긴 하겠지만 제주의 무속신앙이 한반도의 100배나 되었다는 표현이 눈길을 끈다. 그랬기에 그는 드디어 칼을 뽑았던 모양이다. 이때 민중들은 당연히 고개를 숙였다. 왜? 바람이 부니까. 하지만 그가 떠난 뒤 새로이 이희태 목사가 부임하자 파괴된 신당들은 모두 복구되었다. 지역 주민과 충돌해서 득을 볼 게 없다고 판단한 신임 목사의 정치철학 때문이다. 바람이 지나가자 풀은 다시 몸을 세웠다.

그런데 이형상과 관련된 전설이 또한 흥미롭다. 이형상이 고향으로 돌아가자 두 아들이 이미 죽어 있었다는 내용으로, 사실 여부가 확인되지는 않은 이야기다. 하지만 그렇게 이야기를 만들어서라도 제주 민중들은 이형상에게 보복하고 싶었을 것이다. 이 역시 현실에서 패배한 민중들이 전설 속에서나마 보상받고자 만든 자기 위안의 장치인 셈이다. 역사적 사실만을 가지고 말한다면 이형상이 제주를 곱게 떠난 게 아니라 파직되어 떠났다는 게 그나마 흉험이라면 흉험일 수 있겠다.

어쨌거나 서련과 이형상에 관한 이야기는 유교 이데올로기를 앞세운 중앙 권력과 그에 저항하던 제주 민중의 모습을 보여주는 일화라고 하겠다.

무속의 당굿과 유교식 포제

이형상의 뒤를 이은 이희태 목사가 파괴된 신당의 복구를 허락했다고는 하지만, 시간이 지날수록 조선 지배층의 이데올로기, 즉 유교의 영향력은 점점 커져만 갔다. 이것은 거꾸로 무속신앙의 상대적 퇴조를 의미한다.

이와 같은 시대의 변화는 본래 남녀 구분이 없던 마을굿의 이원화를 가져왔다. 《동국여지승람》의 "봄과 가을에 광양당, 차귀당에 남녀가 모여 술과 고기를 갖추어 신에게 제사를 올렸다"는 기록에서 보듯이 본래는 남녀구분 없이 마을굿이 행해졌다. 그러던 마을굿이 유교의 영향으로 둘로 나뉜 것이다. 여성 중심의 마을굿인 당굿과 남성 중심의 마을굿인 포제(酺祭)로의 분화가 그것이다. 마을굿은 무속의 의례인 반면, 포제는 유교식 의례로서 한반도의 동제(洞祭)와 같은 것이다.

언제부터 나뉘었을까? 정확하지는 않으나 사람들은 막연히 오래되었을 것이라고 생각한다. 하지만 이는 사실과 다르다. 제주에 유교 이데올로기가 뿌리내린 건 생각보다 역사가 짧다. 그래서 포제 역시 오래된 것이 아니라고 볼 수 있다. 포제가 제주의 여러 마

유교식 마을제인 포제
제주에 유교 이데올로기가 확산된 모습을 보여준다.

을에 확산된 건 통념과는 달리 아주 최근의 일이다. 19세기 무렵에 포제를 지내던 마을이 불과 10여 곳에 불과했다는 연구가 이를 증명한다.

마을의 어른들은 포제의 역사가 오래되었다고 이야기한다. 유교 전통이 깊은 마을임을 자랑하고 싶은 것이다. 하지만 이건 억지다. 여러 연구를 검토해 보면 일제강점기 전후에 와서야 본격적으로 포제가 확산된 것 같다. 여전히 포제가 아닌 마을굿으로 전통을 이어가는 와흘의 경우는 제주 지역 포제의 역사가 그리 길지 않음을 말해준다.

어쨌거나 오늘의 현실은 포제를 우선시하는 분위기가 압도적이다. 그리고 실제로 마을굿보다 포제를 행하는 마을이 훨씬 많아졌다. 가부장적 권위주의 문화가 점점 확산됨에 따라 급조된 포제가 점차 그 영역을 확장한 결과다. 불과 100여 년 전과는 완전히 다른 모습이다.

이와 같은 사회 분위기에서 당굿의 전통은 미개하거나 남루하고 격이 떨어지는 것으로, 특히 여성의 몫으로 폄하된다. 미신으로 매도하는 논리가 그것이다. 가부장적 문화에서는 유교식 포제와 같은 논리적이고 체계적이며 합리적인 원리에 바탕을 둔 새로운 의례가 선호된다. 이건 남성의 몫으로 종교 행위에서의 성차별인 것이다.

요즘 입시생을 둔 가정을 상상해 보자. 할머니는 불공드리러 절에 가고, 엄마는 새벽 기도를 하러 교회를 찾으며, 할아버지는 다 쓸데없는 짓이라면서 조상 잘 섬기는 제사에나 정성 들이라고 야단을 친다. 주신(酒神)을 섬기느라 술 마시고 늦게 귀가한 아빠는 아들의 성적표를 보고 애 교육을 그것밖에 못 시켰냐며 죄 없는 엄마만 닦달한다. 한바탕 광풍이 지나간 후 차분하게 가족회의를 연 결과, 주변에서 용하다는 점쟁이를 찾아가기로 결정한다. 결국 불교도, 기독교도, 유교도 모두 무속신앙으로 귀결되는 순간이다. 무속이야말로 오늘날까지도 우리들의 영원한 신앙인 셈이다.

그런데 이때 점쟁이를 찾아가는 사람은 분명 할머니 아니면 엄마다. 왜? 비과학적이고 미신적인 행위에 남성이 나설 수는 없으니까. 역시 성차별이다. 그러면서도 결과에 대해 가장 궁금해하는 사람은 아빠와 할아버지다. 어쨌거나 정작 수험생인 아들은 책만 펴놓았을 뿐 문자 메시지 날리기에 여념이 없건만.

9

민란의 시대, 제주의 이재수

변란으로 둔갑한 등소 모의

19세기는 민란의 시대였다. 누구나 들어봤을 '세도정치의 폐해'가 그 배경이다. 하지만 막상 민란을 일으킨다는 것은 쉽지 않다. 목숨을 걸어야 하는 일이기 때문이다. 그래서 절박함에 내몰린 사람들은 민란이 아니라 먼저 등소(等訴)를 했다. 여기서 '등(等)'은 '여럿이, 무리 지어'를 뜻하고, '소(訴)'는 '하소연'을 뜻한다. 따라서 등소는 여럿이 뜻을 모아 시정 건의서를 작성해 고을 사또에게 나아가 하소연하는 일이다. 물론 이 건의가 반영되는 경우는 많지 않았다. 그렇지만 지배층은 이 등소에 대해서도 예민하게 반응했다. 등소가 누적되면 민란으로 번질 가능성이 크기 때문이다.

19세기 초인 1813년 제주에서도 등소를 준비하는 사람들이 있었다. 전직 하급 관리 출신인 양제해가 주동이 되었다. 이 사건은 아주 잔인하게 흘러갔다. 사또에 대한 하소연마저 용납하지 못한 지배층이 7명을 매질하여 죽이고 60여 명을 고문으로 망가트렸다.

그들이 죄인이 되려면 증거와 자백이 있어야 했다. 특히 취조 중 사망자가 나오면 조정에서도 엄밀하게 살핀다. 게다가 등소만으로 목숨이 오가지 않는다. 그러니 이제 필요한 것은 사건의 조작·은폐였다. 그게 바로 '역모'다. 제주의 양제해가 300여 명의 무리를 모아 무장하고 반란을 일으켜 제주만의 별국(別國)을 세우려고 했다는 것이다. 별국은 조선에서 벗어난 독립국을 말한다.

역모의 증거는? 허망하게도 없었다. 동원 인원도 처음엔 900명이라고 했다가 나중에 300명으로 줄였다. 하지만 사실 등소 논의를 한 것은 고작 30명에 불과했다. 무기도 없었다. 물론 취조 과정에서 양제해 주변 인물들이 사회에 대한 불만을 토로하고, 차라리 독립국 제주를 꿈꾸는 것이 낫겠다는 심정을 토로하긴 했던 모양이다. 물론 고문 속에서 나온 증언들이기에 무조건 신뢰할 건 아니다.

그렇다면 무엇 때문에 등소를 하려 했던 걸까? 제주는 중앙과 멀리 떨어진 곳이다. 사또들은 마음이 온통 서울에 가 있기에 제주의 민생은 살피지 않았다. 이쯤이면 아전들의 세상이 된다. 제주의 아전들은 맘껏 비리를 저지르고 횡포를 일삼았다. 사또는 아예 관심이 없었다. 아니 알면서도 오히려 눈을 감고 상납만을 기다리는 사또가 많았다. 그러니 아전들은 사또의 비위만 맞추면서 대놓고 백성의 고혈을 짜냈다. 300여 아전들의 모임인 상찬계(相贊契)가 대표적인 착취 도구였다. 양제해의 등소 논의는 바로 이 상찬계의 폐단 시정을 목표로 한 것이었다.

등소 논의는 1813년 음력 시월 그믐밤, 주민 30여 명이 지금의 제주시 아라동에 모여 시작했다. 호소문 제출의 대표(이를 '장두'라고 한다)는 양제해가 맡기로 정했다. 하지만 바로 그날 밤 윤광종이라는 자가 밀고했고, 양제해 등은 즉시 검거되었다. 그리고 새벽까지 이어진 고문으로 다음 날 사망한다.

변란 모의 보고서를 받은 조정도 단순했다. '홍경래 난'이 진압된 지 채 2년이 지나지 않은 시점이라 '역모'라는 단어에 즉각 경기를 일으킨 것이다. 그래서 검증도 하기 전에 역모는 확정되었다. 물론 사건 조사를 위해 찰리사를 파견하긴 했다. 그리고 그 찰리사는 나름 공정하게 보고서를 올렸다. 등소 논의를 인정한 것이다. 그러나 이미 조정에서 역모라고 규정한 사건을 뒤집을 수는 없었다. 그래서 '등소 이후 민란'이라는 구도로 최종 보고서를 마무리했다. 그리고 나서 200년 동안 이 일은 '양제해 모변(변란 모의)사건'으로 기록되었다.

이 사건이 새로운 조명을 받은 건 2008년이다. 성균관대학교 대동문화연구원에서 펴낸 《다산학단문헌집성》에 실린 〈탐라직방설(耽羅職方設)〉이라는 문헌에서 〈상찬계시말(相贊契始末)〉이라는 사건 관련 기록이 나온 것이다. 이 기록의 탄생 과정도 극적이다. 이 사건의 수괴 중 한 명으로 몰린 김익강은 흑산도로 유배를 갔다. 그리고 거기서 다산 정약용의 제자 이강회를 만난다. 이 만남으로 김익강이 구술하고 이강회가 저술하여 이 기록이 탄생했다. 조작 보고서를 바탕으로 만들어진 관찬 사료의 허점을 단번에 무너뜨리는 내용이다.

양제해 등은 고문치사로 1차 폭력을 당했고, 다시 200년 동안 역사 폭력이라는 2차 피해를 겪었다. '빨갱이 사냥'이나 '검찰 조작'이 비단 현대 사회에만 있는 건 아닌 모양이다.

그런데 특이한 건 역사가 단지 폭력만을 휘두른 건 아니라는 점이다. 관찬 사료는 양제해를 매도했지만, 민간에서는 양제해를 영웅으로 추대하는 흐름을 만들어 갔다. 〈상찬계시말〉에는 "양제해가 하루에 세 번 한라산을 오르는데, 정상에 오를 때마다 팔진법을 몰래 연습했고 그의 집에는 청총마 300필이 있고, 신비한 총이 수백 자루 있으며, 활과 화살이 쌓여 있고, 몰래 축적한 돈이 많다고 사람들이 말을 한다"라는 대목이 있다. 이 대목을 보면 그의 '등소 논의'마저도 19세기 민란의 흐름을 구성하고 있다고 평가할 수 있을 것이다.

아, 그리고 밀고자 윤광종은 어떻게 되었을까? 바로 다음 해 명월진 만호로 임명되었다. 만호는 종4품의 아주 높은 자리다. 그런데 그 영전의 기쁨도 잠시, 임지에 이르기 전에 역병에 걸려 사망한다. 양제해 등 원혼들의 저주였을까?

임술년의 제주민란

50대 이상의 사람들에게 진주민란은 비교적 익숙한 사건이다.

교과서에서 본 경험이 있기 때문이다. 하지만 이를 최근 사용하는 용어인 '임술민란'이라고 하면 조금 낯설어진다. 그럼에도 이 사건은 '임술민란'이라 칭하는 것이 마땅하다. 임술년인 1862년에는 진주뿐만 아니라 북부지방에서부터 제주도에 이르기까지 한반도 전체에서 민란이 일어났기 때문이다.

그해에는 제주도에서도 3월과 9월, 10월, 11월 등 총 네 차례의 민란이 일어났다. 3월 민란은 제주도민의 생계와 직결된 양태(갓 아랫부분의 둥근 차양) 산업과 관련된 사건이다. 관가에서 양태의 원료인 대나무를 마구 베어내자 제주 민중이 이에 항의한 것이다.

반면 9월, 10월, 11월의 민란은 모두 화전세(火田稅)의 과다 징수가 발단이 되었다. 화전세와 관련된 민란은 다른 지방에서는 흔치 않은 제주도만의 특징이다. 화전세란 불을 놓아 잡목을 태워 없애고 농사를 짓던 땅에 매기던 세금을 말한다. 주로 농토를 갖지 못한 가난한 사람들이 산속에 들어가 불을 놓아 농사를 지었다. 그런데 어째서 이것이 문제가 되었던 것일까?

본래 제주도에는 서울로 올려보내는 토지세가 없었다. 토양이 워낙 척박하여 곡물이 잘 자랄 수 없었기 때문에 대신 말(馬)이나 미역 등의 특산물을 진상하도록 제도화되어 있었다. 그런 만큼 국가에서는 말 사육을 철저히 관리했다. 중산간 쪽의 목장 지대에서 농사가 엄격히 금지되었던 것도 그 때문이다. 해안 마을과 한라산 사이의 해발 약 200~600미터 지대를 뜻하는 중산간 지역은 고려시대 몽골의 지배 이후 목마장으로 널리 활용되고 있었다. 그것이 조선 시대에 와서는 더욱 철저히 관리되었던 것이다. 물론 이것은 중앙정부를 위한 것이었고 제주 민중의 굶주림은 일단 고려 대상이 되지 못했다.

하지만 제주도의 민중들은 생존 문제를 해결하기 위하여 점차 중산간 지대까지 농토를 넓혀갔다. 물론 이것은 불법이었다. 그런데도 국가는 이를 점차 암묵적으로 허용하기 시작했다. 그것은 임진왜란 이후 군사 전술의 변화에 따른 결과였다. 조총의 등장은 기마 전술을 무력하게 만들었고, 기마 전술의 쇠퇴는 자연히 말의 가격을 폭락시켰기 때문에 제주도 중산간 목장 지대의 가치도 떨어질 수밖에 없었다. 국가에서도 굳이 말 키우기를 예전만큼 중시할 까닭이 없어졌다. 목장 지대 안으로 경작지가 확장되어 갔던 데에는 이러한 배경이 있었다. 이렇게 해서 생겨난 경작지를 목장전(牧場田)이라고 불렀다.

그 외에도 불법으로 개간한 화전들은 더욱 늘어만 갔다. 그러다 보니 결국 19세기에 와서는 관청에서도 이를 묵인하고 오히려 그 땅에서 세금을 걷고자 했다. 그런데 문제는 그 세금이 너무도 가혹하다는 데 있었다. 불법을 묵인한 대가로 엄청난 액수를 매겼는데 이것이 바로 민란의 원인이었던 장전세(場田稅), 화전세 과다 징수의 내막이다.

9월의 1차 봉기 때는 덕수리 사람 김석구(金錫九)가 주동이 되었다. 그는 화전세 경감을 건의하기 위해 모인 사람들에게 무력행사를 주장했다. 건의 수준의 호소로는 아무런 변화도 가져오지 못

무등이왓 '잃어버린 마을' 표지석
무등이왓 마을은 1862년 제주 임술민란의 주역인 강제검의 고향이다.
1948년 4·3 때 폐허가 된 후 지금은 표지석만 남아 있다.

한다는 게 그의 논리였다. 그는 돌멩이를 하나 꺼내 옆 사람에게 넘겨주면서, 무력행사에 찬성하는 사람이라면 계속 그 돌을 옆 사람에게 넘기라고 주문했다. 결의를 다지기 위해 이른바 '윤석서중(輪石誓衆)'의 방식을 사용했던 것이다. 이 1차 봉기는 토호와 향리를 잡아 구타하는 수준에까지 이르렀다. 사태가 심각해지자 급기야는 제주목사가 나서서 요구조건의 수락을 약속했고 그렇게 해서 1차 봉기는 겨우 진정될 수 있었다.

10월의 2차 봉기부터는 강제검(姜悌儉)이 주동이 되었다. 1차 봉기 때 약속했던 요구사항이 제대로 이행되지 않자 도민들이 분노했던 것이다. 강제검은 1만여 명의 민중을 이끌고 제주성에 입성한 후 다섯 죄인을 치죄할 것과 화전세 경감 등을 요구했다. 궁지에 몰린 제주목사는 요구사항을 모두 들어주겠다고 또다시 약속할 수밖에 없었다.

그러나 2차 봉기 때의 약속 역시 하나도 지켜지지 않았다. 때문에 3차 봉기는 필연이었다. 강제검은 11월에 다시 봉기를 이끌었다. 거듭된 약속 파기로 3차 봉기는 더욱 격렬해졌다. 목사를 쫓아내고 읍의 행정을 장악했을 정도다. 하지만 12월에 들면서 전세는 역전되었다. 새로 파견된 목사와 안핵사가 강경하게 나왔기 때문이다. 강제검은 잡혀 처형되었고 그렇게 임술년의 제주민란은 막을 내리고 말았다.

민란의 주도 세력은 강제검 등 전직 향리층과 김홍채(金興彩) 등 일반 민중들로 파악되고 있다. 이 점은 양제해 모변사건에 비해 참여 세력의 폭이 넓어졌음을 말해준다. 그만큼 민중 지향성이 강해졌다는 의미다. 그뿐만 아니라 지방관을 축출한 일이라든가 한때나마 읍 행정을 장악한 일 또한 중요한 변화라고 볼 수 있다. 중세적 가치 질서를 어느 정도 극복했다는 뜻이다.

남학당과 방성칠의 난

1898년에 일어난 방성칠(房星七) 난 역시 제주민란의 독특성을 잘 보여준다. 화전세 문제를 중심 이슈로 삼았다는 점에서는 앞의 강제검 난과 맥이 통하고, 독립 국가 건설을 구상했다는 점에서는 1813년 양제해의 모변과 비슷하다. '남학당'이라고 하는 종교집단이 핵심 역할을 담당했다는 것도 또 하나의 특징이다.

남학은 1860년대 충청도와 전라도 일대에 유포되었던 신흥종교다. 유·불·선 3교와 민간신앙을 포괄하면서 후천세계와 무량낙원의 개벽을 기치로 내세웠던 점을 보면, 그 발생 시기뿐만 아니라 내용면에서도 동학과 유사함을 알게 된다.

그런데 동학과 유사한 성격 때문이었는지 동학농민전쟁이 실패로 끝나자 남학당 역시 대대적인 탄압을 받았다. 그 때문에 남학 교도 중 일부가 화를 피해 제주도에 들어왔던 것이다. 그들의 정착지는 대정군 광청리로서 지금의 서귀포시 안덕면 동광리와 서광리 일대가 그 지역에 해당된다. 당시 화전 개발이 활발히 이루어지던 중이라 그곳은 빈손으로 들어온 그들에겐 안성맞춤의 땅이었다.

1898년 2월 7일, 방성칠과 강벽곡, 정산마를 지도자로 한 광청리 일대 화전민 수백 명이 제주성 관아로 몰려와 소장을 제출했다. 소장의 내용은 화전세·목장세 및 호포의 과다 징수를 바로잡을 것과 환곡의 폐단을 없앨 것 등이었다.

당시 제주목사 이병휘는 일단 소장을 받아들여 폐단의 시정을 약속했다. 이로써 사건은 평화적으로 해결되는 듯했다. 그러나 다른 민란들과 마찬가지로 제주목사는 약속을 지키지 않았다. 급한

동광 6거리
이 지역은 조선 시대 말에 화전민들이 몰려들어 새롭게 화전을 일구었던 광청리 일대로 이후 방성칠 난의 발원지가 되었다. 현재는 서귀포시 안덕면 동광리다.

불부터 끄자는 심산에서 나온 약속이었을 뿐이다. 아니나 다를까 제주목사는 오히려 방성칠을 잡아들이려고 군졸을 풀었다.

이 소식을 접한 방성칠은 각 마을에 통문을 돌려 장정들을 모았다. 그리하여 3월 1일, 방성칠의 민군은 제주성으로 쳐들어갔고 성을 장악한 후에는 제주목사와 대정군수 채구석을 붙잡아 구타한 뒤 성 밖으로 내쫓기까지 했다. 민중의 의식은 이미 봉건적 한계를 넘어선 상태였다.

의식은 행동을 낳고 다시 그 행동이 의식을 고양하는 법이다. 민란이 확대되다 보면 사람들의 의식도 따라서 확장되는 경우가 많은 데 방성칠 난에서도 그런 현상이 있었다. 민란 과정에서 항쟁의 목표가 변한 것이다. 정확히 말하면 업그레이드되었다고 하겠다. 단순한 조세 거부가 아니라 독립 국가의 건설이라는 정치 변혁을 구상하기에까지 이르렀던 것이다.

여기에는 《정감록》과 함께 방성분야(房星分野)라는 천문지리설도 동원되었다. 제주도는 방씨 임금이 태어날 방성(房星)의 땅이라는 게 핵심 내용으로 방성칠의 성(姓)을 별자리에다 갖다 맞춘 것이었다. 근대 과학과는 아주 거리가 먼 그저 황당한 중세적 신비주의일 뿐이었다.

하지만 방성칠의 민군은 독립 국가 건설이 불가능한 게 아니라고 판단했다. 게다가 당시 조정이 외세에 의해 정신없이 시달리고 있는 상황이라 진압군대 파견도 쉽지 않을 것으로 생각했다. 나름대로의 주도면밀함을 보여주는 대목이다. 중앙 정계의 인물을 끌어들인 점도 주목된다. 당시 제주에 유배 온 중앙 정객들을 포섭함으로써 부족한 정당성을 채울 수 있다고 판단했던 것이다. 그리하여 한때는 유배객 김낙영과 최형순 등이 합류하기도 했다.

그러나 그 정도의 준비만으로 독립 국가 건설을 꿈꾼다는 것은 애당초 무리였다. 그들 역시 처음부터 독립 국가 건설을 생각했던 것 같지는 않다. 제주성을 점령하고 나서 차후 대책을 논의하는 과정에서 나온 궁여지책으로 보인다. 과거의 민란처럼 한바탕 난리를 피운 뒤 물러가서 국왕의 조치만을 기다리기에는 이미 민권의식이 앞서가 있었으나, 그렇다고 다음 단계를 구체적으로 고민하는 수준에 이른 것도 아니었다. 그런 상황에서 진로를 모색한 결과 나온 게 독립 국가 건설이라는 목표였던 것 같다. 비록 구체적인 준비 없이 시작된 민란이라 하더라도 그냥 앉아서 당할 수만은 없었을 것이다. 더욱이 그들은 동학혁명마저 경험했던 민군이지 않은가.

하지만 결국 방성칠의 무리는 봉건 지배층의 교란술책에 빠져 쉽게 진압되고 말았다. 자기편으로 끌어들였던 유배 정객 최형순과 김낙영의 잔꾀에 넘어가고 말았던 것이다. 그들을 영입한 것 자체가 실책이었다. 유배인의 현실 비판은 민군의 그것과는 기본 입장부터 다르다. 겉으로는 정부를 원망하는 것 같지만 속으로는 그렇지가 않다. 언젠가는 임금이 자기를 다시 불러줄 것이라고 믿고 기다린다. 그러기에 봉건적 질서를 해체하려는 민군과는 이해관계가 처음부터 다를 수밖에 없었다.

민군의 배신자 최형순과 김낙영은 민란 지도부를 교묘하게 설득했다. 관군이 오면 승산이 없으니 일본에 찾아가 복속을 요청하자는 얘기였다. 그러면 최소한 제주도의 자치권 정도는 얻을 수 있을 것이라는 게 그들의 논리였다.

여기에 넘어간 방성칠은 일본으로 가는 배를 구하기 위해 제주성을 빠져나갔다. 하지만 관군과 내통하고 있던 봉건 지배층은 그 순간을 놓치지 않고 순식간에 성을 다시 장악해버렸다. 그러고는 도민과 봉기군 사이에서 이간질을 시작했다. 방성칠이 제주도를 일본에 갖다 바치기 위해 도망갔다고 소문을 낸 것이다. 이로써 민란군은 순식간에 고립되었고 파군봉까지 달아났던 방성칠은 결국 거기서 살해당하고 말았다. 그렇게 하여 방성칠의 봉기도 허망하게 막을 내렸다.

  일본으로의 복속 기도가 사실이든 아니든 간에 민란의 지도부가 제주도민들에게서 쉽게 버림받았다는 것 자체가 결정적인 패배의 원인이다. 남학당 스스로가 고립을 자초한 면도 없지 않다. 자신들만의 특이한 복장을 하고 제주도민과 구별하여 스스로를 '어남군(御南軍)'이라고 칭했다. 물론 내부 결속을 위해서 그랬겠지만, 결과적으로는 민중과의 괴리만을 초래했을 뿐이었다. 민중과 괴리된 운동은 결국 실패할 수밖에 없다는 교훈이 여기서도 확인되는 셈이다.

  이 점은 또한 방성칠 난을 탐라국의 재건으로 연결시키고자 하는 일부 향토 사학자들의 주장을 반박한다. 몇몇 향토 사학자들은 양제해 모변사건처럼 독립국 건설을 내세웠던 방성칠의 난을 극구 추켜세우고 있다. 애향심이 너무 앞서다 보니 제주도의 독자성 이야기만 나오면 그만 이성을 잃어버리곤 하는 폐습 때문이다. 하지만 그들의 주장은 설득력이 없다. 방성칠은 민란을 일으키기 불과 몇 년 전에야 제주도에 들어온 외지인에 불과하다. 게다가 제주도민들로부터 외면당할 만한 행동을 함으로써 스스로가 제주의 정체성과는 다른 면모를 보여준 사람이다. 때문에 방성칠을 탐라국의 계승자라고 평가하는 것은 억지다.

새로 쓰는 이재수의 난

1999년 박광수 영화감독이 사고를 쳤다. 무슨 대단한 문제작을 만들었다는 게 아니라, 아주 졸작을 만들었다는 얘기다. 물론 그럴 순 있다. 하지만 제작 단계에서부터 주변을 떠들썩하게 만들며 폼이란 폼은 다 잡았던 점을 생각하면 아무래도 짜증이 난다. 바로 영화 〈이재수의 난〉이다. 당시로선 국내 작품들 중 최고의 예산이 투입되었던 영화다. 게다가 제주 사람들의 기대와 관심은 또 얼마나 컸던가.

분명 제주 사람들의 애정은 각별했다. 도지사까지 영화에 출연했을 정도다. 100년 전 제주 민중의 고통과 저항을 형상화한다고 했기에 모든 지원을 아끼지 않았던 것이다. 그런데 막상 개봉된 영화는 실망 그 자체였다. 역사의 형상화가 아니라 이정재와 심은하의 러브스토리에 불과했다. 그렇다고 그 연애 이야기라도 잘 만들었다면 말도 않겠다. 뭐가 뭔지 통 알 수 없는 영화다. 원작인 현기영의 소설 《변방에 우짖는 새》를 한 번이라도 읽지 않은 사람은 줄거리조차 파악하기 힘든 난해한 영화다. 기대가 너무 컸기 때문일까?

하지만 비록 실패한 영화라 하더라도 100여 년 전 변방 제주섬에 그런 일이 있었음을 세상 사람들에게 알려준 것만으로도 의의가 있다고 나는 억지 위안을 했다. 그리고 이 영화를 비난하는 사람들에 맞서 열심히 옹호도 해주었다. 그렇게 해서라도 이재수 난을 알리고 싶었기 때문이다.

물론 영화 제작이 쉽지는 않았을 것이다. 이 사건 자체가 워낙 복잡한 관계들 속에서 맞물려 전개된 까닭에 더욱 그러했을 것이다. 명칭만 봐도 알 수 있다. '이재수의 난'이라는 이름 외에도 '제주교안(濟州敎案)', '신축교난(辛丑敎難)', '1901년 제주항쟁', '성교난(聖敎亂)' 등 각각이 처한 위치에 따라 이처럼 다양하게 이름을 붙였을 정도이니까.

천주교 전파의 폐단과 천주교도 세금 징수관

1901년 제주도에서 일어난 이재수(李在守)의 난은 천주교의 교세 확장과 이에 따른 폐단, 정부의 조세 수탈 등이 원인이 되어 일어난 사건이다.

천주교는 흥선대원군 시대만 해도 많은 박해를 받았다. 그러나 1886년 조불수호통상조약과 1896년 교민조약 이후로는 선교의 자유를 얻고 공세적으로 진출하고 있었다. 당시 프랑스 신부는 '국왕처럼 대우하라'는 의미의 '여아대(如我待)'라는 왕의 신표를 직접 수여 받아 지니고 있었기에 그야말로 거리낄 게 없었다. 완전한 치외법권 이상의 특혜를 누리고 있던 셈이다.

문제는 이들뿐만 아니라 조선 사람도 천주교로 개종하기만 하면 비슷한 특권을 누릴 수 있었다는 점이다. 이런 이점이 있었기에 신앙과 무관하게 천주교로 개종하는 사람들이 급격히 늘어났다. 제주도의 경우 1899년에야 천주교가 들어왔는데, 단 2년 뒤인

1901년에는 신도 수가 무려 1,300~1,400명을 헤아릴 정도로 급성장했다. 하지만 불행히도 이것은 천주교를 둘러싼 갈등이 멀지 않았음을 예고하는 조짐이었다.

정부의 조세 개혁에 따른 폐단도 이 사건의 큰 배경이다. 1897년, 조선은 광무개혁을 통해 대한제국으로 거듭 태어났다. 하지만 개혁을 추진할 돈이 없었다. 그러자 정부에서는 그동안 지방관청에서 징수하여 사용하던 각종 세금에 욕심을 냈다. 쉽게 얘기해서 지방세를 국세로 전환한 것이다. 이를 위해서 지방관보다 권한이 더 큰 세금 징수관(봉세관)을 각 지방에 파견했다.

하지만 이것은 지방 기득권자들의 이권을 침해하는 조치였다. 그랬기에 지방 기득권자들은 크게 반발했다. 양자 간의 갈등은 서서히 드러나기 시작했고 이에 백성들만 더욱 죽어날 판이 되었다. 중앙정부와 지방 세력 사이의 갈등 속에 이중으로 수탈을 당했기 때문이다.

중앙에서 파견된 세금 징수관은 누구보다 큰 권한을 가지고 있었지만 세금을 직접 징수하러 다닐 부하 직원이 없었다. 천주교도와의 만남은 이 대목에서 이뤄졌다. 천주교도들이 세금 징수의 악역을 자임하고 나섰던 것이다. 하지만 봉세관과 천주교도의 이러한 결탁은 토호 세력을 더욱 긴장시켰다. 기득권 상실을 피부로 느낄 수 있는 상황이 되었기 때문이다.

문화적 갈등 또한 이 사건의 중요한 원인이다. 이때 들어온 천주교는 서구 우월주의적 사고가 매우 강했다. 그런 그들에게 제주

제주도의 옛 천주교 사제관

고유의 샤머니즘은 단지 격파되어야 할 사탄일 뿐이었다. 그러자 자연스럽게 제주 고유의 신앙 세력은 천주교를 종교적 침략 세력으로 인식하게 되었다.

 충돌은 먼저 오신락이라는 한 노인이 천주교도들에 의해 봉변을 당한 후 사망하면서부터 시작되었다. 사람이 죽는 일까지 일어나자 제주의 토호 세력은 더욱 긴장했다. 더는 방관할 상황이 아니라고 판단했던 것이다. 그들은 변화된 상황에 대응하고 향촌의 이권을 사수하기 위해 서둘러 '상무사'라는 조직을 만들었다. 대정군수 채구석과 향장 오대현이 그 조직의 중심인물이었다. 역시 이번에도 중심 지역은 민란의 고장인 대정이었다.

평화적 등소에서 무력 충돌로

양측 간에 팽팽하게 감돌던 긴장이 마침내 폭발한 것은 5월 6일이었다. 천주교인과 상무사 조직원들 간의 무력 충돌이 일어났던 것이다. 부이방이자 천주교도였던 김옥돌이 향장 오대현의 첩과 간음한 게 발단이 되었다. 대정군수는 당연히 김옥돌을 수감했다. 그러자 천주교도들이 반발했다. 천주교인은 하느님의 판결만 받을 뿐, 조선 정부의 판결을 받는 사람들이 아니라는 논리였다. 그들은 집단으로 몰려와 옥문을 부수고 김옥돌을 빼내어 갔고, 이 과정에서 상무사 조직원들과 한판 붙었던 것이다.

이에 상무사 조직원들은 통문을 돌려 민회(民會)를 개최했다. 민회에 모인 사람들은 봉세관의 과중한 세금 징수와 천주교인들의 부당한 횡포를 시정해 달라는 건의를 올리기로 했다. 집단적 건의를 올리기 위해선 우선 소장을 내는 우두머리, 즉 장두가 필요했다. 이때 장두로 나선 인물이 향장 오대현과 강우백이다. 장두가 정해지자 민회에 참여했던 사람들은 동진과 서진으로 무리를 나누어 제주성으로 향했다.

도민들은 이에 적극적으로 호응했다. 그동안 봉세관과 천주교인들에게 너무나도 시달려 왔기 때문이다. 도민들이 대거 가담하게 되자 민회 세력은 급격히 늘어났다. 마을을 하나 지날 때마다 민중의 위세는 커져만 갔다.

민중의 위세에 천주교 측은 지레 겁을 먹었다. 불행히도 그와 같은 과장된 공포가 일을 복잡하게 만들었다. 천주교도들이 무력

명월진성
1901년 5월 14일, 건의문을 올리기 위해 제주성을 향하다가 이곳에서
하룻밤을 묵은 민회 사람들이 천주교도들로부터 기습적인 공격을 당했다.

을 사용하면서 선제공격을 단행한 것이다. 건의문을 올리려고 제주성을 향해 몰려가던 민회 세력이 지금의 제주시 한림읍 명월에 도착해 하룻밤을 지새우고 난 5월 14일 새벽의 일이다. 여명 속에서 나타난 천주교인들이 총을 쏘면서 민회 사람들을 급습하고 장두 오대현 등 6명을 납치했다. 그리고 더 나아가 민회 세력의 본거지인 대정현으로 쳐들어가서 몇 사람을 쏘아 죽이고 무기를 탈취하기까지 했다.

천주교 측의 이와 같은 강경 대응은 민회가 민군(民軍)으로 전환하는 계기가 되었다. 평화적인 등소(等訴) 운동 대신 무력 항쟁으로 노선을 바꾸게 만든 것이다. 먼저 민회 조직이 새롭게 정비되었다. 납치된 장두 오대현의 자리를 채워 넣어야 했기 때문이다. 바로 이때 새롭게 장두로 등장한 인물이 이재수다. 그는 본래 관노 출신이었다는 이야기가 있으나 당시 상무사의 집강 직을 맡고 있었던 것을 보면 이미 상당 정도의 영향력을 행사했던 인물로 보인다.

제주성에 입성한 민군

이렇게 해서 민회는 전투 조직의 성격을 띠게 되었다. 더는 민회가 아니라 동진 대장 강우백과 서진 대장 이재수가 지휘하는 민군이 된 셈이다. 이처럼 새로이 진용을 짠 민군은 다시 3읍에 통문을 돌렸다. 그러고는 드디어 5월 17일, 제주성 밖의 황사평에 집결하여 천주교군과 대치하였다. 성을 둘러싸고 쌍방 간의 공방전이 계속되었으나 성은 쉽게 함락되지 않았다.

공방전이 진행되자 천주교와 무관한 성내(城內) 주민들은 점차 민군에 호응하기 시작했다. 시간이 흐를수록 반천주교를 외치는 성내 주민들의 목소리가 높아져만 갔다. 천주교도들 때문에 괜히 민군으로부터 미움을 사서 죽임을 당하고 싶지는 않았기 때문이다. 게다가 무엇보다 바닥난 식량이 그들을 민군 측으로 돌려놓았다. 그리하여 전세는 서서히 민군 측에 유리해졌다. 이윽고 5월 28일 성문이 열렸다. 굶주림이라는 절박한 상황이 성문을 열게 한 것이다. 여기에 앞장섰던 사람들은 무녀(巫女)와 퇴기(退妓)였다.

그들은 그동안 천주교도들에 의해 "미신이다", "부도덕하다" 하면서 멸시를 받았던 사람들이다. 천주교 측과의 문화적 갈등도 이 사건의 커다란 배경이 되었음을 말해주는 장면이다.

입성한 농민군은 서진 대장 이재수의 주도 아래 천주교도들을 색출하여 317명을 살해했다. 그런데 여기에는 "장군의 덕에 힘입어 천주교인들을 모두 죽이니, 이로부터 3군의 민인이 편히 쉴 수 있게 되었다"라고 입을 모은 제주도민들의 절대적인 지지가 있었다.

한편, 이 사건의 한 축인 천주교 측은 프랑스 신부를 통해 프랑스 해군에 지원을 요청했고, 그 결과 5월 31일에 프랑스 해군이 270명의 병력을 이끌고 제주 바다에 모습을 드러냈다. 6월 2일에는 조선 정부의 강화도 진위대(鎭衛隊) 병정 100명과 궁내부 고문관이었던 미국인 샌즈가 제주 땅을 밟았다. 이재수의 난이 국제적 문제로까지 확대되었던 것이다.

프랑스는 자국 신부가 살해되지 않았기 때문에 더는 개입할 명분을 찾지 못했다. 그리하여 단지 조속한 진압과 관련자 처형을 요청하는 수준에서 물러났다. 하지만 그것이 끝은 아니었다. 민란이 진압된 후 프랑스는 조선 정부에 민란으로 인한 피해를 보상하라며 엄청난 금액을 요구했다. 억울한 일이긴 하나 그 많은 보상금은 결국 제주도민 전체가 나누어 부담할 수밖에 없었다.

뒤늦게 들어온 관군은 우선 민군의 해산을 종용했다. 그러나 민군은 "세폐(歲弊)와 교폐(敎弊)를 혁파할 것", "수탈을 일삼은 봉세관 강봉헌과 나머지 천주교인들을 처벌할 것", "도민들의 죄를 묻지 말 것"을 요구하며 선 협상, 후 해산을 주장했다.

그러나 이와 같은 대치 과정이 길어지다 보니 민군은 서서히 지쳐갔다. 이럴 때 꼭 나타나는 또 다른 난관이 있다. 내부의 노선 갈등이다. 참으로 불행한 일이지만 제주의 민군 내부에서도 이런 갈등이 점차 표면화되기 시작했다. 이재수의 서진은 항쟁의 목표를 달성하기 위해 강경 노선을 취한 반면, 오대현의 동진은 사태를 관망하거나 소극적으로 임하면서 관과의 타협만을 주장했다. 이러한 노선 대립은 이재수와 오대현으로 상징되는 지도부의 계급 기반 차이에서 연유한 것으로 보인다. 그래도 도원수는 이재수였다. 초기와는 다르게 이 사건의 말기에는 민중이 주도권을 쥐고 있었다는 얘기다.

민란의 좌절

정부에서는 회유에 의한 방법이 효과를 보지 못하자 증원부대를 파견했다. 그리하여 6월 10일, 찰리사(察理使) 황기연(黃耆淵)과 진위대 200명이 제주도에 도착했다. 새롭게 진용을 짠 관군은 민군 지도부를 다시 회유했다. 일단 제주성 안으로 들어오면 요구조건을 들어주겠다고 미끼를 던진 것이다.

민군 지도부는 속는 줄 뻔히 알면서도 협상을 위해 성내로 들어가지 않을 수 없었다. 때는 보리가 익어가는 6월이었다. 보리 수확을 앞두고 더는 사람들을 항쟁의 대열에 묶어둘 수는 없었다. 민

황사평 천주교 공동묘지
황사평은 이재수 난 당시 민군의 주둔지였다.

군 지도부는 어느 누구보다 이 점을 잘 알고 있었다. 하지만 안타깝게도 그것으로 끝이었다. 관군은 성내로 들어온 장두들을 구속한 뒤 민군을 강제로 해산시켰고 이렇게 제주항쟁은 막을 내렸다.

장두들은 6월 13일에 정식 수감된 후 7월 18일에 서울로 압송되었다. 그리고 10월 9일 이재수와 오대현, 강우백 세 장두는 조용히 교수형을 당했다. 그러나 재판 과정에서도 이재수는 "우리가 죽인 것은 양민이 아니라 역적일 뿐"이라면서 당당함을 잃지 않았다.

나중에 프랑스는 피해보상을 요구하여 총 6,315원을 받아갔다. 제주도민은 이를 수락할 수밖에 없었으며 부담은 도민 전체가 나누어 졌다. 또 프랑스는 이때 피살된 천주교도들을 위한 묘지 터도 요구했다. 그런데 역설적이게도 황사평이 그 터가 되었다. 민군이 진을 치고 있었던 황사평이 거꾸로 천주교인들의 안식처로 변한 것이었다.

반봉건·반외세 항쟁

천주교 측에서는 이 사건을 천주교의 수난, 즉 교난(敎難)으로 정의하고 있다. 천주교인들이 수난을 당한 건 분명 사실이다. 죄가 많아 죽은 사람도 있고, 또 순수하게 신앙을 증언하다가 희생된 사람도 있다. 때문에 천주교 측의 입장이 전혀 잘못된 것은 아니다.

반면, 봉기를 일으켰던 민중의 입장에선 다르다. 누적된 봉건적 수탈구조를 혁파하기 위해 목숨 걸고 일으켰던 사건이기 때문이다. 항쟁의 결과 17개 항의 세폐 혁파 약속도 얻어냈다. 따라서 이 사건은 제주도민들의 성공적인 반봉건운동으로 정리할 수 있다. 또 천주교 세력을 침략적 외세로 간주하여 무력 항쟁을 전개했기 때문에 반외세운동으로도 규정할 수 있다. 도민들이 천주교인을 "법국놈, 법국년"이라고 표현했던 점이나, 이재수가 5월 28일 제주성에 입성한 후, "양인(洋人)을 토멸하고 제주성을 회복하였다"라고 외쳤던 점이 이를 잘 말해준다. 그뿐만 아니라 12개 항의 교폐 척결 내용을 담은 '교민화의약정(敎民和議約定)'을 얻어내 소정의 성과를 거두었던 점도 주목할 만하다.

19세기 제주 민란의 특징

✜

19세기를 '민란의 시대'라 부른다. 홍경래의 난(1811), 임술민란(1862), 동학농민전쟁(1894년) 등 굵직한 민란들이 줄을 잇던 시대이기 때문이다. 극도로 문란한 세도정치가 그 배경이 되었다. 하지만 부정부패만이 민란의 원인이었던 것은 아니다. 훨씬 이전부터 폐단은 누적되어 왔으며 이것이 19세기에 와서 한꺼번에 터져 나왔을 뿐이다.

16세기 말의 임진왜란은 이미 그 단초를 보여준 사건이다. 이순신을 제외하곤 조선의 관군이 보여준 대응 능력은 한심한 수준이었다. 이것은 조선왕조의 지배체제 및 사대부 계급의 지배 능력이 한계점에 이르렀음을 말해 준다.

임진왜란을 계기로 중국과 일본에서는 각각 왕조의 교체와 정권의 교체가 있었다. 하지만 정작 전쟁터였던 한반도에서는 역사의 탄력성을 잃은 조선왕조가 그대로 지속되었다. 그게 문제였다. 임진왜란을 계기로 조선은 차라리 망했어야 했다. 그리고 나서 새로운 근대 사회가 준비됐어야만 했다. 그랬어야 역사의 수레바퀴가 제대로 굴러갔을 것이다. 역사에서 가정은 불필요하다지만, 만약 그랬더라면 우리는 식민지배도, 분단도, 동족상잔의 전쟁도 경험하지 않았을 것이다.

당시의 시대적 과제는 신분제 폐지, 민권 신장, 상품화폐 경제의 촉진, 농민의 토지 소유 확립 등이었다. 그러나 나라가 망하더라도 자신의 기득권만은 철저히 지키려 했던, 탐욕스러운 양반 지배층이 그 역할을 해낼 수는 없었다. 결국 사회 모순에 따른 부담은 전적으로 민중들에게 지워졌다. 민란은 바로 이와 같은 상황 속에서 시대적 과제를 해결해 나가려 한 민중들의 몸부림이었다.

물론 19세기의 모든 민란이 근대적 개혁을 지향했던 민중의 목적 의식적 행위였다고 규정할 수는 없다. 아니 오히려 개개의 사건 그 자체에만 주목한다면 민란의 근대 지향성은 크게 눈에 띄지 않는다. 왕조를 부정하는 단계로까지 나간 민란이 거의 없다는 점만 봐도 그렇다. 그러나 긴 안목에서 볼 때 민란은 분명 중세적 모순에 대한 저항이었으며 그런 만큼 결과적으로 근대를 앞당기게 한 하나의 자극제였다.

전체 흐름으로 보면 19세기의 민란도 발전을 거듭하고 있었음을 알 수 있다. 19세기 초에 일어났던 홍경래 난의 경우, 조선왕조에 도전하고 있음에도 불구하고 특권적 신분을 옹호하는 중세적 가치관은 여전히 유지되고 있었다. 권력에서 소외된 양반층이 다시 권력을 차지하고자 일으킨 봉기, 즉 지배층 내부의 권력 다툼이었다는 말이다. 그럼에도 민중의 호응을 받기는 했다. 민중과 소외된 양반층에게 공동의 적이 있었기 때문이다.

반면 1862년 전국적 봉기인 임술민란의 경우, 그 주체 세력이 상당 부분 민중으로 내려와 있다. 하지만 이때까지의 민란 역시 조직적이지 못했고 이념적 목표도 분명히 세우지 못한 상태였다. 그 때문에 강렬한 저항을 보여주었음에도 쉽게 좌절되고 말았던 것이다.

그러나 1894년 동학농민전쟁 단계에 이르면 분명한 차이가 드러난다. 견고한 조직력과 뚜렷한 항쟁 목표가 제시되고 있다. 이 시기의 민중은 이미 사회의 모순을 과학적으로 볼 줄 알았고 또 그것을 해결할 방법에 대해서도 체계적으로 고민하는 수준에 있었다.

 19세기 제주 지역의 민란도 대체적으로는 조선의 민란과 유사하다. 그러나 한편에서는 특이한 모습도 나타난다. 제주도만의 특수한 상황이 있었기 때문이다. 독립 국가 건설이라는 구호를 내세운 1813년 양제해의 모변과 1898년 방성칠의 난이 그 대표적인 사례이다. 화전세가 원인이 된 1862년 강제검의 난과 1898년 방성칠의 난도 제주도만의 독특한 사회·경제적 조건을 보여준다. 1901년 이재수의 난도 특이하다. 봉건적 모순에 대한 저항이라는 점은 여느 민란과 유사하지만, 천주교로 대변되는 외세에 대한 저항이라는 측면은 이재수의 난만이 가진 독특성이다.

10

일제강점기 제주인의 삶과 항쟁

코끼리 표 보온밥통

 세련된 디지털 주방용품이 홍수를 이루면서 사라진 물건들이 있다. 그중 하나가 보온밥통인데 제주도에는 유난히 이게 많았다. 특이한 점은 그게 대부분 일본산이라는 점이다. 배우 강부자가 국산 보온밥통을 아무리 선전해대도 제주 사람들은 요지부동이었다. 일제 보온밥통이 있었기 때문이다. 그렇다고 해서 제주 사람들이 특별히 일제를 선호한다거나 돈이 많았던 것도 아니다. 대부분 일본에 사는 친척들이 보내준 물건인 것이다.
 그렇게도 일본에 친척들이 많은가? 그렇다. 제주 사람 치고 일본에 친척 없는 사람이 드물 정도다. 제주의 각 가정에 일제 보온밥통이 하나씩은 있었고, 또 거의 모든 동네 마을회관 앞에는 재일교포의 공덕비가 적지 않게 세워져 있다. 이런 모습 또한 제주 사회의 특징이다.
 이들 제주 출신의 재일교포들은 언제부터 대규모로 형성되었던 것일까? 왜 유별나게도 제주 사람들은 그렇게도 많이 일본으로 건너간 것일까? 재일교포에 대해 제주 사람들이 갖는 이미지는 단순히 '돈 많은 사람'이지만, 사실 이들 제주 출신 재일교포의 형성사는 그야말로 고난의 역사였다.

제주 사람들이 일본으로 대거 건너간 때는 일제강점기였다. 인구 이동은 밀어내는 요소와 끌어당기는 요소가 동시에 작용할 때 큰 규모로 발생하는데 바로 일제강점기의 제주도가 그런 상황이었던 것이다.

먼저, 제주에서 사람들을 밀어낸 요인은 1908년에서 1916년 사이에 진행된 역둔토조사사업과 토지조사사업이었다. 이 조사사업으로 인해 농민들이 대거 농토를 잃었다. 다른 지역에서도 이는 보편적인 현상이었지만 제주의 경우는 그 상황이 유난히 심각했다.

국가에 말을 진상하던 관행이 폐지되면서 조선 말기 제주의 목장은 대부분 일반 농토로 전환된 상태였다. 토지의 명목상 소유권은 국가에 있었지만, 농민들은 이 토지를 매매할 정도로 실질적인 점유권과 경작권을 가지고 있었다. 그러나 조사사업이 진행되면서 농민들의 경작권은 완전히 무시되었다. 국가 소유의 토지이기에 자연스레 총독부 소유의 토지가 된다는 논리였다.

척박한 토양과 거센 바람으로 인해 평소에도 제주도는 다른 지역 생산량의 절반도 수확하질 못했다. 그랬기에 제주 사람들은 소작 빈농보다 더 열악한 절대빈곤의 궁농(窮農)이라고 표현될 정도였다. 본래 상황이 이러한데 거기에 더해 토지까지 빼앗겼으니,

제주 사람들은 더는 머물러 살 수가 없었던 것이다. 이것이 바로 제주 사람들을 일본으로 밀어냈던 요인이다.

반면 제주 사람들을 일본으로 끌어당긴 요인은 제1차 세계대전(1914~1918)에 따른 전쟁특수였다. 전쟁으로 인해 갑작스레 커진 노동력 수요가 제주 사람들의 대규모 이주를 촉발했다는 말이다. 역설적이지만 전쟁은 자본주의 경제를 활성화시킨다. 전쟁은 군수물자 생산을 끝없이 요구하고, 군수물자 생산은 관련 산업의 발전을 유도하기 때문이다. 한국전쟁 때 일본의 경제가 급성장한 것이나 베트남전쟁으로 한국 경제가 도약한 것은 전쟁과 경제의 함수관계를 잘 말해 준다.

당시 막 자본주의 경제의 본궤도에 오르기 시작한 일본으로서는 제1차 세계대전이야말로 경제성장의 대단한 호기였다. 공장은 쉬지 않고 가동되었고 이를 감당할 노동력은 크게 부족했다. 이때 그 자리를 채워 준 것이 자기 땅을 떠나야만 했던 조선 사람들의 값싼 노동력이었다.

조선 사람을 자유롭게 일본으로 건너갈 수 있도록 한 '자유도항제'가 1922년에 실시되었던 것도 노동력 때문이다. 같은 맥락에서 이듬해인 1923년에는 제주도와 오사카를 잇는 직항로가 개설되기도 했다. 이로써 부산과 시모노세키를 거쳐 가던 예전에 비해 시간도 반으로 줄고 뱃삯도 3분의 1로 줄었다. 그런 상황이었으니 제주 사람들의 일본행이 크게 늘어난 것은 당연했다.

그렇다면 도대체 그 규모는 어느 정도였을까? 평균적으로 봐서 대략 4만 명 정도는 항상 일본에 거주했던 것으로 보인다. 가장 많았던 1934년에는 제주 인구의 4분의 1에 해당하는 5만 명 이상이 일본에 건너가 있었다. 이는 한 가족당 한 명꼴의 숫자다. 이들은 대부분 오사카 일대의 공업 지대에 밀집해 살았다. 그러다 보니 당시 오사카에 거주했던 조선인의 60퍼센트가 제주 출신일 정도였다. 오사카 지역에서 사상운동을 한 제주 사람이 300여 명에 달했다고 하는 일제 검사국의 정보문서도 과장은 아닌 것 같다. 이렇게 제주 사람들은 일제강점기 내내 일본 오사카를 옆에 끼고 살았다.

제주도 전체 인구 중 4분의 1이 고향을 떠나야만 했던 현실을, 그것도 민족차별이 극심한 일본으로 떠나야만 했던 현실을 우리는 오늘날 너무도 쉽게 이야기하지만, 사실 그것은 고통 그 자체였다. 하지만 그 고통을 그대로 무기력하게 받아들이지만은 않았다. 면면히 이어져 온 저항의 전통이 있었기에 또다시 제주 사람들은 이민족의 지배에 맞서 항거했던 것이다.

법정사 항일운동

머지않아 불무황제(佛務皇帝)가 출현하여 국권을 회복하게 될 것이니, 우선 제주도에 사는 일본인 관리를 죽이고 상인들을 도외로 쫓아내야 한다.

1918년, 법정사(法井寺) 항일투쟁을 주도했던 김연일(金蓮日)에 대한 경찰 수사자료 중 일부이다. '불무황제 출현'이라는 황당한 대목이 나오긴 하지만, 일제 관리와 상인을 투쟁의 대상으로 명확히 설정한 점은 주목할 만하다. 그만큼 일제 관리의 횡포와 상인의 경제 수탈이 극에 달했음을 보여주는 대목이다.

법정사 항일투쟁은 제주의 3대 항일운동 중 가장 먼저 일어난 사건이다. 3·1운동 이전, 즉 엄혹한 무단통치기에 전개된 투쟁인 것이다. 시점도 시점이거니와 그 규모나 강도도 만만치 않았다. 400여 명의 주민이 중문주재소를 습격·파괴하고 그 여파로 66명이 검거되어 2명이 옥중에서 목숨을 잃었을 정도다. 형량도 최고 징역 10년까지 나왔다. 이런 것만 봐도 법정사 항쟁이 매우 대단한 사건이었음을 쉬이 짐작할 수 있다. 그런 만큼 제주의 항일운동사, 나아가 한국 항일운동사에서 이 사건은 다시 평가될 필요가 있다.

그런데 왜 지금까지 이 항쟁이 크게 주목받지 못했을까? 그것은 무엇보다 그 실체가 명확히 드러나지 않았기 때문이다. 우선 투쟁 주체의 성격부터가 불분명한 상태다. 얼핏 보면 이 투쟁은 불교계 주도의 항일운동인 것처럼 생각된다. 항쟁의 근거지인 법정사가 불교 사찰이며 검속자 66명 중 13명이 김연일, 방동화, 정구룡과 같은 승려였던 점을 보면 그렇다.

그러나 이 문제는 그리 간단치가 않다. 한동안 '보천교의 난' 혹은 '보천교 항일운동'으로 일컬어지기도 했는데 그것은 이 항쟁의

방동화 스님
1918년 법정사 항일운동의 주역이었다.

복잡한 성격을 암시한다. 단순히 불교계 주도의 항쟁만은 아니라는 얘기다.

제주도에서 불교는 조선 후기에 완전히 초토화되어 있었다. 그러다가 겨우 1908년에야 다시 사찰이 세워질 정도로 교세가 미미했다. 반면에 증산교의 일파로서 토속 종교를 바탕으로 유·불·선을 결합한 보천교는 이때 이미 상당한 교세를 과시하고 있었다. 1922년《동아일보》보도에 따르면, 당시 제주의 보천교도가 2만 명이었을 정도다. 법정사 항일투쟁의 두 번째 주모자인 박주석이 선도교(보천교의 옛 이름) 수령이었다는 점도 주목할 만하다. 보천교와의 연관성을 강하게 보여주는 단서이기 때문이다.

여기서 우리는 3·1운동 주도 세력을 주목한다면 힌트를 얻을 수도 있다. 민족대표 33인은 모두 종교계 지도자들이며 3·1운동을 실행에 옮겼던 세력은 학생들이다. 즉 종교계와 학생 집단만이 무단통치 기간에도 조직적으로 움직일 수 있었다는 말이다. 지난날의 군사 독재 정권 때에도 이것은 마찬가지였다. 억압 속에서 그나마 목소리를 내고 조직을 동원할 수 있었던 건 종교계와 학생들뿐이었다. 특히 종교계는 폭압적 상황 하에서도 어느 정도는 활동 공간을 보장받는 게 보편적인 현상이다.

하지만 모든 종교가 그런 건 아니다. 시민권을 얻지 못한 이른바 사이비 종교는 배척되기 십상이다. 일제는 일본의 신도와 불교 그리고 기독교만을 종교로 인정하고 나머지는 모두 불법으로 간주했다. 특히 민족성이 강한 토속 종교는 모두 미신으로 규정하고 탄압했다.

이것이 바로 법정사 항쟁의 숨겨진 코드가 아닐까? 즉 강한 반일 사상을 내재한 보천교(당시에는 선도교)로서는 항쟁을 확대하기 어려웠기 때문에, 합법의 테두리 내에 있던 불교의 외피를 썼을 것이라는 추측이다. 만약 그렇다면 주동자 김연일 등은 분명 불교 승려였지만, 그 이전에 보천교 사상을 몸에 간직한 항일운동가였을 수도 있겠다.

어쨌거나 이들은 1918년 10월 6일에 거사를 단행했다. 법정사 주지 김연일은 스스로를 불무황제라고 칭하고 박주석을 도대장에 임명한 뒤, 봉기군 400여 명을 2개 대열로 편성하여 행정관서인 제주도 지청 서귀포지소를 향해 진격했다. 봉기군은 대부분 호미와 낫을 무기로 사용했지만 그 가운데에는 이춘삼처럼 엽총을 가진 사람도 있었다.

이들은 곧 서귀포 서호리에서 경찰과 대치했다. 그러자 봉기군은 두 패로 나누어 일부는 중문주재소를 습격했고 나머지는 계속 그곳에서 경찰과 대치했다. 중문주재소 습격은 성공이었다. 일본인 경찰 세 명을 포박하고 구금자 13명을 석방시켰으며 주재소 건물을 파괴했을 정도다.

하지만 서호리에서 일경과 대치했던 부대는 점차 밀려나 퇴각할 수밖에 없었다. 불리한 정황이 계속 이어지다가 급기야 박주석을 비롯한 주동자 12명이 체포되자 전열은 완전히 흩어져 버렸다. 이어 중문주재소를 습격했던 김연일마저 천제연 폭포 근처에서 체포되고 말았다. 주동자가 체포되자 봉기군은 순식간에 붕괴했고 결국 이틀 만에 항쟁은 막을 내리고 말았다.

제주도의 기미년 만세운동

1919년 3·1운동은 흔히 온 민족의 항쟁이라고 불린다. 당시 전국 220개 군 중 211개 군에서 운동이 전개되었다고 하니 온 민족적 항쟁이란 말이 전혀 과장은 아니다.

당연히 제주도에서도 만세운동이 있었다. 제주의 만세운동은 3월 21일부터 3월 24일까지 4일 동안 진행되었다. 규모도 작은 게 아니어서 매일 수백 명이 모여 만세 시위를 벌일 정도였다. 규모도 규모지만 이 운동을 계기로 민족의식에 눈을 뜬 제주의 젊은이가 많아졌다는 점도 중요하다. 그런 까닭에 3·1운동 역시 제주의 3대 항일운동 중 하나로 손꼽히고 있다.

제주도에서 만세운동이 시작된 게 3월 21일이니 서울보다는 딱 20일 뒤였다. 험한 바다 건너 먼 거리를 생각한다면 결코 늦은 시점은 아니다. 유관순의 아우내 장터 시위처럼 서울 유학 중이던 학생이 〈독립선언서〉를 품에 숨기고 귀향하면서 항쟁은 시작되었다. 이런 방식의 만세 시위가 당시 지방의 보편적인 양상이었다. 제주도 역시 예외는 아니었던 것이다.

제주에 만세운동의 불씨를 가지고 온 사람은 당시 휘문고등보통학교 4학년에 재학 중이던 김장환(金章煥)이었다. 그는 제주 조천 출신의 항일운동가 김시학의 아들이다. 아버지 김시학 역시 일본 유학 중에 신익희와 함께 활동했고 이후에는 여운형과 더불어 '조선농인사'를 창립했을 정도로 잘 알려진 인물이다.

김장환은 〈독립선언서〉를 들고 귀향한 후 그의 당숙인 김시범과 김시은을 찾아가서 서울의 소식을 전하며 만세운동을 하자고 설득했다. 이에 김시범과 김시은은 조카의 뜻을 수용하고 곧바로 동지 규합에 나섰다. 이에 14명의 동지가 모여 거사일을 3월 21일로 잡았다. 보편적으로 거사일은 장날인 경우가 많다. 그런데 그 날은 장날이 아니라, 당시 제주에서 명망이 높았던 유림 김시우의 기일이었다. 이는 주동자 대부분이 조천의 세력가인 김해김씨 집

제주시 조천읍에 있는 3·1만세
운동 기념탑

안과 관련 있는 사람들이었기 때문이다.

3월 21일의 시위는 현재 기념탑이 서 있는 제주시 조천읍 조천리 미밋동산(지금은 만세동산이라고 부른다)에서 시작되었다. 처음에는 150명가량 모였는데 김필원이 혈서로 '독립 만세'를 쓰고 나서자 갑자기 500명은 족히 넘을 정도의 사람들이 몰려들었다. 오후 3시경 김시범이 동산 위에 태극기를 꽂은 후 〈독립선언서〉를 낭독했고 그 뒤를 따라 조카 김장환이 만세를 선창했다. 그러고는 곧 비석거리를 거쳐 제주 성내로 행진을 시작했다.

그러나 시위대가 신촌에 이르자 일경이 이를 막았고 이어 집회

참여자 13명이 연행되면서 그날 시위는 끝나고 말았다. 이후 3일 동안 계속된 시위도 비슷한 양상으로 전개되었다. 주동자가 체포되면 일단락되는 형식이었다. 결국 3월 24일, 14명의 거사 동지 모두가 체포되면서 제주의 만세운동은 막을 내렸다.

이 만세 시위로 직접 처벌받은 사람은 모두 23명에 달했다. 최고형을 받은 사람은 김시범과 김시은으로 둘 다 징역 1년 형이었다. 앞의 법정사 항일운동과 비교해보면 형량이 매우 적다. 이것은 3·1운동으로 놀란 일제가 유화적인 통치로 정책을 바꿨기 때문에 나타난 현상이다.

주동자들에 대한 가벼운 형량과 시위 지역의 협소함을 들어 이 사건의 의미를 축소하는 사람들이 종종 있다. 제주의 일부 지역, 즉 조천을 중심으로 일어났기 때문에 그 이름도 '조천 만세운동'이라는 것이다. 하지만 그렇지 않다. 조천 만세 시위의 여파는 곧바로 서귀포 삼매봉 만세 시위와 서귀포 해상 만세 시위로 나타났으므로 결코 조천이라는 좁은 지역에 국한된 것이 아니었다. 그런 만큼 그 이름도 '기미년 제주 만세운동'이라고 부르는 게 옳다.

그런데 어째서 제주의 중심지인 제주 성내가 아니고 '조천'이 만세운동의 시발점이 되었을까? 조천은 조선 시대의 주요 포구로서 한반도와의 해상무역을 통해 부를 쌓은 지역이다. 조선 후기로 접어들면서 그 부를 바탕으로 양반이 된 사람들이 있었는데, 대표적인 가문이 바로 조천의 김씨 집안이다. 이들은 그 재력을 바탕으로 자식들을 일본이나 서울로 유학을 보냈다. 이때 유학 갔던 자제들이 새로운 사상이나 소식을 전했던 것이다.《동아일보》창간 당시 주필이었으며 제주도 최초의 사회주의자인 김명식의 활동도 이런 배경에서 나왔다. 이 지역의 만세운동 역시 마찬가지의 맥락으로 볼 수 있겠다.

조천의 김씨 집안에서 항일운동에 나섰던 사람들은 이 외에도 많다. 오사카 노동운동의 대부 김문준, 여성으로 일본에서 노동운동을 전개했던 김시숙, 독립운동 자금 모집에 나섰던 김운배, 광주항일학생운동에 참여했던 김시성과 김시황, 공산주의 항일운동을 벌인 김시용, 김갑환 등이 대표적 인물이다.

그런데 조선 말엽 민란기에 이들 조천의 김씨 집안이 취했던 입장을 보면 흥미롭다. 민란을 진압한 봉건 세력으로 이름을 떨쳤던 것이다. 1898년의 방성칠의 난 때 사사로이 진압군을 조직했던 김응빈이 가장 두드러진 경우다. 그랬던 그들이 일제 지배로 기득권을 상실하게 되자 항일 세력으로 변모한 것이다.

신인회 결성

3·1운동에 놀란 일제는 통치방식을 교묘하게 바꾸었다. 총칼의 무단통치 대신 앞선 문화로 조선을 다스리겠다며 문화통치를 표방한 것이다. 이에 따라 어느 정도의 자유가 허용되기도 했는데, 물론 이것은 본질적인 변화와는 거리가 멀었다. 단지 조선 민족의

내부 분열을 유도하고 그중 상층부를 친일파로 끌어들이려는 고도의 술책이었을 뿐이다.

대표적인 것이 면 협의회 같은 허울 좋은 자치기구다. 하지만 이 협의회는 5원 이상의 면 부과금을 내는 사람 중에서만 협의회 위원을 선출하는 등 한계가 큰 제도였다. 하지만 그와 같은 일제의 회유책은 제주 지역에서도 어느 정도 성공을 거뒀다. 3·1운동으로 격앙된 분위기가 조금씩 가라앉았던 것이다. 3·1운동의 여파가 여전히 남아 있던 1919년 5월 당시 유림으로서 명망이 높았던 홍종시가 제주면장이 되었다. 또 얼마 후엔 민립대학기성회 집행위원이었던 임창현과 강공칠이 각각 구우면장과 구좌면장에 취임했다. 어느 역사에서나 피 흘리는 사람 따로 있고, 챙기는 사람 따로 있는 법이다.

그러다 보니 젊은이들 사이에서 이런 흐름에 반발하는 기운이 강하게 일었다. 일제가 만들어준 틀 안에서 계몽을 하고 자치를 한다는 것이 얼마나 어리석은 일인지를 그들은 명확히 깨달았던 것이다. 특히 1917년 러시아 혁명으로 형성된 소비에트 사회가 새로운 생활을 가져다주었으며 제국주의와는 가장 적극적으로 싸우고 있다는 소식이 들려오면서부터 조선의 젊은이들은 급속도로 사회주의를 수용하기 시작했다. 경향 각처에서 입으로 사회주의를 말하지 않으면 시대에 뒤떨어진 것처럼 생각했던 게 당시의 분위기다.

제주도 역시 예외는 아니었다. 당시 사회주의 항일운동을 전개했던 북제주군 한림 출신의 이익우는 그때의 상황을 "유교 사상이나 계몽운동은 한계에 부딪혔고 새로 유입된 사회주의 사상만이 독립운동에 유일한 힘이 되었다"고 회고했다.

앞서 얘기했지만 제주도에서 가장 먼저 사회주의를 수용·전파했던 사람은 조천 출신의 김명식이다. 초창기 《동아일보》 주필이기도 했던 그는 1920년 조선노동공제회와 조선청년연합회의를 결성하고, 이듬해에는 서울청년회의 결성을 주도하고 간부로 활약했을 정도로 탁월한 인물이다. 그런 만큼 그는 제주 지역 항일운동의 선구자로 추앙받고 있다. 사회주의자에게 훈장 주기를 꺼리는 대한민국 정부마저도 1999년 광복절에 그에게 건국훈장 애족장을 추서했다.

제주도에서 본격적으로 사회주의 항일운동이 전개되었던 것은 1925년 신인회(新人會)가 결성되면서부터다. 이 단체는 강령에서 "우리는 무산자(無産者)를 본위로 하는 신사회 건설을 기함"이라 하여 사회주의 노선을 명백히 밝혔다. 주요 인물로는 송종현, 한상호, 김택수, 강창보, 홍순일 등이다. 이 중 특히 강창보를 기억할 필요가 있는데, 그는 1932년 해녀항쟁이 전개될 때까지 실질적으로 제주의 항일운동을 이끌었던 인물이다. 하지만 그는 김명식보다 늦은 2005년 3월 1일에 와서야 국가의 인정을 받을 수 있었다.

신인회는 결성되자마자 김택수와 송종현이 구속될 정도로 탄압을 받았다. 그러나 1927년 제주의 청년 사회주의자들은 제3차 조선공산당에 가입하면서 조직을 더욱 확대하여 '조선공산당 제주 야체이카'를 건설했다. 야체이카는 러시아어로 세포라는 뜻이다. 여기에는 우도 출신의 신재홍, 한림 출신의 이익우, 대정 출신의 오대진 등이 가입했다. 또 이들보다 어린 윤석원과 김정로는 고려공산청년회에 가입하여 이 선배들과 교류하면서 다음 시대를 준비했다.

이들이 가장 주력했던 사업은 청년조직을 정비하고 지도하는 일이었다. 1928년 느슨했던 제주청년연합회를 제주청년동맹으로 개편하고 그들의 지도 아래 놓았던 건 그러한 활동의 일환이었다. 당시 제주청년동맹 조직원이 4,000명에 이르렀던 것을 보면 이들의 영향력을 대략이나마 짐작할 수 있겠다.

하지만 1928년 8월, 일제가 제4차 조선공산당 검거를 시작하면서 야체이카 조직은 위기를 맞았다. 송종현, 김택수, 강창보, 한상호 등 주요 간부들과 고려공산청년회의 김정노, 윤석원 등이 구속되었다.

이로써 이들의 활동은 잠깐 위축되는 듯했다. 그러나 이들은 침묵 속에서도 은밀히 활동을 전개하고 있었다. 그리하여 1930년이 되자 지역별로 구좌의 혁우동맹, 애월의 8인동지, 신창의 신창독서회라는 이름으로 조직을 복원했다. 그중 특히 구좌 지역의 혁우동맹이 가장 활발히 활동을 전개했다. 야체이카 검속 당시 체포를 면한 신재홍, 오문규, 강관순, 문도배, 김시곤, 김성오 등이 그 조직의 주역이었다.

이러한 움직임은 1930년 12월 강창보가 석방되고 다음해 1월 4

강창보
제주 항일운동의 실질적 지도자였지만 2005년 3월 1일에야 정부는 건국훈장 애국장을 추서하였다.

일 제주에 돌아오면서 더욱 활기를 띠었다. 곧이어 1931년 5월 16일 그들은 조선공산당 제주 야체이카를 재결성했다. 하지만 단순히 조직만 복원했던 게 아니라 노선 변화까지 함께 시도했다. 1928년, 국제공산당이 조선공산당에 대해 비판한 '코민테른 12월 테제'의 내용을 수용했던 것이다. 그 내용은 지식인 중심의 활동에서 벗어나 기층 민중을 본위로 당을 건설하라는 지적이었다. 이들은 '12월 테제'의 내용을 심각하게 검토하면서 방향을 틀었다. 지식인 청년에서 기층 민중으로의 노선 변화, 이것은 곧 이어지는 1932년 제주해녀항일투쟁을 예고하는 것이기도 했다.

제주도의 공동체 전통과 아나키즘 운동

1928년 제주 야체이카가 파괴되어 사회주의 운동이 잠시 소강상태에 이르자, 그 공백을 이용하여 대중 속으로 영향력을 넓혀간 세력이 있었다. 흔히 '무정부주의'라고 번역되는 아나키즘 운동이 그것이다.

아나키즘 운동은 아직까지 우리 역사에서 제대로 된 평가를 받지 못했다. 무정부주의라는 번역어가 가져온 불필요한 오해 탓도 있다. 무정부주의자라면 마치 대책 없는 이상주의자, 파괴만을 일삼는 과격분자를 연상하기 쉬운데 사실은 그렇지 않다. 인간의 자유의지를 억압하는 부당한 국가권력을 부정할 뿐, 현실을 외면하는 사상은 결코 아니다.

오히려 자유공동체주의, 자주자치주의, 자치조합주의라고 번역하는 게 그 실체에 접근하는 데 도움이 된다. 그들은 인간이 인간을 지배하는 권력을 부정했으며, 그리하여 권력이 존재하지 않는 공동체를 희구했다. 오로지 평등과 상호협조의 자치조합만이 하나의 시스템으로 작동되는 그런 사회 말이다.

어쩌면 이것은 오랜 세월 동안 제주 사람들이 살아온 생활방식과도 유사하다. 제주 사람들은 특별한 권력의 지배를 상당히 싫어한다. 한동안 무소속 국회의원들을 선호했던 것도 같은 맥락이다. 특별한 권력의 지배보다 '궨당'이라고 부르는 공동체 안에서 서로 도우며 살아가는 그런 전통이 강하게 이어져 왔다. 실제 친척 관계가 아니면서도 동네 아저씨는 모두 다 삼촌이 되고, 또 동네 후배들은 모두 조카가 된다. 그러면 결국 모두가 한 식구인 셈이다. 그런 정서 때문인지 사회주의 운동이 위축되었던 1929년 제주도에서는 아나키즘 열풍이 크게 번져나갔다. 제주의 대표적인 아나키스트 고병희가 "제주도는 공산주의 사회 건설보다 아나키즘 사회를 건설하는 것이 어느 편으로 보든지 좋다"고 한 발언이 당시 《동아일보》에 실릴 정도였다.

이 흐름은 1929년 5월 5일, 고병희와 조대수를 중심으로 한 '우리계'라는 아나키즘 단체의 결성으로까지 이어졌다. 처음엔 잡화상, 은행원, 소형선박업자 등 상인들이 이 운동을 주도했으나 제주도 특유의 강한 공동체적 전통 때문인지 짧은 시간 안에 도내의 광범위한 계층으로 확산되어 갔다. 먼저 계원들이 매달 3원씩 3년간 식산은행에 곗돈을 예치하면서 소비조합운동을 전개했다. 물론 우리계의 목표가 단순히 소비조합운동에만 머물렀던 것은 아니다. 이들은 향후 소비조합뿐만 아니라 교통기관, 나아가 생산 분야까지 조합 형태로 만들고자 했다.

이에 일제는 긴장할 수밖에 없었다. 소비조합에 대한 도민의 열렬한 호응은 곧 일본 상품과 일본 기업에 대한 배척으로 이어질 수도 있었기 때문이다. 1930년 6월, 일제는 곧바로 이들에 대한 검거에 나섰다. 이로써 우리계는 파괴되고 제주 사회의 아나키즘 운동은 실질적으로 막을 내렸다. 처음엔 65명이 검거되었으나, 최종적으로는 고병희 등 5명만 징역형에 처해졌다. 형기는 5년에서 3

년까지였다. 노골적으로 반일을 표방한 것이 아니었음에도 5년의 징역형에 처해진 것은 그만큼 '우리계'의 영향력이 상당했음을 보여주는 증거다.

자주운항운동, 우리는 우리 배로!

소비조합운동을 펼쳤던 우리계의 활동은 일종의 경제적 주권회복 운동이다. 그런데 그와 비슷한 시점에 일어난 경제적 주권회복 운동이 하나 더 있었다. "우리는 우리 배로"라는 구호를 내걸고 시작된 자주운항운동이 그것이다.

앞서도 말했지만, 제주와 일본 오사카 사이에 직항로가 열린 것은 제1차 세계대전의 특수를 단단히 누리고 있던 1923년의 일이다. 그런데 이 항로의 운항 수입이 제법 짭짤했던 모양이다. 워낙 많은 제주 사람들이 절대빈곤에서 벗어나고자 오사카로 건너갔기 때문인데, 실제 1930년 기준 연평균 4만 명 이상이 제주-오사카를 오가는 배를 이용했다. 이 제주-오사카 항로의 운항 수입은 오사카에서 부산이나 목포를 왕래하는 것보다 무려 10배나 많은 수익을 보장해 주었다.

그런데도 이 항로를 독점적으로 운항하던 일본의 선박회사가 갑자기 뱃삯을 올렸다. 원래 8원 하던 것을 무려 12원 50전으로 턱없이 올렸는데 이는 당시 직공 월급의 절반에 해당하는 금액이었

일제강점기 제주-오사카를 오갔던 배
1926년부터 운행한 제2기미가요마루(第二君が代丸)다.
제주 사람들은 이와 비슷한 배를 임대하여 자주운항운동을 전개했다.

다. 1928년의 새날 아침은 이처럼 오사카를 왕래하던 제주 사람들에게 커다란 먹구름을 안겨주며 시작되었다.

오사카의 제주 사람들은 즉각 반발했다. 그들은 그해 4월 오사카 천왕사 공회당에서 '제주도민대회'를 열고 뱃삯 인하를 요구했다. 하지만 일본의 선박회사는 들은 척도 하지 않았다. 그러자 12월에 들어 아나키스트 고순흠은 제주항해조합을 결성하고 배 한 척을 임대해왔다. 처음으로 자주운항운동을 전개한 것이다. 그러나 곧바로 경영난에 빠지고 말았다. 의지는 있었지만 준비가 부족했고 조합원도 고작 16명에 불과했다.

보다 본격적으로 자주운항운동을 준비했던 인물은 김문준이다. 그는 소비조합을 만들어 직접 선박을 운항하려고 했다. 그는 노동운동가로서 일본에서 활약한 제주 출신의 인사 중에서 가장 활동이 두드러졌던 인물로, 현재 일본사회운동현창탑에 그의 명패가 걸려 있을 정도다. 하지만 그는 노동운동으로 워낙 바쁜 몸인지라 곧 손을 뗄 수밖에 없었다. 그 후 자주운항운동을 이어받은 사람은 문창래와 김달준이다. 문창래는 본래 애월면장이었으나, 1919년 조선독립희생회의 독립군 군자금 모금 운동에 관련되어 면장직에서 물러나 있었다.

문창래와 김달준은 1930년 4월, "우리는 우리 배로"라는 구호를 내세우며 '동아통항조합'을 결성했다. 출범 당시 조합원은 4,500명이었는데 나중에는 1만 명을 넘기도 했다. 약간의 준비 기간을 거친 뒤 1930년 11월 드디어 임대 선박 '교룡환(蛟龍丸)'이 첫 출항의 고동을 울렸다. 뱃삯은 6원 50전이었다.

이에 일본의 선박회사는 다급해져서 뱃삯을 다시 파격적으로 내렸다. 3원만 받겠다고 발표했던 것이다. 하지만 제주 사람들은 두 배가 넘는 돈을 내면서도 우리 배를 이용했다. 당시의 모습을 1930년 11월 7일자 《동아일보》는 다음과 같이 전한다.

> 일제는 종래의 12원을 단 3원으로 내리고, 또 우선권까지 첨부하며 민활하게 활동하였으나 동아통항조합의 주의주장을 지지하는 도항 노동자들은 동 조합 규정대로 선임 6원 50전을 내고 모조리

교룡환에 올라 입추의 여지가 없는 대만원을 이루었는데, 오후 6시 정각에 오사카 조선인 유지 각층이 잔교가 꺼지도록 모여 동포 만세, 단결 만세를 부르는 사이에 교룡환은 망망무제한 태평양상에 검은 연기를 힘차게 토하면서 멀리 제주로 향하였다.

감격적인 기사다. 첫 출항은 이처럼 '힘차게' 이루어졌다. 그러나 실상 그 전망은 그리 밝지가 않았다. 여객선의 주요 수입은 승객보다 화물이라고 한다. 그런데 조선 사람의 화물은 많지가 않아 실제로는 돈이 되지 않았던 모양이다. 게다가 일본 당국의 탄압도 집요했다. 조합 관계자를 사상범으로 몰아 구속하기를 밥 먹듯 했다. 또 교룡환(이후 복목환)을 타고 일본으로 들어오는 제주 사람에 대해서는 입국 금지 조치를 내리기도 했다. 이와 같은 탄압은 곧 경영 악화와 직결되어 결국 1935년 경영난을 견디지 못한 채 막을 내리고 말았다. 하지만 따지고 보면 그만큼 버틴 것도 기적 같은 일이다. 그나마 식민지 제주가 아니라 일본 오사카에서 벌인 일이었기에 그만큼이라도 가능했던 것이다. 제주도에서라면 애당초 시도조차 못 했을 일이다.

어쩌면 정치 권력을 박탈당한 식민지 사람으로서 경제 자주권 쟁취를 꿈꾼 것 자체가 불가능한 목표 설정이었는지도 모른다. 이런 점을 고려한다면 5년 동안 이어진 자주운항운동은 대단히 성공적인 운동이라고 평가할 수 있겠다.

항일투쟁에서도 빛난 제주 여성의 힘

일제강점기 제주인의 항일투쟁 중 어느 것 하나 소중하지 않은 것이 있을까마는 1932년 제주해녀항일투쟁만큼 규모가 크고 격렬했던 사건은 없을 것이다. 제주 3대 항일운동의 하나이자 최고의 항쟁이었다는 평가도 이유 없이 나온 것은 아니다. 연인원 1만 7,130명이 참여한 투쟁이라고 알려진 것만 봐도 그렇다. 물론 이 수치는 과장된 것으로 여겨질 수도 있다. 시위에 직접 참가한 인원뿐만이 아니라 관련 회의에 참석한 사람 등을 모두 포괄한 숫자이기 때문이다. 실제로 집회에 참여한 인원은 4,286명으로 조사되었다. 하지만 이 숫자도 결코 작은 건 아니다.

그런데 시위의 규모나 격렬함 외에도 운동의 주체와 성과 역시 주목을 받기 충분하다. 예전 같은 지식인 청년들만의 운동이 아니라, 제주의 진정한 주인인 민중이 나선 운동이었기 때문이다. 특히 제주의 상징이라고 할 수 있는 제주 여성, 그중에서도 가장 생활력이 강한 해녀들의 투쟁이었다는 점이 눈길을 끈다. 이런 요인으로 제주해녀항일투쟁은 '전국 최대 규모의 여성 항일운동', '전국 최대 규모의 어민항쟁' 등의 찬사를 받고 있다.

그 힘은 어디서 나온 것일까? 일제의 가혹한 착취로 인한 생존권 박탈 위협이 그 첫 번째 배경일 것이다. 하지만 단순히 이것만으로는 설명이 안 된다. 제주 해녀의 강인함, 공동체성, 저항적 전통 등이 무엇보다 중요한 요인이었을 것이다. 그리고 야학을 통해 지속적으로 해녀들을 계몽해왔던 제주 야체이카 활동가들의 숨은 역할 역시 빼놓을 수 없는 배경이다.

항쟁은 1932년 어느 날 갑작스레 일어난 게 아니다. 1930년 해녀들이 채취한 해초를 해녀조합이 판매하는 과정에서 조합 서기가 상인들과 결탁해 부정이익을 얻은 사실이 밝혀졌다. 바로 성산포 해초부정판매사건이다. 당연히 해녀들은 물론 많은 제주 사람들이 이에 항의했다. 하지만 경찰이 되려 항의자들을 탄압하면서 항쟁의 싹이 자라나기 시작한 것이다. 당시 구좌면 하도리의 야학교사 오문규는 이 사건의 부당함을 알리는 격문을 뿌렸다. 그는 구좌 지역의 제주 야체이카, 즉 혁우동맹의 일원이었다. 해녀들의 싸움에 청년 사회주의자들의 지원까지 더해졌지만, 결국 오문규 등 청년들이 격문 살포 책임자로 체포되면서 사건은 일단락되었다.

하지만 이후에도 갈등은 계속되었는데, 갈등의 핵심은 해녀조합의 어용화에 있었다. 본래 해녀조합은 해녀들의 어려운 처지를 개선하기 위해 만든 단체로 1920년에 처음 결성되었다. 그런데 시간이 지나면서 협잡꾼들이 달라붙더니 급기야는 일제의 착취기관으로 변했던 것이다. 가장 대표적인 문제는 해녀조합의 해산물 지정판매제였다. 자유판매제를 시행했던 때와는 달리 해녀들은 자신의 채취물을 턱없이 낮은 값으로 팔아야만 했다. 최종적으로 해녀들이 받게 되는 돈은 시가의 20퍼센트에도 못 미치는 액수였고 나머지는 모두 어용 간부들이 챙겨갔다. 그랬으니 분노는 커져만

제주해녀항일운동 기념탑
제주시 구좌읍에 세워져 있다.

갔다.

1931년 12월 20일 마침내 하도, 종달, 연평, 오조, 세화 등 제주도 동부지역 해녀들이 들고 일어섰다. 해녀들은 관제조합 분쇄를 결의하고 해녀조합 본부가 있는 제주읍으로 향했다. 하지만 이날의 항거는 불발로 끝나고 말았다. 보안 유지를 위해 육로를 피하여 배를 타고 출발했는데 풍랑이 거세어 그만 돌아올 수밖에 없었던 것이다. 그렇게 해서 1931년은 저물었다.

그러나 투쟁의 불씨가 꺼진 것은 아니었다. 며칠 뒤인 1932년 1월

7일, 해녀들은 세화리 장날을 이용해 본격적인 시위를 전개했다. 그리고 시위를 마치자 호미, 비창 등 어업 도구와 식량 보따리를 가지고 곧바로 제주읍으로 향했다. 그러나 그들은 제주읍까지 가지 못했다. 시위행렬이 구좌면 사무소가 있던 평대리에 도착했을 때, 당시 면장 겸 해녀조합 지부장이던 강공칠이 나와서 길을 막았다. 그는 자기 책임하에 문제를 모두 해결해 줄 테니 일단 해산하라며 해녀들을 회유했다. 해녀들은 일단 해산하고 약속이행을 기다리기로 했다. 그러나 늘 그렇듯이 권력자의 약속은 믿을 게 못 되었다.

2차 시위는 1월 12일, 역시 세화리 장날에 진행되었다. 이날은 마침 제주도사(濟州島司) 겸 해녀조합장이었던 다구치 데이키(田口禎熹)가 시찰 목적으로 구좌면을 지나기로 한 날이었다. 도사는 현재의 도지사보다 더 많은 권한을 가진 제주도 행정의 최고 책임자였다.

시위를 벌이던 해녀들은 도사 다구치의 승용차가 나타나자 길을 가로막고 담판을 요구했다. 일경들이 칼을 휘두르자 "우리의 요구에 칼로 대응하면 우리는 죽음으로 대응한다"라며 더욱 거세게 항의했다. 그리하여 결국 그 자리에서 담판은 이뤄졌고 도사는 해녀들의 요구조건을 수용하여 5일 안으로 해결하겠다고 약속했다. 도사를 굴복시킨 제주 해녀들의 승리였다.

제주 야체이카의 붕괴

봉변을 당한 다구치 제주도사가 해녀들의 요구조건을 무조건 수용했으리라 생각하는 건 순진한 생각이다. 일제는 해녀들의 요구조건을 상당 부분 수용하는 대신 이 기회에 실질적인 운동 주도 세력을 일망타진하려 했다.

먼저 1932년 1월 24일, 일제 경찰은 해녀항쟁의 배후에 '민중운동협의회'라는 불순조직이 있다며 세화리의 문도배와 연평의 신재홍, 하도의 오문규 등 청년 29명을 검거했다. 민중운동협의회는 구좌 지역 야체이카인 혁우동맹을 말한다. 놀라운 건 해녀들이 이 소식을 듣고 다시 몰려들었다는 점이다. 해녀 500여 명은 검속자 탈환을 외치며 호송 차량을 습격하고 일부 검속자를 구해내기까지 했다. 다급해진 일경은 세화주재소 옥상에 총을 걸어놓고 공포를 쏘며 위협했다. 그러고도 모자라 급기야는 전라남도 무장경찰 40명을 긴급 투입하기까지 했다.

1월 26일에는 우도에서 검속자 탈환 투쟁이 있었다. 체포된 청년 11명을 실은 배가 포구를 빠져나가려고 하자, 해녀 800여 명이 배의 한쪽 끝에 매달렸다. 배를 전복시키려 한 것이다. 해녀들의 기세에 눌린 일경은 허겁지겁 총질을 해댔다. 그러고 나서야 그들은 겨우 빠져나갈 수 있었다.

1월 27일에는 종달리 해녀 100여 명이 일경에 구속된 청년 40명을 석방하라며 시위를 벌였다. 하지만 이 시위를 끝으로 상황은

제주 야체이카 사건을 다룬 신문 기사

'각 면에 비사를 조직 제주 전도 적화 획책'이라는 제목을 단 1933년 2월 8일자 《동아일보》 기사다.

진정 국면으로 접어들었다. 결국 1개월 가까이 진행된 제주해녀항쟁은 이렇게 막을 내렸다.

제주해녀항쟁으로 처음 구속된 사람은 남자 43명, 여자 35명 등 총 78명이었다. 그런데 3월 초가 되면서 구속자 상황은 상당히 변했다. 정작 시위를 벌였던 해녀들은 석방되고 대신 청년들이 대거 잡혀 들어간 것이다. 일제는 제주 야체이카를 해녀항쟁의 배후라고 규정하고 제주 전역에 걸쳐 청년 약 100명을 체포했다. 제주 청년운동의 실질적 지도자 강창보가 다시 체포된 것도 이때였다.

4월이 되자 일제는 유화책을 쓰는 게 상책이라고 판단했는지 시위를 주동한 해녀 부춘화, 김옥련, 부덕량도 풀어주었다. 반면 청년 사회주의자들에게는 더욱 강한 탄압을 가했다. 운동가와 민중을 철저히 분리시키겠다는 의도였다. 결국 제주 야체이카 구성원을 중심으로 40명이 재판에 회부되었고 그중 22명이 실형을 받았다. 형량은 징역 10개월에서 5년까지였다.

그 과정에서 제주 야체이카는 또다시 붕괴의 길로 접어들었으며 일제가 패망할 때까지 투쟁다운 투쟁은 더는 전개되지 못했다. 1930년대 이후 전시체제의 엄혹한 정세라는 외적 요인과 함께 운동 역량을 회복하지 못한 내적 요인이 더 이상의 투쟁을 어렵게 만들었기 때문이다.

이렇게 투쟁은 끝났지만 이후에도 그 정신은 그대로 이어졌다. 특히 당시 구속되었던 우도 청년 강관순이 지은 〈해녀의 노래〉가 해녀들의 입을 통해 제주 전역으로 퍼져 나가면서 저항의 의지는 면면히 이어져 갔다. 해녀들은 이 노래를 지금까지도 애창하고 있다. 그 가사의 내용을 음미해 보는 것도 당시의 상황을 이해하는 데 도움이 될 것 같다.

〈제주 해녀의 노래〉

1. 우리들은 제주도의 가이없는 해녀들
   비참한 살림살이 세상이 알아

추운 날 무더운 날 비가 오는 날에도
저 바다 물결 위에 시달리는 몸

2. 아침 일찍 집을 떠나 황혼 되면 돌아와
어린아이 젖먹이며 저녁밥 진다.
하루 종일 일했으나 번 것은 기막혀
살자 하니 한숨으로 잠 못 이룬다.

3. 이른 봄 고향산천 부모 형제 이별코
온 가족 생명줄을 등에다 지어
파도 세고 무서운 저 바다를 건너서
각처 조선 대마도로 돈 벌러 간다.

4. 배움 없는 우리 해녀 가는 곳마다
저놈들의 착취기관 설치해 놓고
우리들의 피와 땀을 착취해 간다.
가이없는 우리 해녀 어디로 갈까.

적색농민조합운동

큰 사건만 가지고 정리한다면 1932년의 제주해녀항일투쟁과 그 여파로 생긴 제주 야체이카의 완전한 붕괴 이후, 제주에서는 제대로 된 항일운동이 전개되지 못했다. 물론 이것은 전국적인 현상이긴 하다.

하지만 그렇다고 해서 투쟁이 완전히 멈춘 건 아니었다. 대표적인 것이 혁명적 농민조합운동이다. 혁명적 농민조합운동으로 항쟁을 이어간 사람은 강창보의 지도를 따르던 김두경과 부병훈, 한림 지역에서 이익우의 지도를 받던 김경봉 그리고 함덕의 김일준 등이다. 후에 옥사한 함덕의 부생종도 김일준의 권유로 나중에 합류했다.

처음 이 흐름을 주도했던 사람은 강창보에게서 권한을 위임받은 김두경이다. 해녀투쟁으로 구속된 강창보는 귀신같이 탈옥에 성공했으나 자신의 존재가 이미 완전히 노출된 까닭에 더는 제주에서 활동할 수가 없었다. 그래서 잠시 일본으로 몸을 피했다. 김두경이 강창보의 뒤를 이은 건 이 과정에서였다.

김두경은 "제주도 야체이카 사건은 동지 다수를 표면에 노출시켜 일망타진되고 마을 사람들의 신용을 잃었기 때문에 실패했다. 앞으로는 이런 점을 충분히 유의하여 농민조합 같은 하부조직을 확립하고 상부 운동을 도모해야 한다"라면서 과거의 운동을 평가하고, 향후 전개할 운동 노선을 제시했다. 즉 야체이카처럼 상부 조직을 먼저 건설할 것이 아니라 혁명적 농민조합 같은 하부조직을 먼저 건설해야 한다고 주장한 것이다. 더욱이 전시체제로 전환한 일제가 가혹한 탄압을 가해왔기 때문에 우선은 안전한 곳에 몸을 숨긴 채 움직이는 게 현실적으로도 필요했다.

그러기 위해서는 먼저 대중 속으로 들어가야만 했다. 그들이 일제의 관제조직인 민풍진흥회나 리민회 등에 가입해 활동하기 시작한 것도 그러한 전략의 일환이었다. 일단은 관제조직에 들어가 활동하면서 향후 이 조직의 민중을 하나로 묶어 혁명적 농민조합으로 전환해 간다는 계획이었다.

그들의 노력은 조금씩 결실을 거두고 있었다. 그리하여 드디어 1933년 1월, 그들은 '제주도 적색농민조합 창립준비위원회'를 결성했다. 하지만 이 운동은 허망하게 끝나고 말았다. 준비위원회 결성 후 1년이 조금 지난 1934년 10월, 조직이 적발되면서 조직원 대부분이 검거된 것이다. 62명이 입건된 후 최종적으로 16명이 기소되었는데, 그중 함덕의 부생종 같이 취조 중에 옥에서 숨을 거둔 이들도 있었다.

교과서는 왜 항일운동을 제대로 가르치지 않는가?

❖

일제강점기 항일운동사를 살펴보기 전에 먼저 점검해 봐야 할 것이 있다. 우리가 학교에서 배운 독립운동사다. 제도 교육에서 가르쳐 준 항일운동사는 상당 부분 은폐되고 왜곡되어 있다. 때문에 학교 교육만으로는 당시의 상황을 제대로 이해할 수가 없다. 왜 우리는 이처럼 엉뚱한 교육을 받았던 것일까?

국가의 공식 역사는 국가권력을 손에 쥔 지배 세력에 의해 만들어진다. 즉 그들이 선택하고 의미를 부여하는 과거만이 역사가 되는 것이다. 그런데 현재 한국의 지배 세력은 항일운동에 대해 제대로 된 의미를 부여하기 어려운 사람들이다. 그들은 난감한 입장에 서있다. 단순화해서 말하자면, 현재 한국의 지배 세력은 본질상 친일파의 후손들이어서 그들 손으로 제대로 된 항일투쟁사를 쓴다는 게 불가능에 가깝다는 얘기다. 정통성 없는 사람들이 이럴 때 쓰는 수법이 있다. 잡탕 만들기와 얼렁뚱땅 넘어가기다. 교과서의 항일운동 부분이 체계적이지 못한 건 바로 이 때문이다.

게다가 더욱 심각한 문제는 남북 분단의 현실 때문에 항일운동사가 대폭 누락되고 왜곡되었다는 점이다. 실제 1920년대 이후 항일운동을 주도한 세력은 사회주의 계열이었다. 특히 제주도의 경우 1920년대 중반 이후에는 사회주의 계열의 항일운동이 절대다수를 차지했다. 열악한 자연환경에 따른 절대적 빈곤과 제주 특유의 강한 공동체적 특성 그리고 일본에서 접한 좌파사상 등이 사회주의 일색의 항일운동을 만든 요인이다.

하지만 이런 내용은 정규 교육 과정에서는 언급조차 되지 않는다. 그뿐만 아니라 훌륭한 독립투사들이 단지 사회주의자였다는 이유만으로 제대로 된 평가조차 받고 있지 못한 게 현실이다. 최근 들어 교과서 내용이 조금 달라졌다고는 하지만, 여전히 본질은 바뀌지 않았다. 알 만한 사람만 알아먹으라는 식으로 사회주의 독립운동을 살짝 언급하고 있을 뿐이다.

일제강점기 35년 동안에는 강압적인 시기와 유화적인 시기가 각각 존재했기 때문에 똑같은 항일운동을 했더라도 시기에 따라 그 비중을 달리하여 평가되어야 하는 문제도 있다. 하지만 지금까지 우리가 배운 항일운동은 시대적 맥락과는 무관하게 그저 애국자의 무용담만 기억에 남도록 기획되어 왔다. 그동안의 항일운동 교육은 안중근, 김좌진, 윤봉길 등의 가슴 뜨거운 활동상을 배우는 것만이 대부분이었다.

교과서에도 나오지만 일제강점기는 대략 세 시기로 구분할 수 있다. 강제로 나라를 빼앗긴 1910년부터 3·1운동이 일어난 1919년까지는 흔히 무단통치기라 부른다. 말 그대로 무력을 사용하여 단호하게 통치했던 시기다. 그런 만큼 이때 항일운동을 하기는 무척 어려웠다. 하지만 제주 사람들은 이 엄혹한 시기에도 항일의 기치를 올렸다. 1918년에 일어난 제주 법정사 항일항쟁이 빛나는 건 바로 이 때문이다.

다음은 유화적 국면이 전개되었던 1920년대다. 3·1운동의 열기에 놀란 일제는 떡고물을 던져주며 조선인 상층부를 자기편으로 끌어들이고자 했다. 그래서 제한된 범위에서나마 언론·출판·집회·결사의 자유를 보장하는 제스처를 취했다. 그랬던 만큼 이 시기에 항일의 목소리를 내는 건 비교적 쉬웠다.

물론 이때도 노골적으로 독립을 주장할 수는 없었다. 단지 탈정치적인 목소리만이 가능했을 뿐이다. 하지만 제한된 공간에서나마 항일의 선각자들은 넓어진 정치 지형을 활용하여 독립의 의지를 심어 나갔다. 특히 3·1운동의 한계를 자각한 인사들은 새로운 사상을 수용하면서 보다 강력한 항일운동을 전개했다. 그것은 바로 좌파 민족주의자, 즉 사회주의자들이 전개한 항일운동이었다. 반면 일제의 회유책에 넘어간 사람들이 속출하면서 친일 지식인들이 서서히 증가했던 것도 바로 이때다.

여기에서 1920년대 제주의 항일운동을 살펴보면, 큰 맥락에선 타지역과 비슷하지만 세부적인 면에선 많이 다르다는 것을 알 수 있다. 이 시기 우리나라의 항일운동은 좌파 민족주의, 즉 사회주의 항일운동의 경향이 강했다. 제주도 마찬가지였다. 아니 그 이상이었다. 좌파 세력이 단순히 강한 정도가 아니었다. 그럴싸한 항일운동은 모두 좌파의 것이었다고 할 만큼 사회주의 항일운동 세력이 거의 절대적이었다. 1925년 조직된 신인회와 1927년에 결성된 조선공산당 제주 야체이카가 사실상 그 역할을 담당했다.

하지만 1929년, 세계적으로 경제 대공황이 닥쳐오면서 일제는 3·1운동 이후의 유화 제스처를 거둬들였다. 그만큼 경제 상황이 급박해졌기 때문이다. 그들은 곧바로 전쟁을 준비했다. 경제 활성화를 위해, 즉 경제 난국을 타개하기 위해 전쟁이 필요했던 것이다. 그리하여 1931년에는 만주사변을 일으켰고, 1937년에는 더욱 확대하여 중일전쟁을 그리고 1941년에는 태평양전쟁을 일으켰다.

그에 따라 조선인에 대한 정책도 완전히 달라졌다. 모든 것을 파쇼적 지배체제, 즉 일본 군국주의를 위해 맞춰놓은 것이다. 특히 중일전쟁과 태평양전쟁을 거치면서 그 양상은 더욱 강경해졌다. 신사참배나 창씨개명 그리고 징병과 징용, 일본군 '위안부' 등이 모두 이 시기에 자행되었던 일이다. 이 시기에는 항일운동이 현실적으로 매우 힘들었다. 그래서 학교 교육에서도 이 시기의 항일운동은 거의 등장하지 않는다. 사회주의 계열의 항일운동을 제외하고는 내세울 만한 게 별로 없기 때문이다. 그러나 이때에도 제주 사람들은 투쟁을 멈추지 않았다. 제주 최대 규모의 항일항쟁인 1932년 제주해녀항일투쟁이 바로 그것이다.

그러나 이 투쟁 이후로는 타지역과 마찬가지로 이렇다 할 항일운동을 만들어내지 못했다. 적색농민조합건설운동이 있긴 했지만, 큰 결실을 맺기 전에 모두 일망타진되고 말았다. 그것은 그만큼 1930년대 후반기로 갈수록 일제의 탄압이 모질었다는 말이다. 하지만 밤이 깊을수록 새벽이 가까운 법이듯 1945년에 일제는 패망했고 우리는 해방을 맞았다.

11

전쟁의 회오리 앞에 선
제주의 운명

전쟁과 평화

　예로부터 한반도는 주변 외세의 침략을 많이 받아왔다. 여기에는 대륙과 해양이 만나는 지점이라는 지정학적 요인도 한몫했다. 주변 국가들 사이에 힘의 균형이 깨질 때, 즉 대륙이나 해양 어느 한 지역의 국가가 지나치게 비대해질 경우 어김없이 한반도는 그 비대해진 권력의 발산 통로가 되어왔다.

　흥성한 몽골제국은 한반도에 일본 정벌을 위한 전초기지의 역할을 강요했으며, 또 전국 시대의 종지부를 찍고 일본을 통일한 도요토미 히데요시의 군대는 명나라 정벌의 길을 빌린다는 명분으로 7년에 걸친 임진왜란의 대참화를 조선에 남겼다. 근현대에 와서도 마찬가지다. 청일전쟁이나 러일전쟁 그리고 한국전쟁 역시 한반도의 지정학적 요인과 결코 무관한 게 아니다.

　문제는 탈냉전의 시대가 한참이나 지났음에도 오늘날까지 한반도에 전쟁 위협이 상존하고 있다는 점이다. 게다가 동족 간의 전쟁 위협임을 생각하면 더욱 슬프고도 한심한 일이 아닐 수 없다. 물론 외세가 강요한 긴장이다. 미국 부시 대통령의 '악의 축' 발언은 외세가 강요하는 한반도 긴장의 구체적 표현이다. 그의 발언은 우리 민족의 자존심을 철저히 무시한 것이다.

하지만 이건 단순히 자존심 이전에 민족의 생존과 직결된 문제다. 미국이 무슨 트집을 잡아 북한에 대한 공격이라도 감행한다면 북한 역시 순순히 당하고 있지만은 않을 것이다. 남한에 배치된 미군을 향해 미사일을 날릴 건 당연한 일이며 그렇다면 우리 역시 안전할 수가 없다. 최악의 상황엔 그 미사일이 남한의 핵발전소를 건드릴 수도 있다. 이는 우리 민족의 전멸을 의미한다. 지금 한반도에서 군축 평화운동이 절실한 것은 바로 이 때문이다.

그럼에도 우리 사회의 수구 세력은 이를 심각하게 생각하기는커녕 오히려 미국의 태도를 지지하기만 해왔다. 하긴 그들은 전쟁이 일어나도 걱정이 없다. 언제나 그랬던 것처럼 비행기 타고 휙 내빼면 될 테니까. 그래서 미국의 협박성 발언마저 그저 위대한 연설로 들리는지도 모른다.

그중 일부는 더욱 해괴한 이야기를 하여 국민을 불안케 한다. 서해 연평도 앞바다에서 북한군과 무력 충돌이 있었을 때다. 이성적으로 전후 사정을 파악하지도 않고 무조건 한판 전쟁을 벌여야 한다고 길길이 날뛰었다. 엄격히 말하면 이들은 국민으로서 자격이 없는 사람들이다. 한반도에서의 전쟁이 무엇을 의미하는지 뻔한데도 그런 소리를 해대고 있으니 말이다.

수구 세력에게만 문제가 있는 건 아니다. 국민 일반이 가지고 있는 전쟁 불감증도 문제다. 시뮬레이션 게임에 중독된 때문인지 TV 화면 속 실제 전쟁 상황도 그저 영화 속의 한 장면처럼 가볍게 관람한다.

그러나 전쟁, 죽음, 피, 널려진 시체, 굶주림, 사랑하는 가족과의 이별, 폐허 등과 같은 단어들은 그리 멀리 있는 게 아니다. 떠올리기 싫은 단어라 할지라도 현실은 이를 외면할 수 없게 만든다. 우리의 지정학적 여건이, 그와 관련된 역사가 증명하고 있다. 특히 제주도는 그리 오래지 않은 시기에 4·3 대학살을 겪었다. 그러기에 우리는 외세의 각축장으로 전락했던 아픈 과거를 뼈아프게 기억해야만 한다. 그 속에서 평화의 메시지를 읽고 널리 확산시켜야 하는 것이다.

제주도의 근현대사는 전쟁의 광기와 평화 희구의 흔적들이 곳곳에 묻어 있다. 태평양전쟁의 여파도 그중 하나다. 제주도는 하마터면 미국과 일본의 식민지 쟁탈전 회오리에 휘말릴 뻔했다. 미군의 일본 본토 상륙을 저지하기 위해 일제가 제주도 전역을 군사 요새로 만들었던 것이다. 제주도는 그때 섬 전체가 미군의 공격을 받아 죽음의 섬으로 전락할 위기에 놓였다.

아픈 과거이지만, 아니 아픈 과거이기에 더더욱 우리는 이 역사를 기억해야만 한다. 일제가 남긴 각종 군사 시설물들을 찾아 답사를 떠나는 것도 좋은 경험이겠다. 그 속에서 전쟁의 참혹함을, 징용 노동자의 고통을, 평화와 인권의 소중함을, 생명 존중의 가치를 다시 한번 생각할 수만 있다면 앞서간 사람들의 희생도 결코 헛되지만은 않을 것이다.

천황주의가 강요한 죽음의 미학

"오는 봄, 벚꽃이 피면 이 몸도 오키나와의 방패가 되어 옥으로 부서지리라."

'벚꽃', '오키나와의 방패' 등에서 일본 군국주의의 냄새가 풍긴다. 이것은 1945년 오키나와 전투를 바로 코앞에 두고 창작된 어느 시의 일부다. 당시 오키나와에 살고 있던 일본 여성 아다라 유키코가 지은 시라고 한다. 어떤 결기가 느껴진다. '옥으로 부서지리라'라는 표현은 죽음을 염두에 두고 한 말이겠다. 무엇을 위해서 이런 결기를 뿜었던 것일까? 그것은 오키나와 사수, 다시 말해서 천황제의 사수였다.

한마디로 천황을 위한 옥쇄(玉碎)의 각오를 표현했던 것이다. 최후의 일인까지 싸우다 전사하든지, 아니면 동반 자결로 저항하는 것, 이것이 이른바 '옥쇄'다. 파시스트 미치광이들의 숭고한(?) 정신자세가 적나라하게 드러나는 죽음이다.

그런데 오키나와에서 벌어진 옥쇄와 제주도는 무슨 관계가 있단 말인가? 태평양전쟁 말기, 믿었던 오키나와가 함락되자 일본

대본영(大本營)에서는 제주도를 최후의 저항기지로 삼았다. 제주섬 곳곳에 오키나와와 유사한 옥쇄형 군사기지를 건설했던 것이다. 하마터면 제주도 역시 옥으로 부서질 운명에 처할 뻔했다. 당시 오키나와나 괌, 사이판은 섬 전체가 불바다가 되었고 그곳 주민들은 떼죽음을 당했다.

실제 미군은 제주도 상륙 시점을 1945년 9월경으로 잡고 있었다. 그랬기에 전쟁이 조금만 더 지속되었더라면 제주도는 정말 큰 시련을 겪었을 것이다. 오키나와의 경우 전체 희생자 약 20만 명 중 민간인 희생자가 12만 명을 넘는다. 50만 주민 중에서 12만 명이 죽은 것이다. 당시 제주 인구는 오키나와의 절반인 25만 명 정도였다. 이 숫자를 단순하게 대입하면 제주도 민간인 희생자는 6만 명을 헤아렸을 것이다. 물론 그런 일은 일어나지 않았다. 미국의 핵폭탄 투하로 전쟁이 끝났기 때문이다. 히로시마와 나가사키의 주민들에겐 불행이었지만 역설적이게도 제주 사람들에겐 그것이 다행이었다.

역사적 배경은 다음에서 살펴보기로 하고 여기서는 그놈의 '옥쇄'라는 것에 대해 잠깐 더 생각해 보자. 올바른 대의를 위해서 자신의 목숨을 바치는 것은 정말 숭고한 일이다. 그러나 사실 이것은 무척 어려운 일이다. 그리고 아무리 대의를 위한 일이라 해도 남에게 죽음을 강요할 순 없다. 만약 애국심이나 자발성을 빙자하여 세뇌를 통해 누군가를 순절(?)케 했다면 이것은 교묘한 살인이며 용서받지 못할 범죄다. 게다가 그 대의라는 것마저도 기득권층의 이익을 위해 조작되는 경우가 많기에 더더욱 문제다. 자기만 죽으면 되지 왜 남에게 죽음을 강요한단 말인가? 실제 국민에게 옥쇄를 요구한 일본의 권력층은 옥쇄하기는커녕, 뻔뻔스럽게 살아남아 구차한 변명만을 일삼았을 뿐이다.

그런데 어째서 그 많은 일본 군인과 심지어는 조선 출신 군인들까지 그리도 쉽게 자신의 목숨을 개죽음으로 내던졌던 걸까? 그것은 무의미한 개죽음을 숭고한 영웅의 죽음으로 변용시킨 변태적 유미주의 덕분이다. 그러한 죽음의 미학 덕분에 대중들은 묘한 도취 상태에 빠져 쉽게 세뇌된다.

이들은 죽음에 대해 왜냐고 따지지 않는다. 그저 어떻게 하면 멋있게 죽을 것인가만을 고민한다. 이와 같은 죽음의 미학에 도취되면 "내가 목숨을 바치고자 한 그 대의가 옳은 것인가"라는 진지한 고민은 나약한 사람들의 자기변명으로만 치부된다. 단순하고 무식해야 한다. 깊은 사색은 반역일 뿐이다. 그들은 그렇게 교육받았다. 이게 파시스트 열성자들의 특징이다.

물론 그들은 시대의 희생양으로서 측은한 존재들이긴 하다. 그러나 그렇게 죽을 용기가 있었다면 잘못된 천황제 파시스트 체제에 도전하다 죽는 것이 백번 옳은 일이었다. 그런데 이에 감동한 조선 사람도 적지 않았다는 게 더 큰 문제다. 일본 사람들이 그렇게 된 것도 잘못인데 하물며 피해자인 조선인들까지 그렇게 되어서야 쓰겠는가.

일제강점기에 장렬한 전사로 미화된 강요된 죽음은 옥쇄 말고도 또 있다. 가미카제(神風) 특공대가 그들이다. 그런데 이 미치광이 짓에 동참하라고 앞장선 일부 조선인들이 있었다. 이건 꼭 짚고 넘어가야 할 심각한 문제다.

얼굴에 홍조를 띠우고
갔다가 오겠습니다
웃으며 가드니
새와 같은 비행기가 날아서 가드니
아우야 너는 다시 돌아오진 않는다

마쓰이 히데오!
그대는 우리의 오장 우리의 자랑
그대는 조선 경기도 개성 사람
인씨(印氏)의 둘째 아들 스물한 살 먹은 사내

마쓰이 히데오!
그대는 우리의 가미카제 특별공격대원
…
그대, 몸을 실어 날았다간 내리는 곳
소리 있어 벌이는 고혼 꽃처럼
오히려 기쁜 몸짓하며 내리는 곳
쪼각쪼각 부서지는 산더미 같은 미국 군함!

이 글은 한국 최고의 서정시인이라 일컫는 미당 서정주의 〈마쓰이 오장 송가〉 중 일부다. 긴말은 하지 않겠다. 이 변태적 죽음의 미학을 부추긴 서정주는 장렬한 죽음을 찬양한 것과 달리 정작 자신은 오래오래 살았다. 일제강점기뿐만 아니라 해방 이후에도 전두환을 단군 이래 최고 지도자라고 칭송하는 등 권력에 빌붙어 문학을 팔아 명성을 유지하며 잘 먹고 잘살다 죽었다.

하긴 일본 천황에게 '진충보국 멸사봉공(盡忠報國 滅私奉公)'이라는 혈서를 쓰고, 조선독립군을 토벌하러 나갈 때면 "요시(よし, '그래', '좋아' 같은 의미), 조센징 토벌이다!"라고 외치던 일본군 장교 박정희를 떠올린다면 뭐 그리 흥분할 일이 아닐지도 모르겠다. 그 박정희가 대한민국 국민들 사이에서 가장 존경받는 지도자라는 여론조사 결과도 있었으니 말이다.

결7호 작전, 본토방어를 위한 최전선

태평양전쟁 말기, 즉 1944년 8월 10일에 괌이 함락되고 이어 10월 26일에는 필리핀이 함락되자 일본은 패전이 눈앞에 다가왔음을 실감하고 어떻게든 유리한 조건에서 전쟁을 끝내려 했다. 유리한 조건이란 최소한 천황제를 유지하는 상태를 말하는데 그러기 위해선 무엇보다 연합군의 일본 본토 상륙을 저지해야만 했다. 연합군이 상륙하면 천황제 존속 자체가 어려울 것으로 예견되었기 때문이다.

1945년 2월 9일, 일본의 방위총사령관은 미군의 일본 본토 상륙에 대비해 그 길목을 차단하기 위한 작전을 수립하고 이를 하부로 시달했다. 이것이 이른바 결호(決號) 작전이다. 일본군은 미군의 진격 가능 루트를 총 7개로 설정한 다음 루트마다 결1호, 결2호, 결3호, …… 결7호의 작전 암호명을 부여하고 각 작전의 대비책을 마련했던 것이다.

이로부터 약 한 달 뒤인 3월 12일, 대본영회의에서 그들은 홋카이도와 제주도를 가장 유력한 미군의 상륙 예정지로 판단하여 '결1호 작전(홋카이도)'과 '결7호 작전(제주도)'을 보다 무게 있게 다루기 시작했다. 그중 특히 강조되었던 것은 결7호 작전이다. 애초에 일본군은 미군이 규슈 남부로 상륙해 섬을 통과해서 도쿄로 진격할 것이라고 예상했었다. 그러나 이 회의에서는 규슈 북부로 상륙해서 바로 도쿄로 진격해 올 가능성이 높다고 판단했다.

그런데 미군이 규슈 북부에 상륙하기 위해서는 먼저 제주도를 확보해야만 했다. 제주도를 확보하고 그곳을 거점으로 삼아야만 규슈 북부로의 상륙이 용이하기 때문이다. 대본영 역시 그렇게 판단했다. 그래서 결7호 작전을 더욱 다듬고 구체화했다. 미군이 제주도를 확보하고 규슈 북부를 거쳐 도쿄로 밀고 들어오는 시나리오 위에서 짜인 본토방어 작전, 이것이 바로 결7호 작전이다. 물론 이 작전은 무고한 민간인의 희생을 의미하는 '옥쇄'를 전제로 하고 있었다. 그 옥쇄를 제주 방어에서도 그대로 적용하려 했던 것이다.

일본은 연합군의 제주 상륙 시점을 1945년 9~10월로 상정하고 그에 맞춰 정예부대를 속속들이 제주도로 불러 모았다. 그리하여 1945년 1월까지만 해도 1,000명을 넘지 않았던 제주도 주둔군이 8월이면 무려 70배인 7만 명으로 늘어났다. 이것은 한반도에 배치된 일본군 36만 1,481명의 5분의 1에 해당하는 숫자다.

1945년 4월 15일에는 제주도 방비를 강화하기 위해 나가쓰 사히시게(永津佐比重) 중장을 사령관으로 하는 제58군 사령부가 새로이 편성되었다. 제58군은 조선 총사령부인 제17방면군으로부터 독립된 독자적인 군대로서 '독력(獨力)으로 제주도를 사수한다'는 게 그들에게 주어진 과제였다. 하얼빈에서 명성을 날리던 관동군 제121사단까지 끌어들여 제58군의 휘하에 두었던 것은 그 때문이다.

일본군은 병력 증가만 서둘렀던 것이 아니다. 해안과 산악지대를 막론하고 제주도 전역을 옥쇄형 요새로 만들었다. 그런데 그 규모가 상당했다. 현재까지도 그들이 만든 군사시설을 모두 파악하지 못할 정도다. 현재 남아 있는 대표적인 요새로는 성산 일출봉, 대정 송악산, 서귀포 삼매봉, 한경면 청수리 가마오름, 제주시 사라봉과 별도봉, 어승생오름 등을 들 수 있다. 최근까지의 조사 결과, 대략 80여 곳에 700여 개의 동굴 진지가 남아 있는 것으로 알려졌다.

대본영 회의에서 결7호 작전이 구체화 되었던 1945년 3월 12일,

흔히 '격납고'라 불리는 일본군 전투기 '엄체호'
서귀포시 대정읍 상모리 알뜨르에 있다.

도쿄에서 남쪽으로 약 1,000킬로미터 떨어진 곳에 있는 이오지마 (硫黄島)에서 전투가 한창이었다. 1945년 2월 19일 미군이 상륙하면서 시작된 이오지마 전투는 한 달을 조금 넘긴 3월 25일, 미군에게 섬이 함락되면서 끝났다. 전투 결과는 처참 그 자체였다. 일본군 2만 3,000명 중 포로로 생존한 사람은 단지 212명에 불과했고 나머지는 모두 죽었다.

이오지마 전투가 끝나자 곧바로 오키나와 전투가 이어졌다. 오키나와 전투는 1945년 4월 1일 시작하여 약 3개월이 지난 6월 25일에 끝이 났다. 여기서는 미군 약 1만 5,000명, 일본군 약 6만 5,000명, 오키나와 민간인 약 12만 명 등 대략 20만 명이 목숨을 잃었다. 특히 눈에 띄는 점은 양쪽 군인 전사자를 합한 수보다 민간인 희생자 수가 더 많다는 점이다.

옥쇄작전, 즉 군민을 총동원한 다 죽기 작전으로 만들어진 결과다. 일제는 왜 이렇게 무모한 전쟁 범죄를 강요했던 것일까. 패전 위기에 몰린 일본 제국주의자들이 벌인 최후의 발악이라고, 그냥 그렇게 단순하게 생각해도 될 문제인가.

강만길 교수는 오키나와를 방문하고 그곳 전쟁자료관에서 옥쇄작전의 근본 이유를 알게 되었다고 말했다. "군민을 총동원한 다 죽기 작전으로 미군에 결정적인 타격을 주어 이른바 '본토 결전'에서는 상상할 수 없는 희생을 치러야 할 것임을 알게 함으로써, 미국이 '천황제'라는 체제를 인정하고서라도 전쟁을 빨리 끝내는 게 상책이라고 생각하게 하려는" 것이 이 작전의 목적이었다는 것이다.

'상상할 수 없는 희생'을 미국에게 환기시킴으로써 전쟁을 빨리 종결지으려던 일본의 의도는 어쨌든 달성된 셈이다. 물론 원자폭탄 두 개가 동원되어 더 큰 피해를 입었지만 말이다. 결국 무모한 옥쇄가 핵무기를 부른 셈이었다.

여기서 이오지마와 오키나와의 사례를 살피는 것은 그 희생의 특징 때문이다. 군인보다 민간인이 훨씬 많이 죽었고 50만 주민 중 12만이 사망한 오키나와 그리고 2만 3,000명의 일본군 중 생존 포로가 212명에 불과했던 이오지마……

만약 전쟁이 한 달만 더 지속되었더라면 대다수의 제주 사람들 역시 천황제 유지를 위해서 개죽음으로 내몰렸을 것이다. 참으로 끔찍한 가정이 아닐 수 없지만, 제주도 해안 곳곳에 산재한 인공

동굴을 보고 나면 그와 같은 가정이 실제 코앞에 다가와 있었음을 실감하게 된다. 성산 일출봉의 수마포 해안이나 대정 송악산 바닷가는 한눈에 그 모습을 확인할 수 있는 현장이다. 이 동굴들은 미군의 상륙을 막기 위해 1945년 초 일제가 조성했던 군사시설물로 결7호 작전의 산물인 셈이다. 그렇다면 이 동굴들은 구체적으로 어떤 역할을 했을까? 그리고 그것은 어떻게 만들어졌을까?

태평양전쟁 당시의 일본군을 생각하면 가미카제 특공대를 먼저 떠올릴 사람들도 있을 것이다. 그런데 제주도에서는 하늘을 나는 광신자뿐만 아니라 바다를 질주하는 또 다른 광신자인 가이텐(回天) 특공대가 있었다. 이른바 '인간어뢰'다. 모슬포 알뜨르 비행장의 전투기 격납고가 하늘을 나는 광신자들의 흔적을 보여주는 유적이라면, 해안 곳곳에 뚫린 인공 동굴들은 바다를 질주하는 광신자들의 흔적이다.

인간어뢰라니, 가이텐 특공대는 도대체 어떤 미치광이 짓을 벌이려 했을까? 당시 곳곳에 뚫어놓은 해안동굴 속에는 어뢰와 폭탄을 잔뜩 실은 소형 보트들이 숨겨져 있었다. 동굴 속에 폭탄 보트와 함께 숨어 있다가 미군 함대가 나타나면 그대로 바다를 향해 질주하여 미군 군함에 부딪혀 자폭한다는 구상이었다.

이처럼 1945년 초기에는 해안선을 주요 방어선으로 설정하여 미군의 상륙을 막고자 했으나 다행히 제주에서 미군 상륙 저지 전투는 일어나지 않았다. 하지만 해안동굴을 파기 위해 강제로 동원된 조선인들의 고초는 지독했다. '국민 직업 능력 신고령'에 규정

가이텐 특공대의 인공 동굴
서귀포시 대정읍 송악산 해안에 있다.

된 동원 노무자의 나이는 본래 16세에서 50세까지였다. 그러나 이 원칙은 지켜지지 않았다. 마을별로 인원이 할당되면 칠순 노인도 동원될 수밖에 없었다. 게다가 삽과 곡괭이만으로 그 어마어마한 시설들을 만들어야 했고 굶주림과 매질도 빠지지 않았다. 이런 점들 모두가 고통을 배가시키는 요인이었다.

미군이 제주 섬을 공습한 것은 1945년 초부터다. 그해 2월 14일, 마라도 근해에서 일본군 해방함(海防艦) 제9호가 미군기의 공습을 받아 침몰했다. 4월 14일에는 북제주군 한림항에서 해방함 31호와 능미호가 미군 잠수함의 공격으로 격침되었다. 그리고 5월 13일에도 한림항과 비양도 근해에서 일본 호위함 4척과 수송선 1척이 미

자살 공격용 포탄
해안 인공 동굴 안에 감춰져 있던 것이다.

군 잠수함과 비행기의 공격을 받고 격침되었다. 이어 7월 6일 사라봉 상공에서 일본기 4대가 미군기에 의해 격추되기도 했다.

 일본 군함이 격침되고 나면 제주의 바닷가에는 검은색 해군복을 입은 일본군 시신들이 부지기수로 떠올랐다. 비양도 앞의 한림 지역엔 이런 일이 자주 있었다. 그 시신들을 치우는 일은 제주 사람들의 몫이었다. 내 아버지의 구술에 의하면 지금의 협재해수욕장 모래사장 근처에 많이도 묻었다고 한다. 그 때문에 그곳에선 20여 년 전까지만 해도 간간이 사람 뼈가 튀어나오곤 했다. 그리고 바닷속엔 그 시신들을 뜯어먹고 대책 없이 커버린 어패류들이 많았다고 한다. 어떤 전복은 그 크기가 호박만큼 했다고도 한다.

 어쨌든 몇 차례의 미군 공습을 받고 나자 제주도를 방어하던 일본군의 해·공군력은 완전히 괴멸 상태에 빠졌다. 이에 따라 일본군은 8월을 기점으로 해안선을 포기하고 중산간 지역으로 주력의 저항선을 옮겼다. 해·공군력이 괴멸된 상태에서 해안선을 사수하는 것이 사실상 불가능하다고 판단했기 때문이다. 이때부터 일본군은 미군의 상륙을 기정사실로 생각하고 중산간 지역에서 장기 유격전을 벌일 계획을 세웠다. 최후의 한 사람까지 싸우다가 죽겠다는 장기 지구전으로 작전을 변경했던 것이다.

이와 같은 작전 변경은 《조선에서의 전쟁 준비》라는 책에 실린 1945년 8월의 〈제주도 기본 병력 배치 요도〉를 통해서도 잘 입증되고 있다. 이 지도에는 서부 중산간 지역에 111사단이, 동부 고원지대에 121사단이, 한라산 남북쪽에는 108여단과 96사단이 배치되어 있었던 것으로 드러나 있다. 그리고 어승생오름 일대에 복곽(複郭) 진지가 구축되어 사령부가 설치되어 있었던 점, 동부의 중산간과 해안지역을 포기하고 유격전을 전개할 예정이었던 것도 잘 나타나 있다. 제주도 북부 해안 전체를 조망할 수 있는 어승생오름 정상의 견고한 토치카와 오름 허리에 미로처럼 뚫린 인공 동굴은 해안선을 포기하고 중산간 지역에서 장기 유격전을 계획했던 일본군의 작전 변화를 잘 보여주는 시설이다.

그런데 문제는 이러한 유격전에 제주도민들까지 참여시키려 했다는 점이다. 1945년 5월 이후로 제주도민들은 소년대, 소녀대, 부녀대, 청년대, 장년대로 나뉘어 유격 훈련 등 각종 군사훈련에 동원되기에 이르렀다. 물론 이들의 손에는 죽창이 허용되었다.

대동아전쟁인가, 태평양전쟁인가

지역에서 노인들을 만나 당시의 사건들을 취재하다 보면 '태평양전쟁'을 '대동아전쟁'이라고 말하는 경우를 자주 접하게 된다. 물론 대동아전쟁은 잘못된 명칭이다. 형식이 내용을 지배한다는 명제가 있다. 대동아전쟁이라는 이름도 마찬가지다. 잘못된 이름으로 인한 악영향이 적지 않으므로 똑바로 알고 정확히 사용할 필요가 있다. 특히 2000년대 들어 '새로운 역사교과서를 만드는 모임'을 시작으로 일본 극우주의자들에 의한 역사 왜곡의 정도가 점점 심해지는 상황이기에 더욱 그렇다. 발음도 비슷한데 그게 그거 아니냐고 대충 넘어갈 일이 아니다.

'대동아전쟁', 이것은 '대동아공영권' 논리에서 나온 명칭이다. 대동아공영권이란 무엇인가? 일찍부터 제국주의화한 서구 백인 세력이 아시아로 침략해 오고 있기 때문에, 이에 맞서 아시아 황인종도 단결하여 이를 방어하고 공공의 번영을 꾀해야 한다는 주장이다. 그리고 이를 위해서는 일본과 중국, 조선 세 나라가 하나로 뭉쳐야 한다고 했다. 좋은 말이다. 그러나 단결의 중심축이 반드시 일본이어야만 한다는 게 왠지 찜찜하다. 일본이 중국과 조선을 먹겠다는 얘기다. 본래 외교적 언사는 그처럼 교묘하고 화려한 것이어서 본질을 간파하지 못하면 속아 넘어가게 된다.

일본의 현대사 왜곡도 바탕에는 이 논리가 깔려 있다. 그들은 러일전쟁이나 한반도 병탄마저 모두 서양 세력으로부터 조선을

일본군 토치카
일본군 전략의 변화를 보여주는 유적으로, 어승생오름 정상에 있다.

보호하기 위해 취해진 조치라고 강변하고 있다. 또한 태평양전쟁을 아시아의 자존을 지키고 아시아를 구미열강의 지배로부터 해방시켜 대동아공영권을 건설하기 위한 성스러운 전쟁이라고 우긴다. 일본의 침략전쟁이 아니라는 주장이다. 그들은 오히려 아시아 국가들을 서양 백인 세력으로부터 지켜주려다가 패배한 전쟁으로 규정하고 있다. 결과적으로 자신들은 가해자가 아니라 피해자라는 논리다. 태평양전쟁 직후 미군이 일본에서 '대동아전쟁'이라는 용어 사용을 금지했던 것도 그 때문이다. 그 용어와 논리가 가진 왜곡의 힘이 적지 않았다는 얘기다.

그런데 당시 한국의 많은 선각자도 이러한 논리에 동조했다. 오히려 큰 안목과 곧은 지조를 가진 지식인은 소수였다. 한때 안중근 역시 일본이 백인 러시아를 막아줌으로써 동양평화에 이바지한다고 믿기도 했다. 물론 나중에 안중근은 그들의 간계를 알아차리곤 적극적인 항쟁을 펼쳤다. 1905년에 을사조약이 체결되자 〈시일야방성대곡〉이라는 명문장을 남겼던 장지연도 10여 년이 지난 1916년에는 조선이 일본에 복속되어야 한다고 주장했을 정도다. 일본을 맹주로 아시아 사람들이 뭉쳐 백인에 대한 투쟁을 전개해야 한다는 게 그의 논리였다. 친일도 막무가내로 했던 게 아니다. 다 논리가 있었다. 그 논리가 바로 대동아공영권의 논리였다.

오늘날의 외세 문제에 있어서도 아직도 강대국인 미국에 붙어야 산다고 막무가내 주장을 하는 사람들이 많다. 그들은 주한미군이 한반도에 반드시 주둔해야 한다고 강변한다. 하지만 생각해 보라. 어느 시대 어느 민족이건 타국의 군대가 자국의 영토에 주둔했던 역사는 불행의 역사, 비정상의 역사였다. 훗날 정상적인 역사를 회복했을 때, 지금 무조건 미국에 붙어야 한다는 사람들은 어쩌면 일제강점기에 대동아공영권을 주장했던 사람들과 똑같이 취급될지도 모른다. 역사는 크고 넓게 봐야 한다.

어쨌든 '태평양전쟁'이나 '대동아전쟁'이나 그게 그것 아니냐고 얼버무려서는 안 된다. 사소한 것 같지만 명칭에서부터 날을 세워야 한다. 물론 그렇다고 해서 이 전쟁에서 미국의 역할을 미화해서도 안 된다. 그놈이 그놈으로 둘 다 강도였다. 한마디로 말해 이 전쟁은 추악한 제국주의자들이 벌였던 식민지 쟁탈전에 불과하다. 미국이 조선을 해방시키기 위해 벌였던 전쟁이 아니라는 점을 명심해야 한다.

'평화의 섬' 제주를 위하여

2000년대 들어 제주도를 '평화의 섬'으로 부르자는 목소리가 일기 시작했다. 혹자는 미하일 고르바초프 전 소련 서기장, 장쩌민(江澤民) 전 중국 주석, 빌 클린턴 전 미국 대통령 등 세계 정상급 지도자들이 제주를 방문했던 일들을 떠올리며 그렇게 주장했다. 여러 국가 간의 평화 증진에 이바지한 땅이라는 의미에서 그렇게 불러야 한다는 논리다. 이 주장에는 북한 김용순 노동당 비서의 제주 방문도 큰 역할을 했다. 세계평화 그리고 남북 간의 평화를 증진할 수 있는 계기가 될 수도 있기에 좋은 일이라 생각된다.

하지만 제주 섬은 그 무엇보다 4·3의 깊은 상처를 외면하고선 평화의 섬 운운하기가 어렵다. 그 깊은 상처를 치유할 때에만 평화는 구체적이고 실제적으로 다가올 수 있기 때문이다. 평화의 이미지는 단순히 세계적 지도자 몇 사람이 다녀갔다고 해서 만들어지는 게 아니다. 4·3의 고통을 극복해 온 제주 사람들의 삶, 그 자체가 평화의 상징이 되어야 한다. 그보다 앞선 시기, 즉 일제강점기에 받은 상흔과 치유까지 포함한다면 더욱 좋겠다. 그럴 때라야 역사 속에서의 제주 섬은 전쟁의 광기를 이겨내고 진정한 평화의 메시지를 담아내는 땅으로 거듭날 수 있다.

그러기 위해서는 제주 사람들의 삶 자체가 평화를 담보해낼 수 있어야 한다. 비현실적으로 들릴진 모르겠지만, 제주 사람들의 일상생활부터 바뀌어야 한다. 가정폭력, 성폭력, 학교폭력 등 일상생활에 잔존하고 있는 폭력의 악습들을 떨쳐버릴 수 있어야 한다. 그리고 폭력 혹은 전쟁과 관련된 시설들도 평화의 이미지에 맞는 수준으로 재조정되어야 한다.

하지만 그게 순탄치만은 않다. 생활 습관을 바꾼다는 건 사실 문화의 혁명, 생활의 혁명을 뜻하기 때문이다. 하지만 시민사회의 자발적 노력으로 분위기를 조성해간다면 못할 일도 아니다. 희망을 잃지 않은 사람들이 함께 한다면 말이다.

군사시설 축소 문제도 쉽지 않은 일이다. 축소는 고사하고 대폭적인 증가를 획책하는 사람들이 있기에 더욱 그렇다. 실제 2002년 해군은 남제주군 화순 지역에 대규모 해군기지를 건설하겠다는 계획을 발표했고, 이후 전국이 들썩일 정도로 거센 반대운동이 벌어졌다(결국 2015년 서귀포 강정마을에 해군기지가 들어섰다). 평화와 군축을 이야기해도 모자랄 마당에 완전히 사오정 같은 일이 벌어졌던 셈이다.

더구나 이 해군기지가 단순한 해군기지로 보이지가 않는다. 도대체 왜 북한과 가장 멀리 떨어져 있는 제주도가 군사기지 지역으로 주목을 받은 것일까?

답은 이미 3장에서 나왔다. 고려 시대 몽골이 남송과 일본에 대한 원정 기지로 제주를 설정했던 점을 떠올려 보자. 오늘날에도 그 비슷한 흉내를 내는 세력이 있다. 바로 미국이다. 넘치는 군사력을 주체하지 못해서 아프가니스탄과 이라크를 침공했던 미국이다. 그 미국의 입장에서 볼 때 제주도는 전략적으로 매우 중요하다. 넓게는 태평양을 커버하고 좁게는 중국을 겨냥할 수 있는 지역이라서 그렇다. 실제 1937년 중일전쟁 때 제주도 모슬포에 있는 알뜨르 비행장에서는 상하이를 폭격하기 위한 일본 비행기가 쉴 새 없이 뜨고 내렸다.

이 지역이 미군의 주목을 받은 건 2002년이 처음이 아니었다. 이미 1988년에도 그런 기도가 있었다. 화순 바로 옆인 남제주군 모슬포가 미군 전용의 비행장 후보지로 낙점되었던 것이다. 필리핀에 있는 클라크 공군기지가 이전하게 되면서 그 대체지로 제주도가 떠올랐다. 당시 제주 사람들은 심각한 위기의식을 느끼고는 반대 투쟁에 열을 올렸고 그 결과 군 당국은 기가 꺾여 이 계획을 전면 백지화했다. 처음에는 불가능해 보였던 싸움이었으나 그 싸움에서 제주도민이 승리를 거둔 것이다. 평화의 섬에 대한 가능성을 확인하는 순간이었다.

그렇게 제주 사람들은 평화를 지켜가고 있다. 그래서인지 2005년 1월 27일, 대한민국 정부는 제주도를 '세계평화의 섬'으로 지정했다. 물론 구호에만 그치지 않도록 거기에 내용을 채워야만 한다. 평화와 인권을 지향하는 내용으로 꼭꼭 채워질 때 제주 섬은 진정 한반도 평화 군축의 발원지가 될 것이며, 역사는 '죽음의 섬'

'세계평화의 섬' 지정 축하 현수막
2005년 한국 정부에서 공식 지정했다.

제주를 '평화의 섬' 제주로 다시 살아나게 할 것이다.
　독일 뮌헨 근처 다하우에 있는 나치 강제수용소 기념관 출입구에 쓰여 있는 글귀가 떠오른다.

　과거를 기억하지 않는 사람은 그 과거를 다시 경험하는 단죄를 받을 것이다.

―조지 산타야나

12

한국 현대사의 비극, 4·3의 진상

현대사는 없다

　중·고등학교 역사 수업시간에 한국 현대사를 제대로 배운 사람이 몇이나 될까? 아마 최근까지도 거의 없을 것이다. 왜 그럴까, 입시에 나오지 않아서? 그렇다면 왜 입시에 나오지 않을까?
　내 학창 시절, 선생님들 대부분은 아무런 해명 없이 현대사 부분을 가르치지 않았다. 그래도 조금이나마 양심과 의식을 가진 선생님들은 "민감한 사안이라서"라는 정도의 변명은 했다. 물론 극소수의 의혈 교사 중에는 입에 거품을 물며 뒤틀린 한국 현대사를 성토한 사람도 있었을 것이다. 그렇다. 교과서의 한국 현대사는 크게 왜곡되어 있었고 그런 만큼 올바른 교육을 할라치면 민감해질 수밖에 없었다. 그러니 수업에서도, 시험에서도 그냥 못 본 척 넘어갈 수밖에 없었다.
　친일파가 그대로 복귀하여 해방된 나라에서 떵떵거리고, 독립운동가들은 단지 '좌익'이라는 꼬리표 때문에 철저히 외면당해 왔다. 그것만이라면 차라리 다행이다. 친일파들은 자신의 죄과를 숨기기 위해 민족자주와 통일국가 건설을 외치는 사람들을 모조리 빨갱이로 몰아 학살했다.

요즘 조금씩 그 실체가 드러나고 있는 '해방 8년간의 민간인 학살사건'들은 바로 그 과정에서 발생한 일들이다. 크게 보면 제주 4·3도 이런 맥락 속에 있는 유혈 참극이다. 4·3의 와중에 최소 3만 명이 죽었는데, 이 숫자는 1948년 당시 제주도 인구의 10분의 1에 해당한다. 그 많은 사람이 죄 없이 죽어갔다. 대한민국 자체가 이런 부끄러운 과거를 바탕으로 해서 세워진 것이기에, 그리고 친일과 학살의 주역들이 청산되지 못한 채 오늘날에도 여전히 우리 사회의 주류로 떵떵거리는 현실이기에, 역사 교육에서 현대사를 얼렁뚱땅 넘기는 건 어쩌면 당연한 일이기도 했다. 공식 역사는 어차피 권력자의 입장에 따라 기술되는 것이기에······.

그러다 보니 나치의 유대인 학살이나 일본군의 만행에 대해서는 잘 알면서도 제주 4·3에 대해서는 제대로 알지 못한다. 제주를 찾은 관광객 중에는 4·3 얘기를 처음 들어본다는 사람이 있을 정도다. 물론 최근에 와서는 많이 알려졌다. 그렇게 되기까지는 소설 《순이 삼촌》의 작가 현기영 등 진실을 밝히려고 노력한 사람들의 희생이 무엇보다 컸다. 이후 〈여명의 눈동자〉와 같은 TV 드라마도 4·3의 대중적 확산에 한몫했다. 그리하여 결국 2000년에 '제주 4·3사건 진상규명 및 희생자 명예회복에 관한 특별법'이 공포되었고, 2003년에는 '제주 4·3사건 진상조사 보고서'가 최종적으로 정리되었으며, 그해 10월 31일 노무현 대통령이 국가권력을 대표하여 공식 사과를 했다.

하지만 일반인들의 경우, 여전히 "사람이 많이 죽었다던데" 하는 정도의 인식에서 벗어나지 못하고 있다. 심지어 4·3 당시 가장 잔혹한 만행을 저질렀던 서북청년회를 북한에서 온 빨갱이라고 말하는 사람이 있을 정도다. 현대사 교육이 없었기에 이와 같은 인식상의 혼란을 보이는 것도 어쩌면 당연한 일이다. 대다수 국민은 '학살'은 못된 짓이며, 그런 못된 짓은 나쁜 놈인 '빨갱이'가 저질렀을 게 당연하다고 훈련받았기 때문이다.

과연 빨갱이가 4·3 학살의 주범인가? 그 이전에 도대체 '빨갱이'라는 건 무엇인가? 좌익은 무엇이고 우익은 무엇인가? 인민위원회라는 것은 또 무엇인가? 4·3을 이해하려면 먼저 이와 같은 불온(?)한 단어들부터 알고 넘어가야 한다. 반공 교육은 있어도 현대사 교육은 없었던 과거의 학교 교육을 염두에 둔다면 이것이 얼마나 절실 한 일인지 실감할 수 있을 것이다.

미군정과 인민위원회

일제가 패망하자마자 우리 정부가 세워진 것은 아니다. 대한민국 정부가 수립된 시기는 일제가 망한 지 꼭 3년 뒤였다. 그 사이의 공백 기간인 3년 동안은 미군의 군사정부가 38선 이남을 다스렸다.

그럼 우리 민족은 바보인가? 자존심도 없나? 그걸 그냥 놔두게? 아니다. 힘에 밀려 좌절했을 뿐이지 할 만큼은 했다. 일제 패망이 눈앞에 다가오자 여운형 등 선각자들은 건국동맹을 건설하는 등 자주 정권 수립을 위해 분주히 움직였다. 건국동맹은 이후 건국준비위원회로 발전했고 총독부로부터 잠시나마 치안유지 권한을 이양받기도 했다.

건국준비위원회는 서울에만 있었던 게 아니다. 일제 패망 후 곧바로 전국에 걸쳐 145개 지부가 등장했다. 사실 이들 지방의 건국준비위원회는 실질적인 마을 자치기구였다. 그래서 곧이어 그 명칭도 인민위원회로 전환했다. 마을 인민들의 제반 문제를 다루는 위원회라는 뜻이다.

한마디로 인민위원회는 새 조국의 건설을 위해 구성된 마을 단위의 작은 정부였다. 그런 만큼 인민위원회의 위원으로 뽑힌 사람들은 마을에서 신망을 받고 있었다. 특히 독립운동 경력은 위원 선출의 중요한 요소가 되었다. 물론 그런 경력이 없더라도 그저 믿음직하게 마을 일을 잘 돌볼 사람이라면 독립운동 경력에 상관없이 선출되곤 했다. 그래서 때론 젊은 청년이, 때론 마을의 원로가 위원 자리를 맡았다. 오늘날 우리가 꿈꾸는 진정한 의미의 풀뿌리 민주주의의 실현체가 바로 당시의 인민위원회였던 셈이다.

제주도에서도 마찬가지로 그러한 인민위원회가 조직되었다. 먼저 1945년 9월 10일, 제주농업학교에서 건국준비위원회가 결성되었고 그 며칠 뒤인 9월 22일에는 인민위원회로 전환되었다. 그리하여 다른 지역에서처럼, 아니 다른 지역보다 더욱 밀접하게 지역 주민과 결합하여 사실상의 지역 정부 역할을 담당해 나갔다.

일제가 망했으니 마을마다 이런 조직이 생겼던 건 당연한 일이다. 그럼에도 불구하고 우리는 인민위원회라는 명칭을 들으면 왠지 불편하다. '인민'이라는 용어 때문이다. 그래서 "이거 빨갱이 조직 아니야" 하는 생각마저 하게 된다. 물론 이는 오해다. 본래 인민이란 《삼국사기》에서부터 나오는 단어로 사람들, 즉 일반 대중을 일컫는다.

이 좋은 단어가 사라진 것은 제헌 헌법을 기초하던 때다. 인민은 공산주의자들이 즐겨 쓰는 용어이므로 사용하지 말라는 압력이 가해진 것이다. 그래서 헌법상의 '인민'은 모두 '국민'으로 그 용어를 바꾸게 되었다. 그런데 사실 '국민'은 일본 군국주의자들이 만들어낸 파시스트 용어로서 좋은 게 못 된다. '국민학교'를 '초등학교'로 바꾼 것도 그 때문이다. 이때 헌법을 기초했던 유진오는 "이 좋은 우리나라 말을 없애다니" 하면서 통탄을 했다. 인민과 유사한 이유로 우리 곁에서 사라진 단어가 또 있다. '동무'가 대표적이다. 이 역시 "동무들아 오너라" 하는 노래를 불렀던 세대에겐 정감 넘치는 단어로 흐릿하게나마 남아 있긴 하다. 그러나 지금은 거의 쓰이지 않는다. 아니 쓰지 못한다.

해방 직후 실질적 권한을 장악했던 건국준비위원회(인민위원회)는 서둘러 국가를 건설하고 이를 공포했다. 1945년 9월 6일의 일이다. 건국준비위원회는 나라 이름을 '조선인민공화국'으로 지었다.

물론 현재 북한을 뜻하는 '조선민주주의인민공화국'과는 다른 국가이다. 그처럼 서둘러 국가를 세운 데는 그럴 만한 이유가 있었다. 미군 상륙이 임박했기 때문이다. 일제 패망 이후 한반도에서의 주도권을 놓치지 않기 위해선 어쩔 수 없는 조치였다.

그러나 곧이어 상륙한 미군은 조선인민공화국을 인정하지 않았다. 조선인민공화국이 우리 역사에서 쉽게 잊히고 말았던 건 그 때문이다. 그럼에도 불구하고 이러한 사실, 즉 조선인민공화국이 일제 패망 후에 우리 민족이 세웠던 첫 번째 국가라는 사실을 기억하고 널리 알릴 필요가 있다. 이승만 정권 이전에 우리가 외세의 간섭 없이 나라를 세웠던 소중한 경험이기 때문이다. 이승만의 대한민국만이 절대선은 아니라는 얘기다.

상륙한 미군은 미군정만이 유일한 합법 정부라고 우겼다. 38선 이남이 실제 미군의 전리품이었기 때문에 예견된 상황이었다. 때문에 갈등은 필연적으로 닥쳐왔다. 국제 사회의 시선을 의식하느라 때론 유화적인 모습을 보이기도 했지만, 기본적으로 미군정은 건국준비위원회를 적대적으로 대했다. 미군에게는 건국준비위원회가 자신의 전리품을 가로채려는 집단으로만 여겨졌을 것이다.

미군정 3년간의 사회 갈등은 기본적으로 이 두 세력 사이의 갈등이다. 전리품을 챙기려 한 외세와 해방된 땅에서 자기 나라를 건설하려던 민족자주 세력이 힘을 겨뤘던 것이다. 불행히도 우리가 졌다. 결국 민족자주 세력이 패배하고 외세가 이긴 것이다. 이 부분이야말로 우리에겐 정말 통탄스러운 역사다. 실제 한국 현대사의 모든 비극이 바로 이 패배에서부터 비롯된 것이기 때문이다.

그런데 민족자주 세력이라고 해서 우리 민족 전체를 일컫는 말은 아님을 알아야 한다. 기가 막히지만, 우리 민족 중에서도 미군정에 달라붙어 일신의 영달을 꾀하며 외세의 이익을 위해 민족을 배반한 사람들이 적지 않았다. 그들은 바로 미군정과 이해관계가 맞았던 사람들, 즉 친일파들이었다. 해방이 되자 겁에 질려 도망갔던 친일파들이 미군정이 들어서자 곧바로 복귀하여 다시 활개를 쳤다. 조선총독부에서 미군정으로 외모만 바뀌었을 뿐 변한 것은 하나도 없었다. 물론 미군 입장에서도 이들을 활용하는 게 훨씬 유리했다. 한번 똥개는 영원한 똥개임을 잘 알고 있었으니까.

제주도 인민위원회

앞서 이야기한 것처럼 해방이 되자 제주도에서도 새 나라를 건설하기 위한 움직임이 활발히 전개되었다. 1945년 9월 10일에 결성된 건국준비위원회와 9월 22일에 재편된 인민위원회가 제주도의 실질적인 자치기구였다. 그들 스스로도 그렇게 자임했고 또 주변에서도 그렇게 인정했다.

"제주도 인민위원회는 모든 면에서 제주도에서의 유일한 당이었고 유일한 정부였다." 미군정의 정보요원으로 근무했던 E. 그랜트 미드가 이런 말을 남긴 것을 보면, 실제 제주도 인민위원회의 영향력은 대단했던 모양이다. 일제가 물러간 후 마을에서 존경받는 사람들이 중심이 되어 만든 조직이기에 주민들에게 강력한 영향력을 행사하는 것은 너무도 자연스러운 일이었다. 특히 제주도 인민위원 회의 경우, 그 특유의 강한 공동체적 성격으로 인해 타 지역 인민위원회보다 힘이 더욱 강했다. 그리고 친일파는 여기서 철저히 배제되었다.

그렇다 하더라도 이런 자치기구가 갑자기 출현한 것은 아니었다. 일제강점기부터 항일운동을 전개해온 전통과 조직의 경험이 있었기에 가능했던 일이다. 실제 건국준비위원회와 인민위원회의 간부 구성을 보면 대개가 항일운동을 했던 사람들임을 알 수 있다. 물론 예외가 없지는 않아서 비록 항일운동을 하지 않았다 하더라도 사회적 명망을 가진 인격자라면 그들도 포함되었다. 심지어 초기에는 일제 때 면장을 지냈던 사람들까지 있었다. 아주 막돼먹은 친일파가 아니라면 누구나 새 조국 건설에 힘을 모았다는 얘기다.

하지만 중심은 역시 항일운동가 출신들이었고 그들은 대부분 좌파 민족주의자들이었다. 여기서 '좌파'라는 단어가 나오자 또다시 찜찜해 하는 사람이 있을지 모르겠다. 그렇다면 여기서 이 문제를 분명히 짚고 넘어가자. 현재 한국 사회에서 '좌·우익'은 너무도 잘못 쓰이고 있다. 차분한 검토도 없이 '좌' 자만 들어가면 히스테리 반응을 보이는 것이다.

본래 '좌·우익'은 프랑스 혁명기에 진보와 보수를 나타냈던 개념이다. 프랑스 국민의회에서 의장석을 중심으로 급진파(자코뱅)가 왼쪽에 앉았고, 온건파(지롱드)가 오른쪽에서 앉았던 데서 유래한 말이다. 이런 배경으로 인해 현대 사회에 와서 좌익은 사회주의를 대표하는 말처럼 쓰이기도 했다. 그러나 마르크스의 사회주의라고 해서 반드시 옛 소련이나 북한의 모습만 있는 건 아니다. 동유럽 국가들이 유럽연합에 가입하기 이전인 2000년을 기준으로 15개 유럽연합 회원국 가운데 무려 13개 국가에서 노동당과 사회민주당 등 좌파가 정권을 잡고 있었다. 이들은 모두 마르크스 사상의 유용성을 인정하고 표방한 정당들이었다. 동유럽이 아니라 우리에게 익숙한 프랑스 등의 서유럽 국가들에서 그랬다는 말이다. 좌파는 기업의 무제한적 영리 추구보다 사회복지와 부의 균등 분배 그리고 약자에 대한 보호를 중요한 가치로 삼는다. 그와 같은 가치들의 소중함 때문에 그 많은 사회주의 정당이 정권을 잡을 수 있었다.

 이러한 가치들의 중요성은 한국의 경우라고 해서 예외일 순 없다. 숭고한 인류의 보편적 가치이기 때문이다. 따라서 항일운동가 대부분이 좌파 민족주의자였다는 사실로 인해 우리가 불편해질 이유는 전혀 없다. 빼앗긴 나라를 되찾으면서 신분 차별이 심했던 조선 사회로 되돌아가기보다 골고루 잘사는 평등한 세상을 희구했던 것은 당연한 일이다. 해방 후의 모습도 마찬가지였다. 1946년 8월, 미군정청이 실시한 여론조사에서도 그러한 지향성은 뚜렷이 드러났다. 한국인 중 자본주의 찬성자가 14퍼센트에 불과한 반면, 사회주의 지지자는 70퍼센트로 나타난 것이다. 특히 제주도의 경우 빈부 격차가 거의 없고 강한 공동체성을 가지고 있었기에 타 지역보다 좌파적 흐름이 무척이나 강했다.

이러한 역사적 경험에도 불구하고 여전히 한국 사회에서 '좌'는 불신과 증오의 수식어일 뿐이다. 이것은 한국전쟁이 만든 적대적 구조 때문이다. 전쟁은 맹목적 증오를 낳았고 '빨갱이'라는 단어는 그 증오의 대상이 되었다. 서로 죽고 죽인 경험은 이성적 판단의 마비를 가져왔다. 그래서 그저 '좌' 자만 나오면 이성을 접고 박멸의 대상으로 몰아세웠다. 빨갱이는 무조건 '죽어 없어져야 할 대상'이었다. 도대체 합리적 사고라고는 찾아볼 수가 없었다. 낙인찍히면 곧바로 죽음으로 이어지는 마술 걸린 광기의 용어다. 하지만 이제 우리는 이런 편견에서 벗어나야 한다. 한국전쟁 이전, 즉 해방 당시의 시선으로 그 시대를 보아야만 하는 것이다.

해방 직후 제주 사회를 주도한 좌파 민족주의자들은 중앙 좌파와의 관계에서도 강한 독자성을 견지했다. 1946년 10월, 전국적인 봉기가 있었을 때 제주의 좌파들은 여기에 전혀 호응하지 않았다. 같은 시기 전국의 좌파가 과도입법의원 선거를 거부했을 때에도 제주의 좌파는 노선을 달리하여 과도입법의원 선거에 입후보하고 모두 당선되기도 했다.

그렇다고 해서 완전히 따로 놀았던 건 아니다. 중앙에서 좌파 세력이 연합하여 '민주주의민족전선'을 만들자 제주에서도 이에 호응하여 그 조직을 만들었다. 하지만 그 역시 중앙과는 달랐다.

중앙보다 약 1년 뒤인 1947년 2월 23일에야 그 조직을 결성했던 것이다. 거기엔 그럴만한 이유가 있었다. 여러 파벌로 나뉘어 있던 중앙의 좌파가 시급히 단결을 도모해야만 했던 것과는 달리, 제주 좌파의 경우 애당초 단일조직이었기 때문에 굳이 단결이니 연합이니 하면서 호들갑을 떨 이유가 없었다. 따라서 제주도 운동권의 총 결집체인 '제주도 민주주의민족전선'은 이전의 건국준비위원회와 인민위원회의 큰 흐름을 그대로 계승하면서 외연을 조금 더 넓힌 확대조직이었을 뿐, 특별히 새로운 조직은 아니었다.

제주도 민주주의민족전선이 결성되던 1947년 2월까지만 해도 제주 사회의 주도권은 이들이 쥐고 있었다. 때문에 제주의 미군정 당국도 이들의 눈치를 보며 유화적으로 대할 수밖에 없었다. 그러나 중앙의 정세는 매우 부정적으로 변해만 갔다. 진정한 민족주의 세력은 미군정의 탄압 속에서 계속 약화되어 갔고, 오히려 친일파들은 미군정의 비호를 받으며 날로 권세를 키워갔다. 이러한 상황은 서서히 제주도에도 영향을 미치게 되어 미군정의 공세가 시작될 조짐이 보였다. 그리고 이러한 조짐이 결국 4·3의 도화선이라고 하는 1947년 3·1절 발포사건으로 이어졌던 것이다.

6만 인구의 귀환

그런데 4·3도, 그리고 그 도화선이라고 하는 1947년 3·1절 발포

사건도 단순히 정치적 역학 관계만을 가지고 전체를 설명할 순 없다. 물론 민족자주 세력(인민위원회)과 외세(미군정)의 대립이라는 기본적인 틀이 문제의 핵심이기는 하다. 그러나 모든 역사적 사건들이 그렇듯이 4·3도 단순히 정치적 이유만으로 터져 나왔던 것은 아니다. 그 배경이 되는 사회·경제적 상황도 함께 고려되어야 한다. 특히 하루하루 일상을 살아가는 사람들은 거시적인 정치 구도 등의 역학 관계를 머리로 생각하지 않는다. 그냥 몸으로 느낄 뿐이다. 그들에겐 단지 살 만 하다거나, 이대론 도저히 못 살겠다는 식의 체감 정치만이 진실일 뿐이다. 그렇다면 당시 제주 사람들이 느끼는 체감 정치는 어떤 것이었을까? 다시 말해 "이건 아니다"라고 외치게 된 사회·경제적 배경에는 어떤 것이 있었을까?

무엇보다 6만 인구의 제주 귀환이 문제가 되었다. 먼저 심각한 일자리 부족과 그에 따른 사회불안을 들 수 있다. 20만의 인구에서 갑자기 26만이 된 것이다. 이때 귀환한 6만 인구는 대부분 돈 벌러 일본으로 건너갔던 경제 활동 인구였는데, 이들이 아무런 생계 대책 없이 고향으로 쏟아져 들어왔다. 이것은 이미 그 자체만으로도 커다란 사회문제를 예고하는 것이었다.

게다가 아무 물건도 소지하지 못하고 귀향하게 한 당국의 조치는 상황을 더욱 악화시켰다. 연합국 사령부는 고작 담배 20갑에 해당하는 돈만을 개인 소지품으로 가져올 수 있게 했다. 상황을 더 어렵게 만든 건 일본과의 경제 교류를 막은 일이다. 그것은 제주 경제의 숨통을 완전히 틀어막는 조치였다. 그간 생필품의 대부

강요배 작, 〈귀향〉

분을 한반도가 아닌 일본에서 구입해 오던 제주도로서는 하루아침에 살길이 막막해져 버렸던 것이다.

  6만 인구의 제주 귀환과 일본과의 교역 차단은 제주 경제에 커다란 타격을 가했다. 일본으로부터 들어오던 돈이 갑자기 끊어졌기 때문이다. 일제강점기 제주 경제의 버팀목은 사실상 일본으로부터의 송금이었다. 제주 사람들은 전체 인구의 4분의 1에서 5분의 1 정도가 일본으로 건너가 노동을 했고, 거기서 번 돈의 상당 부분을 꼬박꼬박 고향으로 보내곤 했었다. 그런데 해방이 되면서 이것이 완전히 끊기게 되었던 것이다.

  그렇다고 그냥 앉아서 죽을 수만은 없었다. 제주 사람들은 몰래 일본으로 배를 띄웠다. 지금 표현으로 하면 밀무역을 한 것이다.

불법이었지만 당시 제주 사람들에게는 그것이 생명줄이었다. 갑작스러운 경제 상황의 변화에 대처하기 위해 만든 불가피한 자구책이었던 셈이다.

그런데 이를 악용하는 사람들이 생겨났다. 불법을 눈감아 주는 대가로 엄청난 금액을 뜯어가는 놈들이었다. 당시 표현으로 그런 사람들을 '간상 모리배'라고 불렀다. 과연 어떤 사람들이었을까? 당연히 단속 권한을 쥔 사람들이었다. 부패의 상납 고리는 미군정 관리와 제주경찰청장에까지 이어져 있었다. 일제 때의 경찰이 고스란히 부활했기에 어쩌면 이러한 부패가 새삼스러운 일이 아니었을 수도 있겠다.

제주도민들은 분노했고 그 분노는 정당한 것이었다. 도대체 일제강점기보다 나아진 것이라곤 하나도 없었다. 아니, 오히려 더 악화해 가기만 했다. 부활한 일제 경찰이 더욱더 못된 짓만을 해대는 모습을 보면서, 도민들은 해방이 진정한 해방이 아님을 몸으로 느끼고 있었다.

사실 우리 손으로 나라를 되찾기만 했어도 이런 고통은 생기지 않았을 것이다. 친일파가 날뛰는 꼴도 보지 않았을 것이며, 배고픔도 서서히 극복해 나갈 수 있었을 것이다. 도내의 선진적인 청년들은 이 점을 잘 알고 있었다. 그리하여 도민의 각성을 촉구하며 힘을 모아갔다.

여기에 귀환한 6만 인구의 경험은 큰 힘이 되었다. 이들 중 다수는 일본에서 노동운동을 지켜보면서 계급의식에 눈을 떴고, 또 심한 민족차별을 받으면서 강한 민족의식을 키웠다. 예전처럼 당하기만 하던 순박하고 몽매한 백성들이 아니었다는 말이다.

또한 제주 사회 특유의 강한 공동체성도 도민 역량 결집에 한몫했다. 자작농을 중심으로 빈부 격차가 거의 없는 경제 구조와 마을 구성원 대부분이 '삼촌-조카'로 불리던 연줄망이 제주 사회의 큰 특성이었다. 이것을 바탕으로 결집된 조직이 인민위원회이며 민주주의민족전선이었다.

그러나 도민 역량의 결집에도 불구하고 위기 극복은 쉽지 않았다. 그것은 뒤이어 일어난 1947년 3·1절 발포사건이 잘 보여준다. 그것은 미군정과의 본격적인 대립의 첫 페이지였다.

4·3의 도화선, 1947년 3월 1일의 발포

1947년 3월 1일, 관덕정 광장 앞에 있던 제주경찰서 망루에서 총성이 일었다. 그 결과 아기 업은 아낙을 포함해 민간인 6명이 죽고, 8명이 부상을 당했다. 그때까지만 해도 이 발포사건이 최소 3만 명의 희생자를 낸 4·3의 도화선이 될 줄은 아무도 몰랐다. 왜 총을 쏘았을까? 그리고 그 발포는 정당했던 것일까?

1947년 3월 1일은 1919년 기미만세운동이 일어난 지 28주년이 되는 날이었다. 그런데 그날의 기념식은 단지 과거 만세운동을 기념하는 것만으로 그친 게 아니었다. 당면 문제를 해결하기 위한 계기로 기념식을 활용한 것이다. 3·1절 기념식을 정치 집회로 승화시켰다는 말이다.

그때의 열기는 대단했다. 제주읍과 조천면, 애월면의 연합 기념식이 열린 제주북국민학교 운동장에는 3만 인파가 몰렸다. 탐라 개벽 이래 최대 인파가 몰렸다는 표현이 결코 과장만은 아니었다. 북국민학교 외에도 각 면 단위마다 중요 학교에서 기념식이 개최되었다. 여기에 모인 사람들까지 합하면 실로 도민 전체의 5분의 1에서 6분의 1 정도가 나섰던 셈이다.

이날 기념식에 등장한 구호는 '모스크바 3상회의 절대 지지', '미·소공동위원회 재개 촉구', '3·1정신으로 통일 독립 전취'였다. 우리 현대사에 대한 기본적인 이해가 없으면 파악하기 어려운 말들이다.

먼저 모스크바 3상회의부터 살펴보자. 한국 현대사의 여러 장면 중 아마 가장 왜곡된 사건이 바로 이 모스크바 3상회의일 것이다. 일반적으로 이 회의에서 소련이 한반도 신탁통치를 주장했다고 알려져 있었고 또 그렇게 배워왔다. 하지만 실상은 완전히 반대였다. 미국 언론과 한국의 극우 언론이 고의로 왜곡하여 보도했던 것이다.

본래 이 회의의 핵심적인 결정 사항은 첫째 미·소공동위원회를 열고, 둘째 여기서 한국의 정당 사회단체와 협의하여 임시로 민주정부를 수립하며, 셋째 이렇게 수립된 임시정부가 미국·영국·중국·소련 4개국의 감독 혹은 후견 아래 한반도를 5년 동안 통치한 후, 넷째 총선거를 실시하여 가장 표를 많이 얻은 정당이 여당이 되어 정식 정부를 수립함으로써 완전한 독립 국가를 세운다는 내용이었다.

그리고 왜곡되어 전해진 것과는 달리 본래 신탁통치안을 내세운 것은 미국이었고, 신탁통치 기간도 소련은 가급적 짧게, 미국은 가능한 길게 하기를 주장했다. 물론 신탁통치 없이 곧바로 완전한 독립 국가를 건설할 수 있다면 그야말로 최상의 선택이었을 것이다. 그러나 열망과는 달리 현실은 냉혹했다. 해방이 우리 손으로 만들어낸 것이 아니었기 때문에 외세의 간섭을 피할 수 없었다. 그렇다면 현명하게 외세를 조정하는 것이 가장 바람직한 선택이다. 그렇게 보면 모스크바 3상회의의 결정을 무조건 거부할 일은 아니었다. 어쩌면 현실적으로는 최상의 선택일 수도 있었다. 특히 이 회의의 결정 사항이 파기되고 그 여파로 분단이 초래되었을 뿐 아니라 한국전쟁 발발로 이어진 결과론적 입장에서 생각한다면 더욱 그렇다. 물론 현실을 고려했을 때의 이야기다. 막연히 낭만적으로만 생각한다면 즉시 독립이 최고이긴 하다.

모스크바 3상회의 후 미국은 딜레마에 빠졌다. 그 회의의 결정 사항을 그대로 따랐다간 한반도에서 자기들이 원하는 정권을 세울 수 없을 것이었기 때문이다. 미국은 1946년에 열린 1차 미·소 공동위원회에서 억지 주장을 내세우며 판을 깨버렸다. 이미 미국은 자신이 점령한 38선 이남에서만이라도 정부를 세우려고 전략을 수정하던 중이었다. 그런데 남한만의 단독정부 수립이라는 그

수정된 전략은 사실상 우리 민족의 분단을 의미하는 것으로 위험한 수정안이었다.

이러한 상황을 제대로 파악해야 1947년 3·1절 기념식에서 내세운 구호를 이해할 수 있을 것이다. 미·소공동위원회를 조속히 다시 개최하여 한반도에 임시정부를 세우고 분단이 아닌 통일된 새 조국을 건설하자는 주장이었다. 3·1절을 맞아 3·1만세의 정신으로 그것을 이뤄보자는 의지의 표명이었다.

그런데 북국민학교에 모인 3만 인파가 과연 모스크바 3상회의의 결정 사항이나 통일 독립 국가 건설 등의 정치 용어를 제대로 이해하고 있긴 했을까? 지금보다 문맹률도 높았으니 단순히 군중심리에 쏠려갔을 뿐이라고 생각할 수도 있겠지만, 결코 그렇지 않았다. 오늘날 생각하는 것보다 당시 민중의 정치의식은 상당히 높았다. 동서고금을 막론하고 절박한 정세가 조성되면 정치의식은 더불어 높아지게 마련이다.

그러나 그렇다고 해서 모든 사람이 그렇게 각성되어 있었던 것은 물론 아니다. 3만 인파의 집결 역시 완전한 자발성에 의한 것이 아니라 분명히 조직적인 동원이 있었다. 선진적인 청년들이 여럿 가입해 있던 남로당(남조선노동당)이나 제주 운동권의 총 결집체인 민주주의민족전선이 독려하며 불러 모았던 것이다. 상식과는 다르게 당시 남로당은 합법 정당이었다. 때문에 이런 식의 군중 동원은 자연스러운 일이었다.

하지만 그렇다고 해서 강압이 있었던 건 아니다. 그것은 자연스런 흐름이었다. 세련된 정치 용어나 복잡한 국제관계를 다 알 수는 없었겠지만, 항일운동가 출신의 똑똑한 마을 젊은이들에 대한 믿음은 있었다. 그리고 또 반대로 친일 경찰들에 대한 반감은 컸다. 이런 정서 속에서 거대한 인파가 형성되었던 것이다. 민중은 정세를 머리로 이해하는 것이 아니라 몸으로 느낀다. 정교한 정치 논리가 없어도 사람에 대한 믿음을 가지고 행동을 한다. 항일운동가의 언행이 너절한 친일 모리배들의 협박보다는 분명 신뢰할 만했을 것이다. 3만 명의 사람들은 이렇게 모여들었다.

그런데 사건은 기념식이 끝난 뒤에 일어났다. 기념식 장소인 북국민학교에서 출발한 가두 시위대가 관덕정 광장에서 한껏 기세를 올린 후 모두 빠져나가고 구경꾼들만 거리에 남아 있을 때였다. 바로 그때 총성이 울렸다.

그때의 발포는 분명히 경찰의 과잉대응이었다. 제주경찰서 방면을 향하던 기마 경관이 어린아이를 치고도 이를 그냥 방치하고 갔던 게 화근이었다. 응급조치나 한마디 사과도 없이 그대로 가버린 것이다. 그러자 거리에 서 있던 사람들이 흥분하기 시작했다. 욕설을 해대며 기마 경관의 뒤를 쫓아갔다. 이미 시위대는 현장에서 벗어나 해산한 상태였다. 이때 몰려간 군중은 시위대가 아니라 구경꾼들이었다는 얘기다. 단순히 항의하기 위해 몰려간 군중일 뿐이었다. 그런데도 경찰은 지레 겁을 먹고 이들에게 발포를 해버렸던 것이다.

그러나 그것이 변명이 될 순 없다. 사람들은 시위 군중이 아니었다. 무장한 사람도 전혀 없었다. 그런데도 발포를 한 건 명백한 잘못이다. 게다가 사망자 대부분이 등에 총을 맞았다. 이것도 잘못된 발포였음을 말해주는 분명한 증거다. 한발 양보하여 발포 상황을 이해해 줄 수도 있다. 겁에 질린 경찰이 상황을 오판하여 과잉대응했다고 말이다. 그러나 그랬으면 사과라도 했어야 한다. 문제는 경찰이 끝까지 정당방위라고 우겼다는 점이다. 그러고는 급기야 오히려 3·1절 집회를 주도했던 제주의 선각자들을 검거하기 시작했다.

이에 제주도민의 항의가 거세게 일어났다. 학생들의 동맹휴교가 시작되더니 3월 10일에 이르러서는 제주도 전체의 총파업으로 이어졌다. 아마 이 파업은 세계 역사 어디에서도 찾아보기 힘든 민관 연합의 총파업으로 기록될 만한 사건이었다.

민관 총파업과 미군정의 탄압

학생들의 동맹휴교에서 시작된 파업은 관공서와 구멍가게까지 이어졌다. 본격적인 파업은 1947년 3월 10일, 최고 행정관서인 제주도청이 가세하면서부터였다. 도청 직원 140명은 파업투쟁위원회를 조직하고 '발포 책임자 처벌', '경찰 수뇌부 문책' 등 6개 요구 조건을 제주도 군정장관 스타우드 소령에게 보냈다.

다음 날인 3월 11일에는 북제주군청과 제주읍사무소, 우편국,

전매서 등이, 3월 12일에는 세무서, 식산은행, 신한공사 농장 등이 파업에 가세했다. 이 무렵 산발적으로 전개되는 파업을 효과적으로 이끌기 위해 제주도총파업투쟁위원회가 만들어지기도 했다.

그 다음 날에도 파업에 가담하는 숫자는 늘어만 갔다. 그리하여 총 166개 기관 단체의 4만 1,211명이 파업에 참여했다. 물론 이 숫자는 기관 단체에 국한된 것이다. 파업에 가담한 개인 점포까지 포함하면 가히 전 도민이 참여한 민관 총파업이라 부를 만했다.

물론 경찰과 사법기관 등은 이 대열에서 벗어나 있었다. 하지만 그 조직 속에서도 양심과 용기를 가진 사람들은 있었다. 모슬포, 중문, 애월 지서의 제주 출신 경찰들은 상부의 파업 엄단 지시에도 불구하고 도민의 편에 서서 파업에 가담했다.

하지만 미군정 경찰의 입장은 강경했다. 미군정 경찰은 제주도를 아예 '빨갱이 섬'으로 규정하고 사람들을 마구잡이로 잡아들였다. 당시 기록을 보면 "제주도민 90퍼센트가 좌익 색채를 띠고 있다"라는 표현이 나온다. 마녀사냥이 시작된 것이다.

당시 경찰 총수였던 조병옥은 3월 14일 직접 제주도로 날아와 위협적인 담화문을 발표하고 강력한 탄압을 지시했다. 북조선 세력과 연계된 공산주의자들의 난동이므로 가차 없이 분쇄해야 한다는 논리였다. 꽤 익숙한 논법이다. 정권이 위기에 몰리면 무조건 북한의 위협을 들먹이는 한국 사회 권력층의 그 못된 버릇이 이미 그때에도 있었던 모양이다.

조병옥은 이후 4·3이 본격화되었을 때 '대한민국을 위해서는 제주도 전역에 휘발유를 뿌리고 거기에 불을 놓아 30만 도민을 한꺼번에 태워 없애야 한다'는 취지의 발언을 했다고 알려져 있다.

합리적 해결을 모색하던 지도층도 물론 있었다. 당시 제주도지사였던 박경훈이 대표적인 인물이다. 그는 3·1절 발포사건과 3·10 총파업이 진행되는 과정에서 그 나름의 최선의 노력을 다했다. 하지만 그는 조병옥의 일 처리 모습을 지켜보면서 절망하고 말았다. 결국 그는 도지사로서 모든 사태의 책임을 지겠다며 항의성 사직서를 제출했다.

사직하기 며칠 전 박경훈이 발표한 〈도민에게 고함〉이라는 글에는 그의 심경을 엿볼 수 있는 글귀가 여럿 있다. "해방된 오늘 아직도 완전 자주독립을 실현하지 못한"이라든가 "금번 사건에 무참히 희생당한 인민에 대하여서는 30만 도민 전부가 한없이 동정과 조의를 표하고 있는 바입니다" 그리고 "오는 앞날 우리의 통일 민주 독립을 위하여" 등의 표현이 우선 눈에 띈다. 이 글은 그가 상당히 민족 자주적 입장에 서 있던 사람임을 짐작하게 한다. 그리고 도민의 편에 서서 군정 경찰의 횡포에 항의하는 심경도 조금은 느낄 수 있다.

하지만 도지사 박경훈의 노력도 무위로 돌아가고 무차별 검거는 계속되었다. 조병옥이 제주에 온 지 겨우 4일 뒤인 3월 18일까지 200명이, 3월 말에는 300명 그리고 4월 10일까지는 500명이 투옥되었다. 다음 해 4·3이 일어나기 전까지 1년 사이에 무려 2,500명이 잡혀갔다. 당시 2,500명이면 제주도 마을마다 쓸만한 젊은이들은 모두 잡혀갔다고 할 수 있는 정도였다.

4·3은 이렇게 "앉아서 죽느니 차라리 일어서자" 했던 도민의 정서 속에서 다가오고 있었다. 4·3은 분명 '강요된 저항'이었다.

1948년 4월 3일의 소동

제주 청년들이 죄다 잡혀갈 당시 한반도의 정세 역시 낙관적이지 못했다. 한반도 임시통일정부 수립을 논의하기 위해 두 번째로 열린 미·소공동위원회 역시 예상대로 결렬되자, 미국은 본격적으로 남한만의 단독정부 수립에 박차를 가했다.

그러면서도 국제적인 비난을 피하기 위해 한반도 문제를 유엔(UN)으로 넘기는 제스처를 취했다. 국제 공인의 절차를 밟는다는 명분이었다. 하지만 유엔은 결코 상호 대등의 국제관계가 이뤄지는 공간이 아니다. 그곳에서도 당연히 힘의 논리가 앞선다. 오늘날도 그렇지만 사실상 당시 유엔은 미국의 거수기에 불과했다.

결국 38도선 이남의 한반도에서는 미국의 의지대로 단독정부를 수립한다는 계획이 결정되었다. 1948년 5월 10일에 총선거를 하고, 여기에서 뽑힌 제헌의원들이 헌법을 만들며, 대통령을 뽑아 정식으로 국가를 수립한다는 계획이었다. 하지만 이것은 우리 민족의 대 참화를 예고하는 결정이었다. 분단은 곧 전쟁으로 이어질 게 뻔했다. 실제로 2년 뒤 일어난 한국전쟁이 이를 증명했다. 때문에 당시 조금이라도 생각이 있는 사람이라면 누구나 걱정을 했다. 단지 권력에 눈이 먼 이승만과 친일 세력만이 유엔의 결정을 환영했을 뿐이다.

나머지는 모두 단독정부 수립에 반대 의사를 표명했다. 이승만과 함께 우익 세력의 쌍벽을 이루던 김구 선생마저도 "내가 38선을 베고 쓰러질지언정 일신의 안일을 위해 단독정부를 수립하는 데에는 협력하지 않겠다"라는 내용의 〈삼천만 동포들에게 울면서 고함〉이라는 연설을 했을 정도다. 그러나 유엔이 제시한 계획은 차곡차곡 일정대로 진행되었다.

이대로 두었다간 한반도가 완전히 두 동강 날 판이었다. 분단이 분단으로만 그친다면 별문제가 없겠지만 이것은 곧 남북 정권 간의 전쟁을 예고하는 것이었기에 무슨 수를 쓰더라도 막아야만 했다.

바로 이때 제주의 청년들이 들고 일어났다. 1948년 4월 3일, 분단의 첫 단추인 5·10 선거를 한 달가량 앞둔 시점이었다. 그날 새벽 1시 한라산 중허리 오름마다 횃불이 붉게 타오르면서 무장봉기는 시작되었다. 이때 내세운 핵심 구호는 단독정부 수립을 위한 5·10 선거를 분쇄하고 외세를 몰아내어 통일된 자주 국가를 건설하자는 내용이었다.

한마디로 5·10 단독 선거 반대가 이들이 내세운 명분이었다. 하지만 실제는 그 명분 이전에 이들이 봉기하지 않으면 안 될 만큼의 절박한 정치 상황이 조성되어 있었다. 국가의 장래를 걱정하는 사람이라면 으레 잡혀가 심한 고문을 받는 게 당시의 현실이었다. 친일 경찰들이 문제였다. 특히 제주의 물정을 잘 모르면서 편견만 가지고 있던 육지부 출신 경찰들은 더욱 심각했다. 물론 가장 악명을 떨쳤던 건 서북청년회다. 이들 극우 폭력 집단들은 제주의 선각자들을 가만히 놔두지 않았다. 2,500명의 청년이 끌려갔다는 사실이 이를 상징적으로 말해준다. 어쩌면 이게 4·3 봉기의 더욱 직접적인 계기가 되었을지도 모른다.

그런데 1948년 4월 3일의 소동은 사실 별 게 아니었다. 흔히 우리는 4·3이라고 하니까 이날 뭔가 대단한 사건이 있었던 것처럼 생각하기 쉬운데 사실은 그렇지 않다. 제주 도내 24개 지서 중 11개 지서가 피습당한 정도였다. 인명 피해도 4·3 전체를 생각한다면 그리 크지 않았다. 경찰 4명이 사망하고 8명이 부상했으며 2명이 행방불명되었다. 일반인은 8명 사망, 19명 부상했다. 반대로 경찰서를 습격한 유격대는 3명이 사망하고, 1명이 생포되었다.

물론 이것만으로도 큰 사건이라 할 수 있다. 그러나 이 정도 수준의 사건은 5·10 선거가 가까워지면서 다른 지역에서도 종종 발생했다. 그래서 미군정에서도 경찰력만으로 사태를 조기에 수습할 수 있을 것이라 생각했다. 합리적 사고로 머리를 맞대기만 했어도 3만이라는 희생자를 낼 정도의 엄청난 사태로까지 발전하지는 않았을 것이다.

그러나 한반도에 대한 지배권을 놓치지 않으려던 미국과 자신의 죄과를 덮으려던 친일 경찰들 그리고 권력에 눈이 먼 정치군인들에 의해 사태는 걷잡을 수 없이 확대되었고, 그렇게 해서 비극은 시작되었다.

파탄 난 평화협상과 조작된 오라리 방화사건

경찰은 4·3을 북조선과 연계된 공산주의자들의 난동이라고 몰아붙였지만, 사태를 정확히 읽는 사람들은 그렇게 보지 않았다. 당시 검찰총장이었던 이인마저도 관공리들의 부패를 사태의 근본 원인으로 지적하면서 "고름이 제대로 든 것을 좌익계열에서 바늘로 터뜨린 것이 제주도 사태의 진상"이라고 말했다.

군부 역시 제주도민과 경찰, 서북청년회 사이의 충돌로 사태의 본질을 이해하면서 이 사건에 개입하기를 꺼렸다. 하지만 시간이 지나면서 군은 경찰 이상으로 이 사건에서 악역을 맡게 되었다. 4월 말쯤에 이르자 미군정이 군부대에도 4·3 진압 명령을 내렸던 것이다.

그러나 당시 제주 주둔군 9연대의 연대장 김익렬 중령은 사태를 현명하게 풀어가려고 했다. 한 미군 장교가 제주도 전역을 초토화하라고 압력을 가하며 회유를 했지만, 그는 평화적인 해결책을 모색했다. 그리하여 4·3 봉기가 일어난 지 채 한 달도 지나지 않은 4월 28일에 유격대 측과의 협상 테이블이 마련되었다. 여기에는 전 도지사 박경훈과 그 형제들의 보이지 않는 노력이 숨어 있었다.

그러나 협상은 쉽게 진행되지 않았다. 9연대장 김익렬 중령과 유격대 사령관 김달삼(본명 이승진)이 각각 내세운 협상 조건이 너무도 달랐기 때문이다. 그러나 평화협상만이 도민을 살릴 수 있는 유일한 길이었기에 그들은 희망을 버리지 않았다. 그리하여 막판에 극적인 타결을 이루어 성공적으로 협상을 끝냈다. 72시간 동안 전투 중지와 점진적 무장해제 그리고 유격대에 대한 사실상의 신변 보장이 합의 사항이었다. 명분과 실리가 적절히 조화된 협상 결과였다고 하겠다.

역사에서 가정은 없다지만 만약 이것이 그대로 지켜지기만 했어도 4·3의 비극은 없었을 것이다. 그러나 희망은 끝내 좌절로 변하고 말았다. 평화가 오고 정확한 사리 분별로 죄과를 따지게 될 경우, 자신들이 저지른 잘못이 드러날까 봐 두려워하던 경찰과 극우 단체가 이 협상을 교묘히 파탄 내버렸다. 물론 이것은 미군정의 승인이 있었기에 가능했다. 미군정 역시 국제 사회에서의 비난을 피하고 싶어 했다. 그러기 위해선 제주 사태의 조속한 진압이 필요했다. 그래서 그들은 갈등이 남게 되는 상호 공존의 평화보다 완벽한 지배를 보장하는 '싹쓸이'의 평화를 택했던 것이다.

평화협상을 깨는 방해 공작은 5월 1일부터 시작되었다. 제주시 오라동 연미 마을에 유격대를 가장한 괴청년들이 몰려와 불을 지르고 난동을 피웠다. 미군정은 이 장면을 하늘과 땅에서 입체적으로 촬영했다. 그 필름은 곧바로 〈제주도의 메이데이(May Day on

Cheju-do〉〉라는 선전용 기록영화가 되었다. 유격대가 이 마을을 방화한 것으로 조작하기 위한 술책이었다. 물론 목적은 평화협상을 결렬시키는 데 있었다.

5월 3일에는 평화협상을 믿고 산에서 내려오던 민간인들에게 총격을 가했다. 이 역시 유격대를 가장한 경찰의 소행이었다. 이러한 일련의 사태는 평화협정의 위반 책임을 유격대에게 전가하고 협상 자체를 무위로 돌리려는 계산된 행동이었다.

사태를 파악하고 항의하던 김익렬 연대장에게 미군정은 본색을 드러냈다. 협상이고 뭐고 필요 없이 해안선으로부터 5킬로미터 이상 지역에서 발견되는 사람은 모조리 죽이라고 명령했던 것이다.

이렇게 빛은 꺼졌다. 그리고 이제 남은 건 제주도민들의 피 울음뿐이었다.

정반대의 두 군인, 김익렬과 박진경

이 무렵 미군정의 최고 책임자 군정장관 딘 소장은 제주를 두 차례 방문했다. 처음 방문은 평화협상 바로 다음 날인 4월 29일 극비리에 이루어졌다. 일련의 사태 전개 과정을 보면 그가 평화협상 직후에 급히, 그것도 비밀리에 왔던 이유를 짐작할 만하다.

두 번째 방문한 날은 5월 5일이었다. 이때는 딘 소장뿐만 아니라 안재홍 민정장관, 조병옥 경무부장, 송호성 경비대 사령관 등 당

김익렬 중령
4·3 당시 제주 주둔군 9연대장을 맡았던 그는 평화적인 해결책을 모색했다.

시 미군정내 최고 수뇌부와 함께 왔다. 물론 4·3 문제 해결이 목적이었다.

그런데 여기서 큰 충돌이 일어났다. 경찰총수 조병옥과 9연대장 김익렬 사이의 대립이었다. 제주 사태는 본질적으로 경찰의 과오에서 출발했다며 김익렬이 먼저 근거 자료를 제시했다. 이에 당황한 조병옥은 김익렬을 공산주의자로 몰았다. 예나 지금이나 위기 극복용으로는 빨갱이 딱지가 최고인 모양이다. 그러자 이번엔 모함에 걸려 너무도 억울하고 기가 막힌 나머지 이성을 잃어버린 김익렬이 육탄으로 조병옥에게 달려들었다. 정직한 분노였으나 판은 이미 김익렬의 소망과는 다르게 짜여 있었다. 회의는 그것으로 끝이 났다.

그리고 다음 날인 5월 6일, 김익렬 중령은 해임되고 그 자리에 박진경 중령이 부임했다. 박진경은 일본군 소위 출신으로 미군정 장관 딘 소장의 총애를 받던 인물이다. 그는 취임사에서 "우리나라의 독립을 방해하는 제주도 폭동사건을 진압하기 위해서는 제주도민 30만을 희생시키더라도 무방하다"라고 했을 정도로 김익렬과는 완전히 대조적인 인물이었다.

그리고 바로 4일 뒤인 5월 10일, 38선 이남에서 처음으로 총선거가 실시되었다. 선거는 강압적인 분위기 속에서 갖은 부정 투표 행태가 속출하며 진행되었다. 왜냐하면 이승만과 친일파 세력을 제외하곤 이 선거를 외면했기 때문이다. 양심적인 민족 지도자 모두가 참여한 선거였다면 부정도, 강압도 없이 정상적으로 치러졌을 것이다. 하지만 처음부터 이 선거는 친일파들의 정치 축제일 뿐이었다.

그럼에도 불구하고 어쨌거나 결과적으로 선거는 치러졌다. 그리고 우리 역사상 최초로 국회의원이 뽑혔다. 그런데 뽑힌 국회의원은 정원 200명에서 2명 모자란 198명이었다. 사고가 난 지역은 제주도였다. 제주도의 3개 선거구 중 2개 선거구가 투표율 미달이 된 것이다. 그때는 투표율 미달이면 무효처리가 되었다. 제주도만이 유일하게 5·10선거를 파탄 낸 것이었다. 반역일까 아니면 민족 자주의 의지 표명일까?

어쨌든 선거 거부는 제주도민들에게 대 탄압을 예고하는 일이었다. 게다가 토벌 사령관은 평화론자 김익렬에서 강경 진압자 박진경으로 바뀐 상태였다. 아닌 게 아니라 상황은 참혹했다. 박진경이 취임한 뒤 한 달 만에 포로가 6,000명에 이르렀다. 이 포로들은 비무장 포로 즉, 유격대가 아니라 피난민이 대부분이었다. 재판 없이 이루어진 현장의 즉결처분도 계속되었다. 이미 이성은 사라지고 맹목만이 횡행하던 시절이었다.

이러한 강경책은 군 내부의 반발마저 초래했다. 5월 20일 9연대 장병 41명이 트럭에 무기를 싣고 유격대에 합류한 것이다. 그럼에도 미군정은 박진경을 특별히 총애했다. 그리하여 6월 1일 박진경의 전과를 높이 평가하고 그를 대령으로 진급시켰다. 그러나 과하면 반드시 탈이 나는 법이다. 박진경은 6월 18일 새벽, 대령 진급 축하 파티를 끝내고 곤히 잠을 자다가 부하들이 쏜 총에 맞고 숨을 거두었다.

범인은 문상길 중위를 비롯해 손선호 하사 등 모두 7명으로 밝혀졌다. 그들은 박진경을 민족 반역자로 규정하고 "박 대령을 암살하고 도망갈 기회도 있었으나 30만 도민을 위한 일이므로 그럴 필요도 없었고, 온 겨레를 위한 것인 만큼 처벌을 달게 받겠다"라고 당당히 소리쳤다. 그들은 1948년 9월 23일 경기도 수색에서 처형되었다.

그런데 흥미로운 건 이때 처형된 군인들이 존경하는 상관으로 김익렬을 꼽았다는 점이다. 김익렬과 박진경, 같은 군 지휘관이면서 너무도 대조적인 삶을 살았던 인물들이다.

1948년 가을, 초토화 작전

 제주 4·3이 사람들의 입에 오르내리는 주된 이유는 무엇일까? 유일하게 5·10 선거를 파탄 낸 사건이기 때문에? 물론 그것도 있다. 하지만 그보다 더 큰 이유가 있다. 비극적 사건이기 때문이다. 그것도 단순한 비극이 아니라 최소 3만 명이 죽어갔기 때문이다.
 그런데 그 죽음은 대부분 한 시기에 집중적으로 일어났다. 바로 1948년 가을부터 다음 해 봄까지 진행된 초토화 작전 때였다. 왜 하필 그때였을까? 그리고 왜 그들은 그처럼 무차별 학살을 저질렀던 것일까?
 박진경 연대장이 암살당한 6월 중순부터 8월까지는 큰 충돌이 없었다. 8월 15일에 대한민국 정부 출범이 계획되어 있었기 때문이다. 이승만과 미군은 온 신경을 거기에 쏟았다. 한동안 소강상태가 유지될 수 있었던 것은 이 때문이다.
 그러나 정부가 수립되자마자 제주에는 다시 긴장감이 감돌기 시작했다. 9월부터 제주 사태를 진압하기 위한 새로운 작전이 하나둘씩 마련되고 있었다. 정부가 수립되자 이승만은 자신의 정통성에 걸림돌이 되는 요소들을 하루빨리 제거하려고 했다. 새 정부를 승인하는 유엔의 절차가 그해 12월에 예정되어 있었던 것도 그의 조급함을 부채질한 중요한 요인이었다. 국제무대에서의 승인을 위해선 어떻게든 12월 이전에 국내 문제를 해결해야만 했던 것이다.

미군정 역시 마찬가지로 조급해 있었다. 철수 시한이 그해 말까지로 예정되어 있었기 때문이다. 그런 까닭에 군대 철수 이전에 한반도의 상황을 끝내려고 했다. 물론 그들이 선택한 건 평화가 아니라 완전 섬멸이었다.

그들의 의도가 구체적으로 드러났던 것은 1948년 10월 17일이다. 이날 토벌 사령관인 9연대장 송요찬은 "해안선에서 5킬로미터 이상 지역은 적성 지역으로 간주하고 그곳에 출입하는 사람들은 무조건 사살하겠다"라는 무시무시한 포고령을 내렸다. 이건 도대체가 인권이란 것은 생각할 수도 없는 초법적인 조치였다. 무조건 사람을 잡아 죽이겠다니……. 그런데 이 초토화 작전은 이미 4·3 초기 때부터 미군이 계획한 것이었다. 단지 김익렬 중령이 끝까지 거부했기 때문에 계속 유보되어왔을 뿐이다. 김익렬이 물러나고 정부가 수립되자 미군은 더 주저할 이유를 찾지 못했다. 자신들이 한반도를 떠나기 전에 상황을 완전히 정리하겠다는 의욕만이 앞섰다.

이른바 '10·19 여순 사건'도 이 과정에서 발생했다. 제주도 초토화를 위해 여수 주둔군 14연대에 출동을 명령했는데, 오히려 14연대 장병들은 "동족의 가슴에 총을 겨눌 수 없다"라며 반기를 들었다. 송요찬이 포고령을 내리고 이틀 뒤인 1948년 10월 19일의 일로, 이것이 여순 사건의 본질이다.

그리고 11월 17일에 법에도 없는 계엄령이 내려졌다. 제주 중산간 마을은 모조리 불사르고 그 지역에서 사람들이 얼쩡거리기만 해도 무조건 사살해 버렸다. 여성이나 어린이, 노약자라고 예외는 아니었다. 물론 이런 짓은 전쟁 때에도 할 수 없는 불법이다. 하물며 전쟁 지역도 아닌 곳에서 이처럼 무자비한 살육이 한동안 계속되었던 것이다. 당시 저질러진 갖가지 불법 학살들을 듣고 있노라면 도대체 인간으로서 이럴 수가 있을까 싶으면서 심한 구역질이 나곤 한다.

애당초 군경이 파악했던 유격대는 불과 500명 정도였다. 그런데 그들을 잡기 위해서 무려 3만 명을 학살했다. 그것도 동원할 수 있는 모든 잔인한 짓은 다 동원해서 말이다. 이건 아무리 생각해도 광기다. 시대가 미쳐버렸던 것이다.

한바탕 광기가 지나간 뒤, 1949년 봄이 오고 나서야 상황이 바뀌었다. 무조건 학살에서 귀순공작으로 작전이 바뀌었고 그 뒤에야 비로소 사태는 진정국면으로 접어들었다. 하지만 이미 제주도는 완전히 끝장난 뒤였다. 인간도, 자연도, 사회도 모두 망가져 버려서 희망이라곤 없었다. 광기 뒤에 남은 건 할머니들의 표현처럼 "그냥 살다보난 살아져라"라는 체념과 초월의 넋두리뿐이었다.

끝나지 않은 비극

이후에도 이따금씩 유격대의 공격이 있긴 했지만 그 규모는 매우 작았다. 그들이 처음 내세웠던 '통일 조국 건설'이라는 명분도 이미 퇴색해 있었다. 이젠 그저 생존 자체가 절박한 과제였다. 그러다 보니 약탈도 서슴지 않았다. 유격대 2대 사령관인 이덕구가 전사한 것도 그 무렵인 1949년 6월 7일의 일이다.

그렇게 4·3은 정리되고 있었다. 해방의 감격과 새 조국 건설의 희망은 그런 게 있기나 했었나 싶을 정도로 사라져 버렸고, 오직 남은 건 대학살 이후의 무거운 공기뿐이었다.

그러나 인간의 삶은 참으로 모질었다. 온갖 못 볼 꼴을 다 보고도 살아남은 사람들은 그대로 일상을 일구어 나갔다. 부모가 학살되는 현장에서 박수를 강요당했던 자식들도, 군중 앞에서 발가벗겨진 채 성행위를 강요당했던 시아버지와 며느리도, 아들의 잘린 머리를 들고 마을까지 내려와야만 했던 어머니도 그냥 그렇게 하루를 살았다. 상처는 저 깊이 감추어 둔 채로….

믿어지지 않을지 모르지만 그렇게 세월은 흘렀다. 어쨌거나 외형적으로 4·3은 끝났고, 더는 비극은 없을 것만 같았다. 그러나 1950년 한국전쟁이 발발하면서 4·3의 상처는 또다시 덧나기 시작했다.

퇴각하던 한국 정부가 후방의 안전을 도모한다는 명분 아래 또다시 불법 학살을 자행했다. 북의 인민군에 동조할 가능성이 있다고 판단되는 사람들을 모조리 죽여버렸던 것이다. 참으로 어처구니없는 인권유린이다.

설혹 그럴 가능성이 있다고 판단되는 사람들이라면 전시라는 특성을 고려하여 격리 수용 정도는 할 수도 있다. 그러나 아무런

백조일손지묘

서귀포시 대정읍 사계리에 있는 예비검속 희생자들의 집단 묘지이다. 학살 이후 5년 9개월 동안 시신 수습을 하지 못해 나중에는 그 시신들을 구분할 수가 없었다. 그래서 한 곳에 안장했는데, 그 의미를 살려 '백 할아버지의 한 자손'이라는 이름을 붙였다.

법적 절차도 없이 처형한 것은 명백한 범죄행위였다. 더 기가 막힌 것은 지역마다 처형 대상자의 숫자가 할당되었다는 점이다. 그러다 보니 죄 없는 사람들까지 마구잡이로 희생될 수밖에 없었다.

이것이 이른바 '예비검속'으로, 지금까지는 흔히 '보도연맹사건'이라고 알려져 왔다. 보도연맹이란 과거 좌익 활동을 했던 사람이 지난날을 반성하며 국가를 '보'위하고 새 조국 건설을 '인'도'해 나가겠다는 취지로 만든 조직이다. 물론 국가가 강제로 편성한 조직이다. 개인마다 모두 기막힌 사정들은 있었겠지만 어쨌든 이들은 이승만 정권 밑에서 성실히 살아가던 사람들이었다. 그런 그들이 전쟁이 발발하자 인민군과의 호응 가능성 하나만으로 한꺼번에 목숨을 잃었던 것이다.

4·19혁명 이후 형성된 민주화 국면에서 보도연맹 사건 유족회가 작성한 보고 문건에 따르면 이때 죄 없이 희생된 사람 수가 114만에 이른다고 한다. 물론 정확한 수는 아닐 것이다. 유족회의 문건과는 달리 오늘날 연구자들은 대략 30만 이상이 이때 희생된 것으로 추정하고 있다.

제주도에서도 이때 대략 1,000명 이상이 희생되었다. 아닌 말로 제주도에서 더 죽어야 할 빨갱이가 있기나 했을까. 이미 2년 전에 3만 명을 학살했으면서 그것만으로 모자랐단 말인가. 할당된 숫자 때문에 아무 건수에나 걸리면 그것이 곧바로 죽음으로 이어졌다. 이제는 제법 많이 알려진 '백조일손지묘(百祖一孫之墓)'의 원혼들, 그들이 바로 이 예비검속의 희생자들이다.

학살은 그때까지도 끝난 게 아니었다.

《순이 삼촌》에서 4·3특별법까지

제주 사람들에게 물어보라. 친인척 중에 4·3 때 희생당한 사람이 없는가를. 대부분 관련이 있다. 희생자는 최소한 3만 명. 그 숫자라면 제주 사람 누구나 어떻게든 걸리기 마련이다. 그렇지만 그런 물음에 "글쎄"라고 대답하는 제주 사람들이 여전히 있다. 특히 고위 공직자의 경우는 더욱더 숨기려 한다. 죽은 조상은 조상이고 살아 있는 나의 출세가 더 중요하기 때문이다. 그러나 그들을 못된 후손이라고 함부로 비난할 수도 없다. 수십 년 동안 제주 섬을 짓눌러온 그 무거운 공기를 조금이라도 느껴봤다면 그들의 심정도 조금은 이해할 수 있을 것이다.

그러나 역사는 결국 진실을 말한다. 강요된 침묵도 영원할 순 없다. 그리하여 이제 4·3 특별법이 제정되고 진상 조사 보고서가 만들어졌다. 대통령도 국가권력을 대표하여 공식적인 사과를 했다. 물론 이것은 거저 주어진 게 아니다. "민주주의는 피를 먹고 자란다"라는 말처럼 여러 선각자의 피어린 희생이 있었기에 가능했던 일이다.

침묵을 깨고 4·3이 처음으로 진상규명이란 이름을 얻은 건 4·3이 일어나고 약 10년 뒤인 1960년 4·19혁명 직후의 일이다. '4·3사건 진상규명 동지회'가 결성되고 형식적으로나마 국회 조사도 이뤄졌다. 그러나 1년 후 발생한 5·16군사정변에 의해 그간의 모든 노력은 수포로 돌아갔다. 아니 오히려 탄압이 강화되었다. 군사정권에 의해 된서리를 맞은 유족들은 그 후 더는 진상규명이라는 말조차 꺼내길 싫어했다. 열리던 입이 닫히자 오히려 전보다 더욱 꾹 입을 닫아 버렸다. 그냥 가슴 속에 묻어두고 사는 게 현명한 것임을 몸은 본능적으로 알았던 것이다.

4·3 후 30년이 지난 1978년, 어느 용기 있는 지식인이 4·3의 참

상을 다룬《순이 삼촌》이라는 소설을 발표했다. 그리고 이 소설이 발표되면서 4·3은 다시 수면 위로 떠오르는가 싶었다. 이때 그 소설로 금기를 깬 사람이 바로 현기영 선생이다. 그러나 박정희 군부 정권은 이를 그대로 좌시하지 않았다. 현기영 선생은 끌려가 모진 고초를 겪어야만 했고, 그의 소설은 곧바로 판매금지를 당했다. 또다시 입은 닫혀버리는 것만 같았다.

하지만 수면 위에서만 사라졌을 뿐《순이 삼촌》은 제주 출신 대학생들의 필독서가 되면서 비밀리에 읽혔다. 그리고 민주화운동의 1980년대를 거치면서 4·3 진상규명운동 도 다시 서서히 몸을 일으켰다. 특히 1987년 6월항쟁 이후 조성된 새로운 국면은 이 운동을 본격적인 궤도로 올려놓는 데 큰 도움을 주었다.

그리하여 4·3 발발 40주년이 되던 1988년에는 4·3 관련 연구 서적과 문학 작품들이 쏟아져 나왔다. 그리고 다음 해인 1989년에는 제주4·3연구소가 설립되었고,《제주신문》에는〈4·3의 증언〉이 연재되기 시작했다. 그러면서 진상규명운동은 보다 체계적으로 진행되어 나갔다.

1993년 문민정부 출범 이후에는 제주도의회에 4·3 특별위원회가 결성되어 피해 조사가 본격적으로 이루어졌다. 문민정부 출범이라는 다소 유연해진 정세에 힘입은 것이었다. 그리고 50주년이 되던 1998년에는 그야말로 총력을 기울이며 진상규명운동에 매달렸다.

사람들의 땀이 헛되지 않았는지 2000년 벽두에 반가운 소식이 전해졌다. 4·3 특별법이 공포되었던 것이다. 그리고 2003년 10월 15일엔 제주 4·3 진상 조사 보고서가 최종적으로 정리되었다. 이건 매우 중요한 일이다. 국가가 4·3의 실상을 공식적으로 밝힌 것이기 때문이다. 이 보고서는 미군과 이승만의 책임을 정확히 지적하고 있다. 보고서에 정리된 견해에 따라 이번엔 국가의 최고통치권자인 대통령이 공식 사과를 했다. 2003년 10월 31일의 일이다.

> 국정을 책임지고 있는 대통령으로서 과거 국가권력의 잘못에 대해 유족과 도민 여러분께 진심으로 사과와 위로의 말씀을 드린다.

그러나 이것으로 모든 일이 해결된 것은 아니다. 장애물은 여전히 버티고 있다. 학살의 주역들이 참회하지 않는 한, 그들의 방해는 불을 보듯 뻔한 일이다. 무엇보다 그들은 여전히 우리 사회의 주류로 행세하며 적지 않은 권력을 가지고 있다. 지금 이 순간에도 그들의 딴죽걸기는 계속되고 있다.

4·3은 아직도 끝나지 않았다.

불완전한 해방

✤

현대사 왜곡은 1945년 8월 15일의 해방을 가르칠 때부터 이미 시작된다. 우리 조상들이 열심히 독립운동을 전개한 결과 해방되었다는 내용이다. 서구 열강은 이를 아주 '쬐끔' 도와줬을 뿐, 우리 힘으로 독립을 쟁취했다는 주장이다.

사기 치지 말자. 아무리 민족 자존심이 걸린 문제라 하더라도 이와 같은 역사 미화는 결국은 우리를 망칠 뿐이다. 솔직히 말해 태평양전쟁에서 미국이 피를 흘린 건, 조선을 해방하기 위해서 그랬던 게 아니다. 아시아·태평양 지역에서 자신의 지배 영역을 넓히고자 발악했을 뿐이다. 태평양전쟁은 결국 일본이라는 작은 강도와 미국이라는 큰 강도가 싸운 추악한 범죄에 불과했다.

그 때문에 일본의 패망이 곧바로 조선의 해방일 수만은 없었다. 물론 일본으로부터 독립하긴 했다. 하지만 다시금 더 큰 패권 국가인 소련과 미국의 점령을 받는 신세가 되었다. 다 알다시피 38선 이남은 미군이 점령했다. 주둔이 아니라 점령이었다. 미군도 그들의 점령 사실을 숨기지 않았다. "본관 휘하의 전승군은 북위 38도 이남의 조선지역을 점령(occupy)함"이라고 쓴 맥아더 포고문 1호가 이를 잘 보여준다.

어렵게 생각할 것 없다. 국제관계는 철저히 힘의 논리에 따라 먹고 먹히는 관계이다. 우리는 힘이 없었기 때문에 일본에 그리고 다시 미국에

먹힌 것이다. 물론 미국이 직접 지배한 시기는 짧았다. 해방 후 3년간이며 그 뒤부터는 간접 통치를 했다. 현대 사회로 오면서 식민지 직접 지배는 점차 얻는 것보다 잃는 것이 많아졌기 때문이다. 통치 비용이 많이 든다는 얘기다. 그래서 어느 정도 지배력이 확보되면 간접 지배로 통치 방식을 바꾼다. 이것이 현대적인 외교 방식의 특징이다. 그래서 미국과 소련은 각각 자기들의 이해관계를 철저히 관철시켜 줄 정권을 세워놓고 빠져나갔다. 리모컨으로 조정할 수 있는 정권 말이다.

결국 38선 이남에는 1948년 8월 15일 이승만 정권이 그리고 이북에는 그해 9월 9일 김일성 정권이 들어섰다. 우리 민족은 이른바 해방이란 것을 이처럼 불완전한 상태로 맞이했다. 그리고 이 불완전한 해방은 남북 정권 모두에게 '완전한 해방을 위하여'라는 명분을 던져주었고 그것은 결국 한국전쟁의 불씨가 되었다.

참고문헌

1. 변방의 시선으로 본 제주의 선사 문화

강창화 외, 《제주 삼양동 유적》, 제주시·제주대학교박물관, 2001.

강창화, 〈제주마을의 고고학적 연구 1〉, 서귀포문화원, 《서귀포문화》1, 1998.

강창화, 〈탐라 이전의 사회와 탐라국 형성〉, 제주도·제주민예총, 《제주의 역사와 문화》2, 2001.

국립제주박물관, 《제주의 역사와 문화》, 2001.

박원실, 〈탐라국 형성 발전과정 연구〉, 서강대 대학원 석사학위논문, 1993.

북제주군, 《북제주군지(상)》, 2000.

오연숙, 〈제주도 신석기 토기의 변천에 대한 연구〉, 한양대 대학원 석사학위논문, 2000.

이청규 외, 《제주 고산리 유적》, 북제주군·제주대학교박물관, 1998.

이청규, 〈제주도 고고학의 재조명〉, 전국문화원연합회 제주도지회, 《향토사 학술세미나》, 2001.

이청규, 《제주도 고고학 연구》, 학연문화사, 1995.

제주고고미술연구학회, 《제주고고자료》, 1993.

제주사정립추진협의회, 《탐라, 역사와 문화》, 1998.

제주사정립추진협의회, 《탐라사연구자료집 1》.

진영일, 〈고대 탐라의 교역과 '國' 형성 고〉, 《제주도사연구》3, 1994.

최몽룡, 〈제주도 철기시대에 있어서 계급사회의 발생〉, 제주사정립추진협의회 2차 학술대회 발표 요지.

2. 탐라의 형성과 건국신화

《고려사》(정인지 등, 1451)

《탐라지》(이원진, 1653)

《신증동국여지승람》(1530)

《탐라지초본》(이원조, 19세기 중반)

《영주지》

《탐라기년》(김석익, 1918)

《한국민족문화대백과사전》

김봉옥,《증보 제주통사》, 세림, 2000.

김종철,《오름나그네 2》, 높은오름, 1995.

김태능,《제주도사논고》, 1982.

남제주군,《남제주군의 문화유적》, 1996.

오창명,《제주도 오름과 마을이름》, 제주대학교출판부, 1998.

이이화,《우리민족은 어떻게 형성되었나》, 한길사, 1998.

젊은역사연구모임,《영화처럼 읽는 한국사》, 명지출판, 1999.

제주도,《돌과 바람의 섬, 신들의 나라 제주》, 2000.

제주도,《제주어사전》, 1995.

제주도,《제주의 문화재》, 1998.

제주문화원,《제주여인상》, 1998.

제주사정립추진협의회,《탐라, 역사와 문화》, 1998.

제주사정립추진협의회,《탐라사 연구자료집 1~3》.

제주시,《제주시의 옛터》, 1996.

진성기,《제주도 전설》, 백록, 1993.

탐라문화연구소,《탐라문화》 14호, 1994.

한국문화유산답사회,《한려수도와 제주도》, 돌베개, 1998.

한국역사연구회,《한국사강의》, 한울, 1989.

현길언,《제주문화론》, 2001.

현용준,《제주도신화》, 서문당, 1976.

현용준,《제주도전설》, 서문당, 1976.

3. 고려와 몽골 그리고 탐라

《삼국사기》(김부식, 1145)

《고려사》(정인지 등, 1451)

《조선왕조실록》

《탐라지》(이원진, 1653)

《신증동국여지승람》(1530)

《탐라기년》(김석익, 1918)

《한국민족문화대백과사전》

국립제주박물관,《제주의 역사와 문화》, 2001.

김봉옥,《증보 제주통사》, 세림, 2000.

김일우,《고려시대 탐라사 연구》, 신서원, 2000.

김종철,《오름 나그네 2》, 높은오름, 1995.

오창명,《제주도 오름과 마을 이름》, 제주대학교출판부, 1998.

제주대학교 탐라문화연구소,《탐라문화》11호, 1991.

제주대학교 탐라문화연구소,《탐라문화》20호, 1999.

제주대학교 탐라문화연구소,《탐라문화》8호, 1989.

제주도,《제주도지》, 1993.

제주도,《제주의 오름》, 1997.

제주사정립추진협의회,《탐라사 연구자료집 1》.

제주사정립추진협의회,《탐라사 연구자료집 2》.

제주시,《제주시의 옛지명》, 1996.

제주시,《제주시의 옛터》, 1996.

한국문화유산답사회,《한려수도와 제주도》, 돌베개, 1998.

4. 몽골의 흥망과 함께 한 불교 문화

《고려사》(정인지 등, 1451)

《태종실록》

《세종실록》

《신증동국여지승람》(1530)

《남사록》(김상헌, 1601)

《탐라지》(이원진, 1653)

《탐라순력도》(이형상, 1702)

《남환박물》(이형상, 1704)

《탐라기년》(김석익, 1918)

《증보 탐라지》(담수계 편, 1954)

《한국민족문화대백과사전》

강창언, 〈제주의 불적〉, 탐라문화연구소, 《탐라문화》 12호, 1992.

국립제주박물관, 《제주의 역사와 문화》, 2001.

김동만, 〈4·3의 격전지 관음사〉, 《월간제주》 1992년 11월호.

김동전, 〈제주 법화사의 창건과 그 변천〉, 탐라문화연구소, 《탐라문화》 20호, 1999.

김봉옥, 《증보 제주통사》, 세림, 2000.

김일우, 《고려시대 탐라사 연구》, 신서원, 2000.

김찬흡, 《20세기 제주인명사전》, 제주문화원, 2000.

법화사, 《제주 제1의 성지 문화현장 법화사》, 2001.

이영권, 〈복신미륵은 과연 고려시대 석불인가?〉, 제주참여환경연대, 《참세상 만드는 사람들》, 2002년 1·2월 합본호.

임혜봉, 《불교사 100장면》, 가람, 1994.

정의행, 《한국불교통사》, 한마당, 1991.

제주대학교박물관, 《법화사지》, 1992.

제주대학교박물관, 《법화사지》, 1997.

제주대학교박물관, 《수정사·원당사 지표조사보고》, 1988.

제주대학교박물관, 《존자암지》, 1993.

제주대학교박물관, 《존자암지》, 1996.

제주문화원, 《옛사람들의 등한라산기》, 2000.

제주문화원, 《제주문화》 7집, 2001.

제주문화원, 《제주여인상》, 1998.

제주불교사연구회,《근대제주불교사자료집》, 2002.
제주불교사연구회,《근대제주불교를 읽는다》, 2002.
주강현,《마을로 간 미륵 1》, 대원정사, 1995.
진원일 외, 〈탐라의 학예·언어·종교의 연구〉, 제주대학교,《논문집》제3집, 1971.
최완수,《명찰순례 2》, 대원사, 1994.
하순애, 〈18세기 초 제주인의 신앙생활과 신당파괴사건〉, 제주시,《탐라순력도연구논총》, 2000.
한국역사연구회 편,《역사문화수첩》, 역민사, 2000.

5. 왜구의 잦은 침략과 군역

《세종실록》

《중종실록》

《명종실록》

《선조실록》

《남사록》(김상헌, 1601)

《탐라기년》(김석익, 1918)

《한국민족문화대백과사전》

고창석 외, 〈옛 제주관문인 화북포구 일대 학술조사〉,《탐라문화》8호, 1989.
김동욱,《수원성》, 대원사, 1989.
김동전, 〈왜구의 침입과 방어체제〉,《제민일보》2000년 8월 21일자.
김동전, 〈임진왜란기의 제주〉,《제민일보》2000년 8월 28일자.
김명철, 〈조선시대 제주도 관방시설 연구〉,《제주도사연구》9집, 2000.
김병하, 〈을묘왜변고〉,《탐라문화》8호, 1989.
김봉옥,《증보 제주통사》, 세림, 2000.
김상옥, 〈조선후기 제주지방의 군사제도〉, 강창용 외,《19세기 제주사회 연구》, 일지사, 1997.
김오순,《탐라순력도 산책》, 제주문화, 2002.
남제주군,《남제주군의 문화유적》, 1996.

변태섭,《개정판 한국사통론》, 삼영사, 1986.
북제주군,《북제주군의 문화유적》, 1998.
오수정,〈19세기 제주읍성〉, 강창용 외,《19세기 제주사회 연구》, 일지사, 1997.
제주도,《제주의 방어유적》, 1996.
제주도,《제주의 오름》, 1997.
제주도·(사)제주민예총,《제주의 역사와 문화》, 2001.
제주도교육연구원,《향토사교육자료》, 1996.
제주시,《제주시의 옛터》, 1996.
제주시·탐라순력도연구회,《탐라순력도연구논총》, 2000.

6. 변방 제주 섬과 조선의 양반들

《조선왕조실록》

《신증동국여지승람》(1530년)

《탐라지》(이원진, 1653년)

《지영록》(이익태, 1696년)

《탐라순력도》(이형상, 1702년)

《남환박물》(이형상, 1704년)

《탐라방영총람》(1760~1770년대)

《제주읍지》(정조 연간)

《제주대정정의읍지》(1793년)

《탐라지초본》(이원조, 1842~1843년)

《속음청사》(김윤식, 1921)

《증보문헌비고》(1903~1908)

강만길,《한국근대사》, 창작과비평사, 1984.
강주진,〈벽파가문 출생의 추사 김정희〉,《탐라문화》6호, 1987.
고창석 외,〈옛 제주관문인 화북포구 일대 학술조사〉,《탐라문화》8호, 1989.
김봉옥,《증보 제주통사》, 세림, 2000.
김성우,〈제임스 팔레의 조선왕조사 인식〉,《역사비평》2002년 여름호.

김일근, 〈연간에 투영된 추사의 인간론〉, 《탐라문화》 6호, 1987.

김일우, 《고려시대 탐라사 연구》, 신서원, 2000.

김찬흡, 《20세기 제주인명사전》, 제주문화원, 2000.

남성숙, 《그곳에 가면 마음이 열린다》, 성하출판, 2001.

박찬식, 〈17, 18세기 제주도 목자의 실태〉, 《제주문화연구》, 1993.

북제주군, 《북제주군의 문화유적(1)》, 1998.

안길정, 《관아 이야기》, 사계절, 2000.

양순필, 〈추사 김정희의 한문서한고〉, 《탐라문화》 9호, 1989.

양순필, 《제주유배문학연구》, 제주문화, 1992.

양순필·양진건, 〈추사의 제주 교학 활동 연구〉, 《탐라문화》 6호, 1987.

양진건, 《그 섬에 유배된 사람들》, 문학과지성사, 1999.

유홍준, 〈추사 김정희〉, 《역사비평》 1998년 봄호~1999년 겨울호.

유홍준, 《완당평전 1~3》, 학고재, 2002.

이덕일, 《송시열과 그들의 나라》, 김영사, 2000.

제주교육박물관, 《박물관 전시 도록》, 1995.

제주도, 《濟州道 磨崖銘》, 1999.

제주문화원, 《옛사람들의 등한라산기》, 2000.

제주시, 《제주 오현(五賢) 조사》, 2000.

제주시, 《濟州牧官衙址》, 1998.

제주시, 《제주시의 옛지명》, 1996.

제주시, 《제주시의 옛터》, 1996.

최완수, 《김추사 연구초》, 지식산업사, 1976.

최완수, 《추사집》, 현암사, 1976.

한국문화유산답사회, 《한려수도와 제주도》, 돌베개, 1998.

한국사사전편찬회, 《한국 근현대사 사전》, 가람기획, 1990.

한명기, 《광해군》, 역사비평사, 2000.

한창훈, 〈추사 김정희의 제주 유배기 언간과 그 문학적 성격〉, 《제주도연구》 18집, 2000.

7. 제주의 칼바람이 완성한 추사체

강주진, 〈벽파가문 출생의 추사 김정희〉, 《탐라문화》 6호, 1987.
고창석 외, 〈옛 제주관문인 화북포구 일대 학술조사〉, 《탐라문화》 8호, 1989.
김일근, 〈언간에 투영된 추사의 인간론〉, 《탐라문화》 6호, 1987.
남제주군, 《남제주군의 문화유적》, 1996.
부만근, 《광복제주30년》, 문조사, 1975.
북제주군, 《북제주군의 문화유적》, 1998.
성낙주, 〈문화전사 유홍준의 미덕과 해악〉, 강준만 외, 《인물과사상》 2권, 개마고원, 1997.
양순필, 〈추사 김정희의 한문서한고〉, 《탐라문화》 9호, 1989.
양순필, 《제주유배문학연구》, 제주문화, 1992.
양순필·양진건, 〈추사의 제주 교학활동 연구〉, 《탐라문화》 6호, 1987.
양진건, 《그 섬에 유배된 사람들》, 문학과지성사, 1999.
오주석, 《옛 그림 읽기의 즐거움》, 솔, 1999.
오동명, 《당신 기자 맞아?: 오동명 기자가 작심하고 발가벗긴 한국언론》, 새움, 2000.
유홍준, 《나의 문화유산 답사기》, 창작과비평사, 1993.
유홍준, 〈추사 김정희〉, 《역사비평》 1998년 봄호~1999년 겨울호.
유홍준, 《완당평전 1~3》, 학고재, 2002.
제주시, 《제주시의 옛지명》, 1996.
제주시, 《제주시의 옛터》, 1996.
중앙일보사, 《한국의 미 17호 추사 김정희》, 1981.
최완수, 《명찰순례 2》, 대원사, 1994.
최완수, 《추사집》, 현암사, 1976.
최완수, 《김추사 연구초》, 지식산업사, 1976.
한국문화유산답사회, 《한려수도와 제주도》, 돌베개, 1998.
한창훈, 〈추사 김정희의 제주 유배기 언간과 그 문학적 성격〉, 《제주도연구》 18집, 2000.

8. 1만 8천 신들의 고향

《조선왕조실록》

《제주풍토록》(김정, 1521년)

《신증동국여지승람》(1530년)

《탐라지》(이원진, 1653년)

《지영록》(이익태, 1696년)

《탐라순력도》(이형상, 1702년)

《남환박물》(이형상, 1704년)

《탐라지초본》(이원조, 1842~3년)

강정효,《화산섬, 돌 이야기》, 각, 2000.

고광민, 〈당 본풀이에 나타난 갈등과 대립〉,《탐라문화》2, 1983.

고대경,《신들의 나라》, 중명, 1997.

고창석 외, 〈옛 제주관문인 화북포구 일대 학술조사〉,《탐라문화》8호, 1989.

김봉옥,《증보 제주통사》, 세림, 2000.

김정숙,《자청비·가믄장아기·백주또 — 제주섬, 신화 그리고 여성》, 각, 2002.

문무병, 〈제주도 당신앙 연구〉, 제주대 대학원 박사학위논문, 1993.

북제주군,《북제주군 비석총람》, 2001.

북제주군,《북제주군의 문화유적(1)》, 1998.

북제주군,《북제주군의 문화유적(2)》, 1998.

유동식,《한국무교의 역사와 구조》, 연세대학교 출판부, 1975.

이기욱, 〈제주도 사신(蛇神)숭배의 생태학〉,《제주도연구》6, 1989.

이수자, 〈제주도 무속과 신화연구〉, 이화여대 대학원 박사학위논문, 1989.

일상문화연구회,《한국인의 일상문화》, 한울, 1996.

장주근, 〈제주도 당신앙의 구조와 의미〉,《제주도연구》3, 1986.

장주근,《제주도 무속과 서사무가》, 영락, 2001.

제주도,《돌과 바람의 섬, 신들의 나라 제주》, 2000.

제주도연구회, 〈제주무속의 전통과 변화〉,《제주도연구》6, 1989.

제주시,《제주시의 문화유산》, 1992.

제주시,《제주시의 옛지명》, 1996.

제주시,《제주시의 옛터》, 1996.

제주시, 《제주시의 향토민속》, 1992.
조성윤, 〈19세기 제주도의 국가제사〉, 강창용 외, 《19세기 제주사회 연구》, 일지사, 1997.
조성윤·박찬식, 〈조선후기 제주지역의 지배체제와 주민의 신앙〉, 《탐라문화》 19, 1998.
주강현, 《마을로 간 미륵 1》, 대원정사, 1995.
진성기, 《제주도 무가본풀이사전》, 민속원, 1991.
최준식, 《한국의 종교, 문화로 읽는다 1》, 사계절, 1998.
현길언, 〈역사적 사실과 문학적 인식―이형상 목사의 신당 철폐에 대한 설화적 인식〉, 《탐라문화》 2, 1983.
현길언, 《제주문화론》, 탐라목석원, 2001.
현용준, 〈제주도 개벽신화의 계통〉, 《제주도연구》 5, 1988.
현용준, 〈제주도 무신의 형성〉, 《탐라문화》 창간호, 1982.
현용준, 《제주도무속연구》, 집문당, 1986.
현용준, 《제주도무속자료사전》, 신구문화사, 1980.

9. 민란의 시대, 제주의 이재수

《고종실록》
《일성록》
《비변사등록》
《승정원일기》
《속음청사》(김윤식)
《증보탐라지》(담수계, 1954)
1901년 제주항쟁 100주년 기념사업추진위원회, 《진실과 화해》, 2001.
강만길, 《한국근대사》, 창작과비평사, 1984.
강창일, 〈1901년의 제주도민 항쟁에 대하여〉, 《제주도사연구》 창간호, 1991.
고성훈 외, 《민란의 시대》, 가람, 2000.
권인혁, 〈19세기초 양제해의 모변실상과 그 성격〉, 《탐라문화》 7, 1988.
권인혁, 〈철종조 제주민란의 검토〉, 《변태섭 박사 회갑기념사학논총》, 삼영사, 1985.
김봉옥, 《제주통사》, 제주문화, 1987.

김양식, 〈1901년 제주민란의 재검토〉,《제주도연구》제6집, 1989.
김옥희, 〈제주도 천주교 수용 전개과정〉,《탐라문화》6호, 1987.
김옥희,《제주도신축교난사》, 태화출판사, 1980.
김진봉, 〈철종조의 제주민란에 대하여〉,《사학연구》21, 1968.
김태능,《제주도사논고》, 세기문화사, 1982.
남제주군,《남제주군의 문화유적》, 1996.
박찬식, 〈제주교안에 대한 일검토〉,《제주도연구》, 제8집, 1991.
박찬식, 〈한말 천주교회와 향촌사회 ─ '교안'의 사례분석을 중심으로〉, 서강대 대학원 박사학위논문, 1996.
북제주군,《북제주군의 문화유적》, 1998.
안길정,《관아 이야기》, 사계절, 2000.
양진건,《그 섬에 유배된 사람들》, 문학과지성사, 1999.
제주4·3제50주년학술·문화사업추진위원회,《잃어버린 마을을 찾아서》, 학민사, 1998.
제주도,《제주의 문화재》, 1998.
조성윤, 〈1898년 제주도 민란의 구조와 성격 ─ 남학당의 활동과 관련하여〉,《한국전통사회의 구조와 변동》, 문학과지성사, 1986.
천주교 제주교구,《신축교안과 제주천주교회》, 1997.
천주교 제주교구,《초기 본당과 성직자들의 서한(1)》, 1997.
천주교 제주교구,《초기 본당과 성직자들의 서한(2)》, 1997.
현기영,《변방에 우짖는 새》, 창작과비평사, 1983.

10. 일제강점기 제주인의 삶과 항쟁

고성화,《나의 비망록》, 한울사, 2001.
김동전, 〈1918년 제주지역의 항일운동〉, 제주4·3연구소,《제주역사의 쟁점》, 1996.
김동전, 〈제주인의 3·1운동과 그 영향〉,《탐라문화》16호, 1996.
김영돈,《제주의 해녀》, 민속원, 1999.
김영범, 〈1932년 제주도 잠녀투쟁〉, 제주4·3연구소,《제주역사의 쟁점》, 1996.
김찬흡,《20세기 제주인명사전》, 제주문화원, 2000.

김창후, 〈재일 제주인과 동아통항조합운동〉, 《제주도사연구》 4, 1995.

박찬식, 〈일제하 제주도 민족해방운동 주도세력의 성격〉, 《제주항쟁》 창간호, 1991.

박찬식, 〈일제하 제주지역의 청년운동〉, 《제주도사연구》 4, 1995.

송광배, 〈제주지방의 3·1운동과 그 후 전개된 항일운동〉, 국민대 대학원 석사학위논문, 1984.

안후상, 〈무오년 제주법정사 항일무장봉기 연구〉, 학술토론회 발표문, 1995.

염인호, 〈농촌진흥운동기 제주지방 혁명적 농민조합운동〉, 《제주도사연구》 창간호, 1991.

염인호, 〈일제하 제주도에서 전개된 아나키즘운동〉, 《한국근현대지역운동사 2 호남편》, 여강출판사, 1993.

염인호, 〈일제하 제주도의 사회주의 운동의 방향전환과 제주 야체이카 사건〉, 《한국사연구》 70, 1990.

요시다 세이지, 《나는 조선사람을 이렇게 잡아갔다》, 청계연구소, 1989.

이영훈, 〈일제하 제주도의 인구변동과 경제사회구조(하)〉, 《4·3장정 4》, 1991.

이영훈, 〈일제하 제주도의 인구변동과 경제사회구조〉, 《제주항쟁》 창간호, 1991.

임해봉, 〈제주도 법정사 스님들의 항일투쟁〉, 학술토론회 발표문, 1995.

제주도, 《제주도지》, 1993.

제주도, 《제주항일독립운동사》, 1996.

제주도교육연구원, 《향토사교육자료》, 1996.

제주불교사연구회, 《근대제주불교사 자료집》, 2002.

제주해녀항일투쟁기념사업추진위원회, 《제주해녀항일투쟁실록》, 1995.

진관훈, 〈일제하 제주도 농촌경제의 변동에 관한 연구〉, 동국대 대학원 박사학위논문, 1999.

한국역사연구회, 《우리는 지난 100년 동안 어떻게 살았을까 1~3》, 역사비평사, 1998.

한일문제연구원, 《빼앗긴 조국 끌려간 사람들》, 아세아문화사, 1995.

현기영, 《바람 타는 섬》, 창작과비평사, 1989.

후지나가 다케시, 〈1932년 제주도 해녀투쟁〉, 제주4·3연구소, 《4·3장정 2》, 1990.

11. 전쟁의 회오리 앞에 선 제주의 운명

강만길, 〈일본'천황제'와 오키나와〉, 《한겨레신문》 1999. 12. 13.

강정효, 《화산섬, 돌 이야기》, 도서출판 각, 2000.

공군 제8546부대, 《이런디 알암수과》, 1996.

김삼웅 편저, 《친일파 100인 100문》, 돌베개, 1995.

김종철, 《오름 나그네 3》, 높은오름, 1995.

남제주군, 《남제주군의 문화유산》, 1996.

민족문제연구소, 《한국군과 식민유산》, 1999.

박노자, 〈인종주의 또 하나의 얼굴〉, 《월간 인물과 사상》, 2002. 2월호.

박노자, 《당신들의 대한민국》, 한겨레신문사, 2001.

SBS, 〈결7호 작전의 비밀: 1945년의 제주〉, 《그것이 알고 싶다》, 1992. 4. 21 방영.

오창명, 《제주도 오름과 마을 이름》, 제주대학교 출판부, 1998.

이병천·조현연 편, 《20세기 한국의 야만》, 일빛, 2001.

이재범 외 지음, 《한반도의 외국군 주둔사》, 중심, 2001.

이태경, 〈일본군 최대 진지동굴 확인〉, 《제민일보》, 2001. 8. 14.

일본교과서바로잡기운동본부, 《문답으로 읽는 일본교과서 역사왜곡》, 역사비평사, 2001.

제민일보 4·3취재반, 《4·3은 말한다 1》, 전예원, 1994.

제주4·3연구소, 《어승생 오름 테마 트레킹》, 제주4·3연구소, 1999.

제주도, 《돌과 바람의 섬, 신들의 나라 제주》, 2000.

제주도, 《오늘에 남아 있는 일제의 흔적들》, 1995.

제주도동굴연구소, 《제주도 일대 구축된 일본군 진지동굴 및 진지 조사연구보고서》, 2001.

진중권, 《네 무덤에 침을 뱉으마! 1》, 개마고원, 1998.

최상천, 《알몸 박정희》, 사람나라, 2001.

한국문화유산답사회, 《한려수도와 제주도》, 돌베개, 1998.

12. 한국 현대사의 비극, 4·3의 진상

7·7만벵디유족회, 《만벵디사건의 진상과 증언》, 온누리인쇄문화사, 2002.

강성현, 〈제주4·3학살사건의 사회학적 연구〉, 서울대 대학원 석사학위논문, 2002.

강용삼·이경수,《대하실록 제주백년》, 태광문화사, 1984.
김대근, 〈제주도 4·3사건의 정치적 배경에 관한 연구〉, 동의대 대학원 석사학위논문, 1996.
김찬흡,《20세기 제주인명사전》, 제주문화원, 2000.
김천영,《연표 한국현대사》, 한울림, 1985.
노민영 엮음,《잠들지 않는 남도》, 온누리, 1998.
박명림, 〈제주도 4·3민중항쟁에 관한 연구〉, 고려대 대학원 석사학위논문, 1988.
박명림,《한국전쟁의 발발과 기원》, 나남, 1996.
박서동,《영원한 우리들의 아픔 4·3》, 월간관광제주, 1990.
박진순, 〈제주도 4·3항쟁 연구―배경 및 성격을 중심으로〉, 성신여대 교육대학원 석사학
　　위논문, 1996.
브루스 커밍스, 김자동 역,《한국전쟁의 기원》, 일월서각, 1986.
서중석,《한국현대민족운동연구 2》, 역사비평사, 1996.
서중석,《한국현대민족운동연구》, 역사비평사, 1991.
아라리 연구원 편,《제주민중항쟁 1~3》, 소나무, 1988.
양봉철, 〈제주경찰의 성격과 활동 연구―제주4·3을 중심으로〉, 성균관대 대학원 석사학
　　위논문, 2002.
양정심, 〈제주4·3항쟁에 관한 연구―남로당 제주도위원회를 중심으로〉, 성균관대 대학
　　원 석사학위논문, 1995.
양한권, 〈제주도 4·3폭동의 배경에 관한 연구〉, 서울대 대학원 석사학위논문, 1988.
역사문제연구소 외 편,《제주4·3연구》, 역사비평사, 1999.
오성찬,《오성찬이 만난 20세기 제주사람들》, 반석, 2000.
오성찬,《한라의 통곡소리》, 소나무, 1988.
이도영,《죽음의 예비검속》, 월간 말, 2000.
제민일보4·3취재반,《4·3은 말한다 1~5》, 전예원, 1994~1998.
제주4·3사건진상규명및희생자명예회복위원회,《제주4·3사건자료집 1~6》, 2002.
제주4·3연구소 엮음,《동아시아의 평화와 인권》, 역사비평사, 1999.
제주4·3연구소 편,《제주4·3자료집 2》, 각, 2001.
제주4·3연구소,《4·3과 역사》창간호, 각, 2001.

제주4·3연구소, 《4·3과 역사》 통권 31호까지, 1998까지.

제주4·3연구소, 《4·3장정 1~6》.

제주4·3연구소, 《무덤에서 살아나온 4·3 '수형자'들》, 역사비평사, 2002.

제주4·3연구소, 《이제사 말햄수다 1~2》, 한울, 1989.

제주4·3제50주년학술·문화사업추진위원회 편, 《잃어버린 마을을 찾아서》, 학민사, 1998.

제주도경찰국, 《제주경찰사》, 1990.

제주도의회, 《제주4·3자료집 ― 미군정보고서》, 2000.

제주도의회4·3특별위원회, 《제주도4·3피해조사보고서》 2차 수정·보완판, 2000.

조남현, 《제주4·3사건의 쟁점과 진실》, 돌담, 1993.

현기영, 《순이 삼촌》, 창작과비평사, 1979.

새로 쓰는 제주사

지방사, 한국사를 읽는 새로운 시도

1판 1쇄 발행일 2005년 7월 4일
2판 1쇄 발행일 2025년 11월 3일

지은이 이영권

발행인 김학원
발행처 (주)휴머니스트출판그룹
출판등록 제313-2007-000007호(2007년 1월 5일)
주소 (03991) 서울시 마포구 동교로23길 76(연남동)
전화 02-335-4422 **팩스** 02-334-3427
저자·독자 서비스 humanist@humanistbooks.com
홈페이지 www.humanistbooks.com
유튜브 youtube.com/user/humanistma
인스타그램 @humanist_insta

편집주간 황서현 **편집** 최인영 강창훈 **디자인** 김태형
조판 홍영사 **용지** 화인페이퍼 **인쇄** 청아문화사 **제본** 민성사
사진 출처 강요배, 강정효, 국립제주박물관, 국립중앙박물관, 제주시청, 제주학연구소

ⓒ 이영권, 2005

ISBN 979-11-7087-387-7 03910

- 이 책은 저작권법에 따라 보호받는 저작물이므로 무단 전재와 무단 복제를 금합니다.
- 이 책의 전부 또는 일부를 이용하려면 반드시 저자와 (주)휴머니스트출판그룹의 동의를 받아야 합니다.